KB212590

부처님 한잔해요

초판 1쇄 인쇄일 2016년 10월 12일
초판 1쇄 발행일 2016년 10월 14일

지은이_ 정영화
펴낸이_ 김동명
펴낸곳_ 도서출판 창조와 지식
디자인_ (주)북모아
인쇄처_ (주)북모아

출판등록번호_
주소_ 서울시 성동구 성수이로18길 31, 103호(성수동2가, 풍림테크원)
전화_ 1644-1814
팩스_ 02-2275-8577

ISBN 979-11-6003-026-6

지식의 가치를 창조하는 도서출판 **창조와 지식**
www.mybookmake.com

| 반야심경과 함께 하는 시인의 전원일기 |

정영화 지음

창조와 지식

머리말

행복하게도 부처님의 불법을 만나, 갠지스 강의 모래알 하나만 한 진리와 지혜라도 깨달아 가는 기쁨은 곤고했던 저의 삶에 가장 큰 축복이고 위안이었습니다. 어리석은 가상이지만 이 땅에 붓다가 오지 않았었다면 이 세상은 어떠했을까를 생각해 보곤 합니다.

인간 정신의 피폐함이 날로 그 도를 더해 가는 이 시대라 해도 깨달음의 지혜와 중생구제라는, 자비의 두 날개로 날아가는 불교가 있는 한은 그래도 살아볼 만한 가치가 있는 것이 우리네 인생이란 결론을 내리게 됩니다.

필부의 한 사람으로 이 땅에 태어나 현상적 삶과 사회적 생활에 있어 나름대로는 무척이나 파란 많고, 외로웠던 저로서는 뒤늦게나마 불법과의 인연 맺음은 한마디로 감사와 행운 그 자체였습니다. 이 글은 그러한 저의 불연(佛緣)에 대한 감사로, 부처님께 문자마지(文字摩旨)를 올린다는 생각으로 쓰였습니다.

재가불자일 뿐인 저는 불교의 교리나 의식 그리고 심오한 불교 사상과 철학에 대해서는 깊이 아는 바가 없습니다. 다만 이즈음 세속의 저의 나이 이순을 넘기면서 세상의 잡다한 짐을 내려놓음과 동시에 평생의 소망이던 자연인으로의 전원생활을 시작하기에 이르게 된 것입니다.

물소리, 새소리, 바람 소리 들리는 한적한 곳에 작은 오두막 한 채를 지어 놓고, 몇 그루 나무와 채소밭 가꾸며, 별빛 냄새 향긋한 밤에는 막걸리 한잔 마시며, 제법 그럴듯한 시인 흉내를 내기도 하고요. 때론 불교 경전 몇 줄 읽으며, 딴에는 부처님의 수제자라도 된 듯한 착각에 젖기도 하지요.

불경 중에서도 대승불교의 정수라 할 수 있는 『반야심경』의 한 글자, 한 글자에 함축된 오묘한 진수를 맛볼 적에는 더욱 그러한 착각에 젖게 되더군요. 그래서 저의 전원생활과 『반야심경』에 녹아 있는 절대적 진리의 지혜를 연관된 글로서 묶어 두어야겠다는 당찬 욕심을 부리기에 이른 것입니다. 그렇게 함으로써 불법에 대한 저의 신심도 더욱 견고해지는 계기가 될 수 있으리라 믿었던 때문이지요.

불경스럽게도 저는 이 책의 제목을 『부처님 한잔해요』라며, 어법도 생소한 어휘를 꺼내 들고 나왔습니다. 부처님이 전제된 한잔이니 차 한 잔을 먼저 연상할 수도 있겠지만, 저는 당돌하게도 부처님께

약주 한잔 올리겠다는 어처구니없는 상상을 하고 있는 겁니다. 무명의 함정이 되기 때문에 중한 계율로 다스리는 불음주계의 계율을 깨고 부처님을 마치 친구 대하듯 하다니!!! 고승, 현철 대덕이 들으시면 주장자로 저의 용렬하고 부덕한 머리통에 막걸리 사발만 한 혹을 붙여 줄지 모르지만, 그것이 자연인으로 살아가는 저의 실제 생활상임을 아시는 부처님께서는 이런 저의 치기 어린 객기를 그 대자대비하신 염화미소로 빙긋이 웃어 주실지도 모른다는 착각이 들었기 때문입니다. 착각은 시대와 인종을 초월하여 널리 인구에 회자된 인류의 도피처가 아니던가요?

이 책에는 『반야심경』에 대한 저 나름의 해석과 견해 그리고 막걸리 한잔 마시며, 자연인으로 살아가는 무명시인의 생활과 생각이 들어 있습니다. 독자 여러분께서는 풀냄새, 흙냄새, 물소리, 바람 소리 어우러진 전원 산책과 더불어, 『반야심경』 속으로의 우주여행을 저와 함께 떠나게 될 것입니다. 더구나 질박한 뚝배기 잔에 막걸리 한잔 곁들이면서 떠나는 여행임에야 종교인과 비종교인의 구분 또한 무의미할 터이지요. 따라서 이 책은 자칫 지루해지기 쉬운 경전공부를 떠나 가벼운 마음으로, 일기장을 넘겨보듯 읽으시는 과정에서 이 우주 최고의 핵심 진리인 『반야심경』의 법열(法悅)을 느끼실 수 있도록 집필에 심혈을 기울였음을 밝힙니다.

또한, 부처님의 생애 전반과 불교의 본질 그리고 여타 종교와의 비교고찰을 통해, 종교의 참모습을 밝히고, 방황하는 현대인들의 참삶의 방향은 어떠해야 하는지에 대해 깊이 생각해 왔던 바를 이야기 형식으로 전개해 보았습니다. 따라서 불교인들에게는 기본 텍스트가 됨은 물론, 인간존재의 실존문제에 늘 목말라 했던 현대인들에게는 가볍게 읽으면서, 인생의 의미와 내밀한 종교의 진실을 파악해 나갈 수 있는 지침서가 되리란 자부심도 가져 봅니다.

책의 전반부에 기술한 불교사상과 타 종교에 관한 서술이 좀은 딱딱한 종교학 이론서로 보일 우려도 있겠습니다만, 우리가 어떤 종교를 믿든 알고 믿어야 한다는 명제 아래 제 나름대로의 비교종교론의 핵심을 다뤄 본 것이므로, 빠뜨리지 않고 꼭 읽어 주실 것을 거듭 당부드립니다.

『반야심경』 270글자 중 단 몇 글자에 담긴 불법의 진리만 옳게 알고 떠난다 해도 우리네 인생은 결코 서럽거나 후회할 일이 아니란 걸 저는 믿어 의심치 않습니다. 그러면 이제부터 『반야심경』과 함께하는 시인의 전원일기가 시작됩니다.

차 례

반야심경과 함께 하는
시인의 전원일기

부처님
한잔해요

우선 부처님의 생애와 수많은 불교 경전 중의 하나인 반야심경은 어떤 경전이고, 불교 경전들은 어떻게 탄생하여 오늘날의 우리에게 읽히고 있으며, 불교는 과연 어떤 종교이기에 지구촌 4억 인류가 신봉하는 세계 4대 종교가 되었는지 그리고 여타 종교와 불교는 어떤 사유방식을 달리하고 있는지 등에 대한 간단한 개념을 정리해 두는 것이 순서일 듯합니다.

불교 신자시라면 일정 부분은 다소 식상할 만한 주제이겠으나, 성인의 발자취와 구도의 핵심 사상을 더듬어 본다는 것은 그 자체가 수행이고 공덕일 것이며, 세계 인류가 신봉해 마지 않는 고등종교의 본질은 무엇인가를 살펴본다는 것은 현대인의 자아확립에 교과서적 교양이 되리라 믿습니다. 또한 불교와 인연이 없는 독자께서도 상식과 이해를 구하는 차원에서 읽어 두시면 불교와 종교를 총체적으로 이해할 수 있는 텍스트가 되어 줄 것입니다.

제1부

불교와 반야심경의 이해

1장

부처님의 생애

탄생과 성장배경

　부처님의 생애에 대해서는 불교 신자가 아니라도 누구나 그 대략적 일대기에 얽힌 서사구조는 알고 있을 것입니다. 왕자의 신분으로 태어나 보장된 부귀영화를 버리고, 뼈를 깎는 고행과 수행을 통해 위 없는 깨달음을 성취하셨으며, 끝없는 윤회로 되풀이되는 생로병사의 본질적 고통을 여의게 하여, 궁극적으로 모든 중생을 구제하기 위한 실천적 자비행의 일생을 보내시다가 80살에 열반에 드셨다는 정도의 일대기 말입니다.

　그럼에도 불구하고 이렇게 부처님의 생애를 다시 반추해 보고자 하는 것은, 부처님은 왜 부처가 되지 않으면 안 될 필연이었을까? 또한, 부처님은 어떤 인간적 고뇌와 사상을 지니고 있었으며, 어떤 삶을 사셨기에 인류 최고의 스승이 되셨을까? 하는, 인간의 모습으로 이 땅에 오신 부처님의 참모습을 고뇌에 찬 우리 중생들의 가치관으로 되짚어 봄으로써, 우리도 부처님같이 이상적 삶의 방향이 무엇인지를 같이 생각해 보고자 함입니다.

성인이 지나간 자리는 산천초목조차도 빛이 난다고 하였으니, 부처님이 밟고 가신 그 행적을 따라 시간여행을 하다 보면 우리도 좀은 부처님에 가까이 간 큰마음을 발견할 수 있지 않겠습니까?

부처님은 지금으로부터 2,600여 년 전 샤카족 즉, 석가족의 나라 카필라왕국에서 숫도다나 왕의 왕자로 태어나셨습니다. 카필라국의 국력은 그리 강성하지 않은 지방의 소국으로 판단되는데, 태어나신 곳은 현재의 네팔 남부와 인도의 국경 부근인 히말라야 산 기슭의 카필라국의 도성 카필라바스투의 교외 룸비니동산이고, 현재 네팔의 타라이 지방의 룸민데이에 해당합니다.

샤카족은 왕인 숫도다나의 호칭을 정반왕(淨飯王)이라 불렀고, 정반왕의 동생을 감로반(甘露飯) 등으로 부른 것으로 보아 쌀농사와 관련된 왕명이었을 것으로 추정하고 있습니다. 숫도다나 왕에게는 오랫동안 아들이 없었는데, 석가모니의 어머니인 마야부인의 꿈에 하얀 코끼리가 오른쪽 옆구리로 들어오는 꿈을 꾸고 임신했다고 전해지고 있습니다. 비범한 태몽이 아닐 수 없습니다. 이 흰 코끼리가 도솔천에서 강림한 석가모니의 현몽이라 볼 수 있겠군요.

마야부인은 석가족 인근의 구리족(拘利族 코올리족)의 성주인 선각왕의 첫째 공주였고, 후일 마야부인 사후에 부처님을 양육한 마하프라자파티는 여덟 번째 공주였으며, 같은 정반왕의 부인이었으니 자매가 동서가 되는 셈이네요. '정반왕은 참 복도 많으시지.'라고 하기 전에 고대사회의, 특히 상류층에서는 근친혼과 족벌 혼이 당당한 문화로 자리 잡고 있었음은 동서양의 역사가 공히 증명하고 있잖습니까?

아무튼, 마야부인은 출산이 임박해 오자 당시의 풍습에 따라 출산을 위해 친정인 코올리 성의 데바다로로 향하던 중 룸비니 동산에 이르자, 꽃이 만발한 프라크샤 나무(무우수無憂樹) 아래서 오른쪽 옆구리로 석가모니 부처님을 낳게 됩니다. 역시 오른쪽을 신성한 곳이라 여기는 인도의 습속이 작용한 것 같군요.

룸비니란 마야부인의 친정어머니 이름을 딴 것이라고 전해지는데, 이 룸비니 동산은 부처님 사후 마가다왕국에서 강력한 마우리아 왕국을 열어 서북인도를 통일한 찬드라굽타의 손자 아소카 왕이 부처님의 탄생지임을 기념하여 세운 석주가 후대에 그곳에서 발견되어 석가모니의 출생지임이 문화인류학적으로 확인된 곳이기도 합니다.

하늘에서는 오색구름과 무지개가 찬연히 피어났으며, '가릉빈가(불경에 나타나는 상상세계의 새)'가 아름다운 소리로 왕자의 탄생을 축하하는 가운데, 아홉 마리의 용이 홀연히 나타나 몸을 닦아 주었다고 하지요. 석가모니 왕자는 태어나서 사방으로 일곱 걸음을 걸어갔고, 그 걸음걸음마다 연꽃이 피어올랐으며 오른손은 하늘을, 왼손은 땅을 가리키며(초파일 이 아기 부처님께 관불(灌佛)의 예배를 올려 보셨을 테지요?) "천상천하 유아독존 삼계개고 아당안지(天上天下唯我獨尊 三界皆苦 我當安之)."라고 외치셨는데, "하늘 위와 하늘 아래 오직 나 홀로 존귀하다. 삼계의 일체 고통을 내가 마땅히 편케 하리라." 정도로 해석하면 되겠습니다.

현상적 안목으로 볼 때 어머니인 마야부인의 옆구리에서 태어나

부처님 한잔해요

고, 환상세계의 동물들이 출현하며, 태어나자 말자 걸음을 걷고 탄생게(誕生偈)를 외쳤다는 출생 담론이 황당하다는 논리적 태클을 걸면 할 말이 없겠으나, 성인의 출생으로서는 너무나 아름답고, 정서적 감응을 불러일으키게 하는 불교적 발상이란 생각이 듭니다. 척박한 이스라엘 땅 베들레헴의 마구간에서, 독생자로 태어나신 예수에 비해 가계가 분명하고 자연의 축복 속에서 태어나신 것만은 분명한 것 같습니다.

한편 마야부인은 부처님을 출산한 지 7일 만에 세상을 떠나 삼십 삼천에 다시 태어나고, 부처님은 이모인 마하프라자파티에 의해 양육됩니다. 출가 전 부처님의 사상이 많은 사색과 명상에 잠기게 된 것도 친어머니의 사랑 부재와 고독함이 어느 정도 작용했을 것이란 짐작을 해 볼 수 있겠습니다. 이렇게 태어난 카필라 국의 태자인 부처님의 이름은 '싯다르타'라고 불리어지게 됩니다. 이는 '모든 것이 다 이루어진다.'는 뜻인데, 부처님의 호칭은 샤카무니(釋迦牟尼 : 샤카족의 깨달은 자), 붓다(佛陀-Buddha : 궁극적 진리를 깨달아 모든 번뇌를 소멸한 사람), 세존(世尊), 여래(如來) 등으로 다양하게 표현되지만, 이 책에서는 불타에서 음역된 명칭인 부처님으로 통일하여 부르도록 하겠습니다.

부처님은 단군의 자손?

부처님의 종족과 가계에 대하여서는 몇 가지 설이 존재합니다. 일설에 따르면 북방 아리안계 민족으로 샤카족은 호전적 정복민족이었다는 설이 있는가 하면, 히말라야 산맥을 넘어 지금의 네팔 땅에 정착한 몽골계의 피가 섞인 종족이라는 설 등이 있으나 기록 문헌이 부족했던 당시의 인도 고대사를 역사적으로 증명할 방법은 없습니다.

힌두교의 윤회와 업 사상 등이 기층문화를 형성하고 있던 인도인들의 사생관(死生觀)을 고려해 볼 때, 군이 현생의 사실을 기록으로 남기는 일은 보잘것없는 현실집착으로 받아들여졌을 것입니다. 부처님이 만일 몽골계의 후손이라면 역사를 거슬러 올라가 북방 동이계의 우리 배달겨레와 같은 민족이라는 비정을 해 볼 수 있겠습니다.

단군 사상의 핵심은 널리 인간을 이롭게 한다는 홍익정신이고 보면, 자비와 이타행이 본질인 불교의 사상과 문화적 유전자로 일맥상통함을 알 수 있습니다. 실제로 부처님이 우리와 같은 민족인 조선족이었다는 사실은 『영어 : 산스크리트어판, 옥스퍼드 백과사전』 509쪽에 실려 있습니다.

"Dhanu Raja the name of one of the name ancestors of Sikha-muni."(Oxford Dictionary. p.509) 그 뜻은 "단군은 석가모니 부처님의 선대조 조상이다." 이는 단적으로 "석가모니는 단군의 자손"이라는 말인데, 여기서 'Dhanu'는 단군의 '단(檀)'이며, 'Raja'는 산스크리트어로서 '임금', '왕', '군(君)'

부처님 한잔해요

이란 뜻이니 곧 '단군'이란 말이 됩니다.

[2016. 5. 16 일자 매일종교신문 김주호 칼럼 및 강상원 박사 홈페이지]

호전적 정복민족인 아리안계의 후손 중에서 세계인류의 스승이 된 부처님 같은 성인이 나셨다는 건 좀 부적절한 모순으로 보이기도 하지요? 한편 부처님이 탄생하고 입멸하신 생몰연대에 대하여서도 많은 이설이 존재합니다. 대체로 기원전 5세기에서 6세기경으로, BC563년 무렵에 탄생하여 기원전 483년 무렵에 입멸한 것으로 추정하나, 기원전 410년에서 400년 무렵에 입멸했다는 주장도 있고, 남방불교에서는 기원전 624년에 부처님이 탄생한 것으로 보기도 합니다. 탄신일도 음력 2월 8일과 15일, 3월 8일, 4월 8일 등 여러 가지로 나뉩니다.

지금도 인도 국내의 달력에는 여러 가지가 있으니 당시의 시기와 지방에 따라 많은 설(說)이 생길 수밖에 없었을 것이란 점을 쉽게 추측할 수 있겠습니다. 우리나라는 4월 초파일을 석가탄신일로 정하여 기념해 왔고, 1975년 1월 14일 국무회의에서 공휴일로 지정되어 지금은 '부처님 오신 날'이라는 순수한 우리말로 통일하여 사용하고 있습니다. 기독탄신일이 1950년 9월 18일 대통령령에 따라 공휴일로 지정된 것과 비교하면 25년이나 차이가 나는군요. 그런데 우리가 알고 있는 음력 4월 초파일은 공교롭게도 우리나라 고대국가 북부여의 시조 해모수(解慕漱)의 탄생일이기도 합니다.

해모수는 단군 고열가 57년(기원전 239년) 4월 8일, 하늘로부터 내려

왔다고 『환단고기(桓檀古記)』, 「북부여기(北夫餘記)」에서 전하고 있는데, 이날 관등경축을 했고 불교가 전래되어 흥성하는 과정에서 그동안 고구려가 대대적으로 기념해 오던 해모수의 탄생일을 불타의 탄신일로 대체하여 기념했다는 것입니다.

『환단고기』 자체가 위서(僞書) 여부에서 자유롭지 못한 기록이니 사료적 의미를 둘 수는 없겠습니다만, 트로이를 발견한 하인리히 슐레이만의 "태양에 빛이 바래면 역사가 되고, 달빛에 물들면 신화가 된다."는 말이 생각나는군요.

서력기원 2016년 올해는 불기로는 2560년으로, 부처님께서 80세를 일기로 열반에 드신 해를 기준으로 정해진 것이니, 부처님께서 일생을 중생구제와 교화를 하시다가 사바세계를 뒤로하고 열반에 드신 지가 2560년째라는 뜻이기도 합니다. 불자가 아닌 분 중에는 불기를 부처님 탄신일로 혼동하여, 부처님이 태어나신 지가 2560년이라고 알고 있는 경우도 있던데 불자님들이 바로 잡아 주어야겠지요? 불기는 서기 연도에 544년을 더하면 됩니다.

부처님 탄신일과 연관하여 부처님의 생몰연대 확정에 대해서는 많은 이설이 존재하는 만큼 당연히 불교기원 연대도 몇 가지 다른 설이 존재합니다. 지금 우리나라가 사용하고 있는 올해의 불기 2560년은 1967년 1월부터 사용한 이른바 신불기(新佛紀)이고, 이전까지는 구불기(舊佛紀)를 사용해 왔는데, 구불기에 따를 것 같으면 2016년 올해는 불기 3043년이 됩니다. 무려 483년의 차이가 나는군요. 이렇게 된 데에는 불교의 국제화와 밀접한 관계가 있다고 보아야겠습니다.

부처님 한잔해요

1956년 11월 15일 네팔의 수도 카트만두에서 열린 제4차 세계불교도우회의에서 불기 통일에 대한 의제가 다루어졌고, 공론 끝에 그해 1956년을 불기 2,500년으로 결의하기에 이르러 역사적 사실에 가까운 불기를 채택한 것이 지금 우리가 사용하고 있는 신불기입니다. 그때 우리나라 대표로 참석하신 효봉, 동산, 청담스님도 우리나라의 불기가 483년이나 앞선다는 사실에 많이 당황하셨을 터라 귀국 후 많은 논의를 거치고, 동남아 불교국가들과의 활발한 외교적 교류의 필요성이 대두되어 신불기를 채택하기에 이른 것입니다.

불기를 2560년으로 잡으면 부처님께서는 기원전 624년생으로, 갑신생 원숭이띠가 되시나요? 독자 여러분께서도 부처님과 같은 띠인 띠동갑인 분이 많으시겠네요. 그리고 예수님은 갑자생 쥐띠, 공자님은 신미생 양띠가 되시는군요. 세계 성인들의 대체적 생몰연대를 조사해 본 결과는 아래와 같습니다.

세계의 성인과 현인의 생애

- 초대 단군 BC2370.5.2.寅시~2240 (130세)
- 석가모니 BC624~544 (80세) → 현재 우리나라 공식 불기를 근거로 함
- 공자 BC551~479.4.11 (73세)
- 소크라테스 BC469~BC399 (70세)
- 예수 BC4~AD30 (33세)
- 무함마드(마호메트) AD570~632 (62세)

부처님의 성장 과정

이렇게 태어나신 지 7일 만에 어머니를 잃은 부처님은, 어머니 마야부인의 친동생인 자신의 이모, 마하프라자파티를 양어머니로 하여 성장하게 됩니다. 일설에 의하면 마하프라자파티도 당시의 풍습에 따라 숫도다나 왕의 두 번째 서열의 부인이었다가 언니의 사후 첫 번째 부인으로 승격했을 것이라는 설도 있습니다. 아무튼, 부처님의 양어머니가 되는 마하프라자파티는 태자를 친자식처럼 잘 키웠고, 훗날 출가하여 세계 최초의 여승이 된 분이기도 하지요. 이처럼 부처님의 성장배경은 일찍 어머니를 여읜 것 말고는, 모자람 없는 사랑과 태자라는 존귀한 신분에 걸맞은 유복한 환경으로 이어집니다.

당시 아이가 태어나면 태어난 날의 별자리에 따라 길흉을 점치는 당시의 풍습이 있었으니 숫도다나 왕도 나라 안의 점치는 대가들을 불러들였는데, 아시타라는 선인은 "이 아이는 위대한 전륜성왕(轉輪聖王 : 통치의 수레바퀴를 굴려 세계를 통일·지배하게 되는 이상적 왕을 뜻하는데 고대 인도 신화에 나옵니다.)이 되든가 아니면 부처(覺者)가 되어 인류에게 큰 가르침을 펴게 될 것입니다."라고 예언하면서, 자신은 이미 늙었으므로 성장한 후의 그의 가르침을 들을 수 없을 것이라며 눈물로 탄식했다는 설화가 전해지고 있습니다. 아기 예수의 탄생에 대한 동방박사의 경배도 이런 맥락으로 보면 될까요? 부처님의 출현은 이미 비범한 필연으로 예견된 것이라 볼 수 있겠습니다. 이러한 출생의 배경에서와같이 성장 과정에서도 부처님은 문무와 수학, 기예 등에서 많은 신통력과 신이한 능력을 보이게 됩니다. 이러한 부처님의 뛰어난 능력은 동문수학하던 사촌 동생인 데바닷타의 질투를 유발했고, 두고두고 부처님의 대척자로서 출가 후에도 교단의 분열을 도모하며, 부처님을 살해하려는 음모를 꾸미는 등 증오의 불씨를 키우는 동기가 되지 않았을까 생각됩니다.

왕인 아버지와 양어머니의 보살핌 아래 태자로서 병법, 학문, 무예 등 제왕학을 공부한 부처님이었지만 마음 한구석에는 늘 삶의 본질에 대한 사색과 명상의 습관이 떠나지 않았던 것 같습니다. 장차 왕위를 계승해야 할 신분의 왕자가 이러한 인성을 보이는 것에 부왕인 숫도다나 왕의 심려도 자연히 컸을 것은 여러 기록이 아니더라도 짐작이 가는 부분이기도 하거니와, 당시의 많은 젊은이처럼 출가한다면 왕통 승계가 문제가 아닐 수 없었을 테지요. 그뿐만 아니라 숫도다나 왕의 왕자에 대한 사랑은 가히 애틋한 것이었음은 잘 알려져 있습니다.

왕자의 마음을 한 곳으로 돌릴 겸 당시의 풍습대로 왕은 부처님에게 혼인하게 하고 별궁을 지어 갖은 안락과 호사를 제공합니다. 따라서 부처님은 나이 17세에(또는 19세라는 설도 있습니다.) 야소다라(耶輸陀羅)라는 부인을 맞아 결혼하게 되고, 이어 아들을 얻었으니 이름을 라훌라(羅睺羅)라고 지었음은 잘 알려진 사실입니다.

그러한 부왕의 온갖 보살핌에도 불구하고, 부처님의 삶의 존재에 대한 근원적 사유와 허무의 본질에 대한 깊은 성찰과 수행의 의지는 돌려놓지 못했습니다. '라훌라'라는 이름은 장애라는 뜻을 지닙니다. 부처님의 수행에 장애의 존재라는 뜻으로 부처님이 지은 이름이라고 하네요. 성철스님도 속가에서 따님을 보았는데, 딸의 이름을 필요치 않다는 뜻으로 '불필(不必)'로 이름 지어졌다 하지요? 왜 불필로지었느냐는 물음에 "하필(何必)을 알면 불필(不必)을 안다."고 답했다지요?(일설에는 석남사 자운스님이 내린 법명이란 설도 있지만요.)

우리 중생심의 상식으로 생각할 때는 너무나 무책임하고, 비정한 아버지가 되는 셈인가요? 실제로 야소다라 부인은 부처님의 출가를 원망하며, 이런 말을 했다고 기록에 전합니다.

"부부끼리 행하면 둘 다 미래세에 좋은 과보를 얻을 수 있을 것을… 당신은 어찌 이 세상의 기쁨에 만족지 않고 자기 한 몸만을 수도해 그 공덕으로 삼십 삼천에라도 올라가 천녀들과 쾌락에 잠길 셈인가요? 어째서 나 혼자 버려두고 떠나셨습니까?"

실로 고려가요「청산별곡」의 "가시리 가시리 잇고 바리고 가시리 잇꼬"의 가락이 이렇듯 애절할는지요? 아내인 한 여인의 처지에서는 지울 수 없는 상처를 준 지아비라 할 수 있겠습니다. 더구나 부처님에게는 첫째 부인 야소다라비 외에도 마노다라비와 고타미비가 있었다고『불본행집경』권14에서 전하고 있으니 부처님의 출가는 그들에게도 지울 수 없는 상처가 되었을 것입니다.

그때 카필라왕국에는 다행히 지금의 대한민국의 여성가족부에 해당하는 부서가 없었기 망정이지, 여권(女權)을 담당하는 유사한 부서가 있었다면 가정을 버리고 떠난 태자를 향해 연일 "돌아오라! 돌아오라!"를 외치는 여성계의 거국적 집회가 이어졌을 것이고 결과, 세

부처님 한잔해요

계인류의 스승 부처님은 출가도 못 해 보고 인류 구원의 종교 불교는 탄생도 못 했을 것을 생각하면 아찔한 생각마저 드는군요.

66권으로 이루어진 『불본행집경』은 부처님의 과거·현재·본행(本行)의 인연을 여러 불전(佛傳)과 본생담(本生譚)에 의하여 체계적으로 집대성한 경전이니 거의 사실이라 생각됩니다. 그러나 이런 생각을 해 볼 수도 있겠습니다. 자신의 출가와 수행의 발목을 잡고 있는 부왕의 깊은 애정과 기대감을 차마 저버릴 수 없던 차, 왕위를 이을 손자가 태어났으니 오히려 부처님에게는 출가의 발길이 가벼웠을지도 모릅니다. 그리고 또 부처님은 성불 후 돌아오리라는 서원을 세우기도 하여, 어떠한 인연 하나도 소홀히 하지 않았음을 보여주고 있습니다.

부처님의 명호를 '여래(如來)'라고도 부르는 이유가 곧, 돌아오신 분이란 뜻이기 때문이지요. 부처님은 라훌라가 탄생하고 7일째 되는 날 밤 출가를 하게 됩니다. 훗날 부처님의 10대 제자 중 한 분이 되는 라훌라의 출생에 대하여는 여러 가지 설이 존재합니다. 부처님이 출가할 때 이미 7살이었다거나, 출가한 날 출생했다는 설, 성도(成道)한 날 태어났다는 등의 설이 있지만, 라훌라의 출생을 계기로 출가를 했다는 설은 사실에 부합되는 것으로 보입니다.

출가 당시 부처님의 세속 나이가 29세셨는데, 이날은 세계인류의 정신 문화사에 새로운 획을 긋는 날이라 해야겠지요? 결혼 후 10년 안팎의 시간이 흘렀으니, 이 기간은 안락하고 화려하며, 행복한 현실로서의 생활과 부처님의 인생의 밑바닥에 잠겨 있는 괴로움의 문제에 대한 본질적 대립이 갈등을 일으킨 시간으로 볼 수 있겠습니다.

이날 출가의 세부 정황은 석가모니 전기 등에서 자세히 묘사되고 있는데, 한밤중에 깨어나자마자 부처님은 마부이며 시종인 찬나에게 그의 백마 칸타카에 안장을 얹게 하고는 침실로 가서 잠들어 있는 아내와 아들을 마지막으로 봅니다. 이 부분에서 우리는 부처님의 혈육에 대한 그윽한 애정을 그려볼 수 있겠습니다. 그리고 언젠가는 그들을 다시 보기 위해 올 것을 생각하고 그 자리를 떠나 찬나가 이끄는 말을 타고서 성문을 나섰습니다.

그날 밤으로 시종 찬나와 함께 카필라바스투를 떠나, 새벽녘에는 아노마 강을 건넜고, 여기서 부처님은 모든 장신구를 찬나에게 주고, 찬나와 칸타카를 아버지에게 되돌려 보내 출가의 사실을 알리게 합니다. 그리고 자신은 지나가는 사냥꾼과 옷을 바꿔 입어 고행자의 모습처럼 보이게 했습니다. 실로 비장한 출가의 장면이 아닐 수 없습니다.

이날이 바로 인류 구원의 위대한 종교, 불교의 꽃씨가 뿌려진 날로 볼 수 있겠군요. 부처님의 출가는 미래불로서의 연등불수기를 받은 인연적 필연에 기인하는 것이긴 하지만, 성장기에 본 고통에 찬 민중의 비극적 현실과 부처님 본연의 사유에 기인하는 허무한 삶에 대한 끊임없는 사색과 성찰이 동기가 되어 실행으로 나타난 것이라 하겠습니다.

부처님이 소년이었을 때의 일입니다. 농경 국가였던 카필라 국은 왕이 경작에 직접 참여하는 농경제(農耕祭)가 열리는데(우리나라도 근래에까지 대통령이 모내기에 참여하는 그런 행사가 있었던 것 같군요.) 그때 부처님도 참

부처님 한잔해요

석하여, 흙과 땀에 젖은 농부들의 애처로운 삶의 모습을 보게 됩니다. 더하여 파헤쳐진 흙에서 꿈틀대는 벌레가 나타나자 새가 날아와 벌레를 쪼아 먹는 것이었습니다. 살생과 약육강식의 처절한 생존현장을 목격한 부처님은 큰 충격을 받았고, 숲으로 들어가 나무 아래서 깊은 생각에 잠기게 됩니다.

이때 부처님이 앉은 나무는 시간이 지나도 그림자가 움직이지 않은 채 언제까지고 서늘한 그늘을 만들어 주고 있었습니다. 이러한 신이한 기적 앞에 왕도 경배를 드렸다고 전하고 있지요. 또한, 성의 동서남북 성문 밖에서 늙고, 병들고, 죽은 사람과 승려를 보고는 마침내 출가의 뜻을 굳히니, 이 사건이 사찰의 벽화에도 자주 등장하는 사문유관(四門遊觀) 또는 사문출유(四門出遊)라고 합니다.

출가와 수행

부처님은 절대 안락과 왕위를 이어받을 보장된 왕자의 생활에도 불구하고, 농경제에서 본 살생의 현장과 비참한 농부들의 현실적 고통을 명상의 대상으로 삼고, 인생의 밑바닥에 잠겨 있는 생로병사의 괴로움과 허무한 삶의 본질을 초월하기 위한 사색에 잠기는 날이 많았습니다. 부왕과 양어머니의 극진한 보살핌과 아내 그리고 화려한 궁궐에서의 수많은 시녀의 시봉 같은 환락의 생활은 부처님의 출가를 전혀 막을 수 없는 것들이었습니다.

앞 장에 서술한 것처럼 시종 찬나에게 자신의 출가 사실을 알릴 것을 당부한 부처님은 남쪽으로 계속 걸어 갠지스 강을 건넜고, 당시의 큰 나라이던 마가다국의 수도인 라자그리하의 왕사성(王舍城 : Rājagha)으로 향한 것으로 되어 있습니다.

이때쯤 태자가 출가한 사실을 알게 된 카필라바스투 성내에서는 일대 혼란이 일어납니다. 태자를 끔찍이 사랑했던 숫도다나 왕과 양어머니 마하프라자파티 그리고 아내인 야소다라 부인을 비롯한 부처님을 아끼던 주변의 많은 사람의 비탄은 당연하였고, 숫도다나 왕은 실신까지 했다는 기록도 보입니다. 이처럼 부족함 없는 사랑도, 자비와 깨달음을 향한 부처님의 인류 구원의 큰 발길은 되돌릴 수 없었던 것입니다. 〈무소의 뿔처럼 혼자서 가라〉라는 초기 경전에 나오는 경구의 대목이 바로 이러할 것 같군요.

부처님이 구도의 길에서 만나게 되는 마가다국의 국왕 빔비사라는 후일 부처님의 가르침에 찬탄하여 제자가 되고, 부처님과는 40년 가까이 교류하면서 돈독한 신앙심을 쌓아 가게 되지만, 그의 아들에 의해 살해당하는 비운의 왕이기도 합니다.

부처님이 출가하여 구도의 길로 가는 수행과정에 대하여는 기록마다 조금씩 다른 기술을 하고 있는데, 바이샬리 근처에 살고 있던 아라다 카라마라는 브라만 승려를 찾아간 것은 대부분 일치하고 있습니다. 이 아라다 카라마는 이미 높은 수행의 경지에 다다라서 많은 제자를 거느리고 있었기 때문에 부처님도 자연스럽게 그 밑에서 수행을 하고 싶었을 것임은 쉽게 이해할 수 있겠군요. 부처님이 나타나

부처님 한잔해요

자 아라다 카라마 문하의 수행자들은 영롱한 용모와 기품 있는 품위에서 우러나오는 부처님의 체모(體貌)에 모두 놀라고 존귀한 예로서 맞았다고 전합니다. 수많은 불상에서 일관되게 볼 수 있는 부처님의 관상학적 용모는 그야말로 완벽한 인상의 지존을 보여주지 않습니까? 하악골까지 내려오는 큰 귓불에, 넓고 영롱한 명궁, 굳게 다문 입술과 산근에서 인중을 향해 그림처럼 솟아오른 콧날은, 지금도 세계의 어떤 미남 배우가 근처에라도 갈 수 있을까 싶네요.

아라다 카라마는 인간이 생사윤회의 고통을 겪고 있는 것은 무지(無知)에서 비롯된 것이므로, 선정을 통해 바른 수행을 하면 고통에서 해탈할 수 있고, 결국은 지혜에 이를 수 있다고 믿었던 선인이었으나, 부처님이 원하는 본질적인 수준의 고민은 해결할 수가 없었을 것입니다. 그것은 그가 주장하는 무소유의 선정으로 수행하면 삼매에는 들 수 있겠지만, 부처님이 원하는 궁극적 인간 문제의 해결과 최고의 깨달음을 통한 열반에는 이를 수 없었기 때문입니다.

따라서 부처님은 새로운 수행처를 찾아 갠지스 강을 남쪽으로 건너갑니다. 그곳에는 이미 선인으로 존경받는 우드라카 라마푸트라라는 브라만이 있었는데, 그는 자신이 수행한 최고의 선정 삼매를 부처님에게 가르쳐주었습니다.

심오하고 원대한 원력을 지니고 있던 부처님으로서는 그것도 쉽게 체득하여, 우드라카 라마푸트라로부터 자신과의 동격 대우를 제시받았으나, 그 또한 인생의 근본적인 문제 해결과 진리를 향해 열반으로 나아가고자 하는 부처님의 본질적인 깨달음에 대한 발심은 충족시켜 줄 수 없는 것이었습니다. 여기에서 우리는 앞선 두 선인과 부처님이 추구하고자 했던 수행의 궁극적 이상향이 어떻게 다른지를 생각해 보아야겠습니다.

아라다 카라마나, 우드라카 라마푸트라 선인 역시 무지에서 벗어나 무소유의 바른 수행으로 정진하면 선정 삼매에 든다는 것을 실천적 수행으로 보여주고 있습니다. 그러나 이러한 수행은 선정을 통해 자아의 해탈에만 머물 뿐인 소승적 차원의 깨달음으로써, 궁극적 깨달음을 통한 인간 문제의 해결이라는 대승적 차원의 부처님의 수행관과는 변별되는 지식 차원의 자아상이라 하겠습니다. 그러나 이 두 선인은 부처님이 수행과정에서 만났던 가장 뛰어난 지도자였음은 명백한 사실인 것 같습니다.

결국, 부처님은 더 이상의 정진은 자신에게 달렸음을 알고, 라자그리하를 떠나 우루빌라 마을의 나이란자나 강 가까이에 있는 가야산으로 들어가 그곳에서 홀로 지금까지는 없던 모진 수행에 들어가게 됩니다. 이 부분이 매우 중요한 불교의 수행관이 되는데, 누군가의 가르침이나 문자 언어적 배움에 의해 깨달음을 얻는 것이 아니라, 스스로 길을 찾아 그 길로 정진해야 한다는 것입니다.

붓다가야 또는 보드가야라고도 발음되는 이곳은 온갖 꽃들과 과일 열매가 풍성한 아름다운 자연조건을 갖추고 있었던 것 같습니다. 이 가야라는 이름은 우리나라에도 해인사가 있는 산이 가야산인 걸 보면 불교가 전해지면서 산 이름도 같이 전래되었을 것이라는 설이 설득력을 얻고 있지요.

부처님 한잔해요

여기에서 택한 부처님의 수행방법은 극단적 고행을 통해 완전한 부처에 이르고, 해탈을 얻어 인간 문제를 해결하고자 했던 것으로 보입니다. 하루에 보리 한 알만 먹으며, 보리수나무 아래 결가부좌를 한 채 추호도 흐트러짐이 없는 마음과 호흡을 멈추는 집중명상의 최상승 수행에 들어간 것입니다.

"모든 수족은 마치 울퉁불퉁한 뼈마디만 드러나 곤충처럼 되었고, 엉덩이는 물소 발굽과 같았으며, 늑골은 무너진 헛간의 서까래 같았고, 뱃가죽은 등뼈까지 붙게 되었다."며 당시의 부처님의 고행상(苦行像)을 경전은 전하고 있습니다. 이때의 고행하는 부처님의 상을 표현한 것이 간다라 불상의 '고행상'입니다. 부처님의 머리 위에 새들이 집을 지었다거나, 생명이 붙어 있는지, 아닌지를 구별할 수 없었다는 기록들도 같은 맥락이라 보면 되겠군요. 그야말로 죽음의 문턱을 오가는, 생사를 초월한 모진 고행이었을 것임은 쉽게 짐작할 수 있겠습니다.

이때 잘 알려진 바와 같이 수행하는 부처님에게 악마의 유혹이 다가옵니다. 악마와의 문답은 많이 전해지지만, 번뇌와의 대결이 내면의 자아 등과 뒤섞여 있는 갈등의 양상으로 나타납니다. 때로는 탐욕, 배고픔과 목마름, 쾌락의 유혹 등으로 표현되는 악마도 보이며, 고행에 대한 부처님의 인간적 고뇌도 묘사되고 있는데, 이러한 악마의 유혹은 깨달음을 얻기 직전 절정에 달하게 됩니다.

악마는 인간 정신에 내재된 악의 일면을 상징하는 추상물인바, 유혹에 직면할 때는 그것을 회피하지 않고 그 속에서 대결하여야 비로소 유혹을 물리칠 수 있다고 부처님은 가르치고 있습니다. 여기서 우리는 인간으로서의 위대한 부처님을 발견하게 됩니다. 하느님으로부터 절대 권능을 부여받고 피동적 성인이 된 예수그리스도와는 근본 사유체계가 다른 것을 우리는 알 수 있겠습니다. 부처님의 구도의 고행 생활은 대체로 6~7년이었던 것으로 보여집니다. 그러나 6~7년에 걸친 고행으로도 부처님의 당초 목적을 달성하는 데까지는 이르지 않았습니다. 이에 부처님은 몸을 학대하고 고통을 택하는 수행만으로는 진정한 깨달음을 얻어 부처가 되기는 어렵다는 생각에 이르게 되고, 실질적으로 여윈 몸을 돕는 우유 죽을 공양받게 됩니다.

우루빌라 마을에 사는 수자타라는 처녀가 올린 우유 죽 공양이 바로 그것인데, 부처님 열반 전 쿠시나가르에서 대장장이 춘다가 바친 수카라맛다바 음식과 더불어 부처님 생애 2대 공양의 하나로 전해 오고 있지요. 이 수카라맛다바라는 음식은 전단 버섯요리의 일종으로 보이는데, 심하게 상하여 식중독을 일으켰고, 그것이 부처님의 직접 사망원인이었다는 설이 유력한 것 같습니다. 인류 최고의 스승이신 부처님께서 식중독으로 돌아가셨다니 아이러니가 아닐 수 없습니다만, 이때도 부처님께서는 춘다의 음식 공양은, 자신이 깨닫기 전 수자타의 우유 죽 공양과 다를 바 없다는 말씀을 남기셨다지요?

이렇게 생사를 넘나드는 고행에서 벗어나 중생들과 다를 바 없는 일상의 우유 죽을 먹는 부처님을 보고서, 애초부터 부처님을 따라 수행해 온 아라다 카라마 문하의 5명의 동료는 부처님이 노력하길 포기했다고 말하며 떠나 버리게 됩니다. 아무튼, 격렬한 고행으로 쇠약

부처님 한잔해요

해져 있던 부처님에게 이 우유 죽은 새로운 활력을 주었고, 다시 보드가야라고 불린 장소에서 명상에 잠겨, 드디어 보리수나무 아래서 깨달음(보리:菩提)을 얻는 성도(成道)의 날이 도래합니다. 이때에도 결정적인 순간에 욕망 세계의 지배자요, 유혹자인 악마 마라는 부처님을 굴복시켜 깨달음을 얻지 못하도록 방해하기로 결심하고 나타납니다. 마라는 무시무시한 마력을 지닌 큰 무리를 이끌고 접근하거나, 때로는 예쁜 여인들을 등장시켜 부처님에게 접근하여 갖가지 방법으로 방해했지만, 부처님은 전혀 동요됨이 없이 명상에 잠겨 있을 뿐, 마라의 유혹과 방해는 실패하고 말았다고 전합니다.

이 악마와의 갈등구조는 선과 악의 투쟁, 즉 내적인 갈등의 대립이었으나 오히려 이 갈등의 극복으로 악마를 굴복시키고, 위 없는 깨달음인 무상정등각(無上正等覺 산스크리트어로는 '아뇩다라삼먁삼보리'라고 표현합니다.)을 얻어 비로소 부처가 되었던 것입니다. 이때 부처님의 수인(手印)이 바로 마귀를 굴복시켰다는 '항마촉지인(降魔觸地印)'이지요. 좌선할 때의 손 모양에서 오른손을 풀어서 오른쪽 무릎에 얹고 손가락으로 땅을 가리키는 손 모양인데, 대표적인 불상이 경주 토함산 석굴암 본존불입니다.

이때가 부처님의 세속의 나이 35세 때의 일입니다. 이날은 일반적으로 음력 12월 8일에 해당하기 때문에 모든 불자는 이날을 성도일로 경축하며, 부처님 오신 날과 더불어 불교계의 양대 명절로 기려오고 있지요. 바로 이날이 부처님의 출가로 뿌려졌던 불교의 꽃씨가, 꽃봉오리를 활짝 여는 인류 구원의 날이 된 것입니다. 기독교의 출발이 예수의 부활사건으로부터 비롯된 것이라면, 불교는 이날의 부처님의 깨달음 사건으로부터 비롯된 것이라 하겠습니다.

성도(成道)와 초전법륜(初轉法輪)

부처님의 위대함은 홀로이 위 없는 정각을 이루어 부처의 경지에 들어갔다는 사실 자체보다, 이후 45년간을 인류의 스승으로서 법을 펼치며, 중생을 구제하기 위한 길 위에서의 부처님의 일생이 아니었나 생각을 해 봅니다. 성도 이후 부처님께서는 자신이 새롭게 발견한 진리를 설할 것인가 말 것인가를 망설이게 됩니다. 그것은 자신이 깨달은 법이 너무나 광대하고 신묘하여, 과연 중생들이 이해할 수 있을까 하는 망설임이었을 것입니다.

그러자 '범천(梵天)'으로 번역되는 브라마 신이 나타나 빨리 설법하기를 권하게 되는데, 이 모티프가 소위 '범천설법권청(梵天說法勸請)' 설화입니다. 범천은 인도 고대 신화에 나오는 만유의 창조근원인 브라흐마를 신격화한 우주의 창조신으로서, 만물의 유지의 신 비슈누, 파괴의 신 시바와 함께 3대 신으로 불리고 있습니다. 범천의 권유로 부처님은 설법을 결심한 것으로 보입니다. 그 결심과 더불어 어떻게 설하고, 법을 펼칠 것인가를 생각하며, 한편 새롭게 발견한 법에 대한 기쁨을 음미하면서 깨달은 내용을 정리하기 위해 다시 7주간의 명상에 잠겼다고 전해집니다. 법열의 기쁨을 체득하신 부처님의 온화

부처님 한잔해요

한 미소는 감히 표현하기 어려운 존숭의 상으로, 국보 78호 금동미륵반가사유상과 국보 83호 반가사유상의 고매한 표정을 떠올리게 하지요?

부처님은 7주간의 명상 끝에 이 법을 누구에게 먼저 알려야 할 것인지를 생각합니다. 자연스럽게 자신이 출가하여 처음으로 가르침을 받았던 아라다 카라마와 우드라카 라마푸트라 선인을 생각했지만 이미 두 사람은 세상을 떠난 뒤여서 다음으로 생각해낸 대상이 자신이 우유 죽 공양을 받는 것을 보고 실망하여 떠나간 5명의 동료였고, 그들에게 법을 전하고자 베나레스로 전도 여행길에 나섭니다. 그곳은 현재의 사르나스에 해당하는 곳으로 녹야원(鹿野苑)으로 불리는 곳인데, 여기서 부처님은 자신이 깨달은 법을 정식으로 설하게 되고, 이 최초의 설법이 그 유명한 초전법륜입니다.

예전의 동료였던 5명은 부처님의 설법에 감동되어 제자가 되었으니, 처음에는 친한 보살에게 법을 설하면서 차츰 일반 대중들에게도 법을 설하기에 이릅니다. 이로써 세계 최초의 불교 교단 즉, 승가(僧家)가 형성되기에 이른 것이지요. 이후의 부처님의 일대기는 인류를 향한 구원의 메신저로서의 중생 해탈을 선도한, 길 위에서의 부처로 표현할 수 있겠습니다.

그렇다면 과연 부처님은 무엇을 깨달으셨는지를 알아보는 중요한 문제가 남아 있군요. 먼저 부처님은 인간의 본질적 고통의 원인으로 무명(無明)을 지목하셨습니다. 캄캄한 어둠이란 뜻의 무명이란 곧 무지(無知)의 뜻이거니와 중생이 끝없이 생사윤회를 반복하는 것이 모두 이 무명으로 인하여 현상이 생기고, 현상이 다시 인식을 낳고, 인식이 감각을 만들어 낸다고 하시면서 12인연설의 연기(緣起)를 깨달으신 것입니다.

이렇듯 원래 무명은 연기에 의해 호발 하는 것으로서, 무명과 연기는 불교사상의 핵심을 이루는 화두와 같은 것이 되었지요. 열두 가지 인연설로 인간의 고뇌를 설명하면, 늙고 병들고 죽는 것은 태어남을 인연으로 발생하며, 모든 원인 발생의 근본에는 진리를 깨닫지 못하는 무명이 자리하고 있기 때문이고, 무명인 상태로 죽으면 다시 무명인 채로 태어나게 됨으로, 무명을 버리는 것이야말로 고통을 여의는 길이란 것입니다. 실로 위대한 깨달음이 아닐 수 없습니다. 미혹한 세계의 인과관계를 설명한 12인연은 이것이 생(生)함에 저것이 생하고, 저것이 멸함에 이것이 멸한다는 불교사상의 근본 핵심으로서 12연기라고도 하지요.

그 12의 지분은, **무명(無明)·행(行)·식(識)·명색(名色)·육처(六處)·촉(觸)·수(受)·애(愛)·취(取)·유(有)·생(生)·노사(老死)** 등입니다. 이들 인자는 사슬처럼 얽혀져 상호 의존적이며, 인과의 작용으로 존재하게 되는데, 각각의 인식과 대상을 '업(業)'과 '연(緣)'으로 하여, 일정한 에너지를 지니고 순환하게 됩니다. 그래서 깨달음이라는 멸제(滅諦)의 가위로 순환 고리를 자른다면 더는 무명의 반복은 되풀이되지 않는다는 가르침이지요.

이 멸제는 부처님이 이론적 요소인 12인연을 이해하기 쉽게 실천적 해결방안으로 설명한 최초 법문으로서 고제(苦諦), 집제(集諦), 멸

부처님 한잔해요

제(滅諦), 도제(道諦) 등의 사성제(四聖諦) 중 하나입니다. 도제는 깨달음의 궁극을 향해 가는 방법론을 설한 것으로, 불자들이 수행의 실천적 덕목으로 행하고 있는 **팔정도**{八正道 : **정사**(正思) · **정사유**(正思惟) · **정어**(正語) · **정업**(正業) · **정명**(正明) · **정정진**(正精進) · **정념**(正念) · **정정**(正定)}를 제시하고 있지요. 이 부분에 대하여는 뒷장에서 다시 살펴볼 기회가 있을 것입니다.

부처님은 성도 후 이렇듯 어려운 인연의 이치를 어떻게 하면 세상 사람들에게 쉽게 이해시킬 수 있을까 하는, 깊은 고민에 빠졌던 것으로 보입니다. 그 고민의 결과물로 나온 것이 이 사성제와 팔정도라 보면 되겠군요. 법열에 깊이 잠겨 사유하시는 반가사유상이 다시 떠오르지요? 이 12인연과 사성제는 음양오행론의 상생상극 법칙과 아인슈타인의 통일장이론을 능가하는 인류 최대의 발견이었음을 믿어 의심치 않습니다.

어떤 절대적 신의 이름으로서가 아닌 순수 이성적 판단으로 인생을 파악해감으로써, 마침내 참다운 행복을 발견하고, 고통 속의 인생에 있으면서도 고통에 물들지 않는, 확실한 부처가 되는 가능성을 제시하신 것입니다. 이 점이 바로 불교의 위대한 인생관이고, 우주관이라 하겠습니다.

세계의 어떠한 종교든 절대 의존적 유일신이 있습니다. 기독교는 하나님을, 유대교는 여호와를, 마호메트교는 알라를 신앙대상으로 찬미하는 반면, 부처님은 열반에 드시면서도 "자신을 등불로 삼고 자신을 귀의처로 하라. 법을 등불로 삼고, 법을 귀의처로 하여 수행하라"고 하였을 뿐, 어떠한 신(神)도 설정하지 않았고, 또한 찬미하지도 않으셨기에 부처님은 철저한 무신론자였음을 알 수 있습니다.

모든 인간의 내면에 잠재된 여래의 불성(佛性)을 찾아내어 스스로 궁극의 깨달음에 도달하면 누구나 부처가 되고, 삶 자체가 불국의 세계로 화(化)한다는 것입니다. 따라서 불교는 인간 문제의 해결을 절대적 존재인 신에 의탁하여 구원을 비는 맹목적 의타 신앙이 아니라, 오직 수행을 통해 자신이 자신을 위없는 깨달음의 세계로 이끌어 가야 하는 자력 신앙이기 때문에 '**인간에 의한, 인간을 위한, 너무나 인간적인 종교**'라 할 것이며, 바로 이 점이 불교의 위대성을 확정 짓는 근본이 된다 하겠습니다.

열반

설산성도(雪山成道) 이후 시작된 부처님의 설법 여행은 45년이나 이어집니다. 출가 후로 부터 이어진 부처님의 일대기는 생사를 초월한 고행과 길 위에서 펼친 설법의 여정으로 일관됩니다. 부처님께서는 주로 마가다국의 수도 라자그리하, 코살라국의 수도 사바티(舍衛城), 여기에 인접한 바지국, 그리고 코살라국에게 멸망된 석가족의 여러 나라를 중심으로 포교한 것으로 보입니다. 수많은 제자가 부처님이 옮기는 발길마다 생겨났고, 이 45년 동안 불교는 불법의 날개를 달고 북인도를 중심으로 빠르게 퍼져 나가게 됩니다.

부처님 한잔해요

이때 이미 지혜와 신통력을 두루 갖추고 불교 흥성의 꽃을 피운 10대 제자가 부처님의 문하에 모여 있었습니다. 이들 10대 제자는 불자라면 누구나 그 이름을 알고 있는 **지혜제일 사리불(智慧第一舍利佛), 신통제일 목건련(神通第一目建連), 두타제일 마하가섭(頭陀第一摩訶迦葉), 두타란 번뇌와 의식주에 대한 탐욕을 버리고 청정하게 불도를 닦는다는 뜻이지요. 그리고 천안제일 아나율(天眼第一阿那律), 다문제일 아난(多聞第一阿難), 지계제일 우바리(持戒第一優婆離), 설법제일 부루나(說法第一富樓那), 지혜로서 온갖 법이 공함을 깨우친 해공제일 수보리(解空第一須菩提), 논의제일 가전연(論議第一迦旃延) 그리고 부처님의 아드님으로서 계율을 철저히 지켜 밀행 제일이 된 라후라(密行第一羅睺羅)** 등입니다.

이분들 외에도 마가다국의 국왕 빔비사라와 부왕인 정반왕, 양어머니 마하프라자파티 그리고 부처님의 부인이자 라훌라의 어머니인 야쇼다라비와 사촌동생인 데바닷타도 귀의하게 됩니다. 그런데 이 데바닷타는 부처님의 승단을 차지하고자 충돌을 일으키며, 부처님을 살해하려는 음모를 실행하는 등 불교사에서 사악한 배신자로 회자되는 인물이기도 합니다. 그러고 보니 성경에도 예수를 적대시하는 제사장들에게 은화 30전에 예수를 판 가롯 유다가 있었군요.

45년 불법포교의 대장정을 마치신 부처님의 열반에 대하여는 많은 경전과 불교설화가 조금씩 다른 그때의 상황을 묘사하고 있습니다만, 『열반경』에 따르면 부처님은 자신의 열반일을 3개월 전 미리 정하고 정신 삼매 중에 스스로 생명력을 놓은 것으로 나옵니다. 이 당시 아난에게 남긴 불후의 일성은 영원한 진리로, 인류의 가슴에 지워

지지 않는 사자후가 되고 있지요.

"아난다야. 그러므로 자기 자신을 등불로 삼고 또한 의지할 곳으로 삼아라. 남을 의지하지 말고, 진리를 등불 삼아 법을 의지할 곳으로 삼아라." 그리고 "아난다야. 한탄하거나 슬퍼하지 말라. 일찍이 가르쳐 준 바와 같이 사랑하는 사람과 친한 사람과는 헤어지지 않을 수 없다. 태어난 모든 것은 반드시 죽는다. 죽지 말았으면 좋겠다고 생각하는 것은 부질없는 일이다."

심금을 울려 주는 이 말씀에 어쩌면 불교의 모든 정신이 녹아 있다고 해도 좋을 듯합니다. 부처님의 열반 당일은 금속장인인 춘다가 올리는 수카라맛다바라는 음식을 마지막으로 드시게 됩니다. 부처님께서는 이 공양이 생애 마지막이 될 거라는 걸 이미 아시고, 이 음식을 다른 제자에게는 먹지 못하도록 하신 후 다음과 같이 말했습니다.

"춘다가 바친 공양이 마지막이 되었으나 그것 때문에 춘다가 후회할 필요는 없다. 여래가 처음 도를 이루었을 때 바친 공양과 입적하기 전에 바친 공양은 다 같이 공덕이 크다." 즉 부처님 생애 2대 공양이라 일컬어지는 수자타의 우유 죽 공양에 비유하고 있습니다. 이 음식이 부처님에게 심한 복통과 식중독을 일으키게 했고, 식중독이 곧 부처님을 사망에 이르게 한 원인으로 전해지고 있습니다만 중요한 것은 죽음도, 마지막 공양도, 부처님께서는 이미 알고 받아 드렸다는 점일 것입니다. 수카라맛다바라는 음식이 어떤 음식이냐에 대하여는 구구한 설이 있습니다. 일설에는 멧돼지 요리라는 설과 희귀한 버섯의 일종인 전단 나무 버섯요리라는 설 등이 있는데, 독버섯요

부처님 한잔해요

리였을 가능성이 큰 것 같습니다.

이미 열반을 예견한 부처님은 쿠시나가르의 나이란자나 강의 기슭에 두 그루 사라수 나무 아래 네 겹으로 접은 가사를 깔고 머리를 북쪽으로, 오른쪽 어깨를 바닥에 댄 채 옆으로 누워서 서쪽을 바라보며 열반에 듭니다. 부처님은 마지막으로 제자들을 향해 "슬퍼하지 마라. 내가 언제나 말하지 않았느냐. 사랑하는 모든 것은 곧 헤어지지 않으면 안 된다. 제자들이여, 그대들에게 말하리라. 제행(諸行)은 필히 멸하여 없어지는 무상법(無常法)이니라. 그대들은 중단 없이 정진하라. 이것이 나의 마지막 말이니라."고 설한 후 눈을 감으셨습니다. 옆으로 누워 열반에 드는 부처님의 거룩한 가르침이 귀에 들려올 것 같지 않습니까? 옆으로 누운 이 와불 열반상은 우리나라의 전통사찰에서는 잘 보이지 않지만, 신흥사찰이나, 전통사찰 중에서도 새롭게 불상을 조성한 사찰에서는 간혹 볼 수 있는데, 경남 사천의 백천사, 충북 진천의 보탑사, 경북 영천의 만불사, 충남 부여의 미암사 와불열반상 등이 있습니다.

부처님이 열반에 드신 이곳 쿠시나가르는 태어나신 곳 룸비니와 성도를 이루신 보드가야 그리고 최초의 설법을 하신 바라나시 교외의 녹야원과 더불어 불교의 4대 성지로 손꼽히고 있습니다. 부처님의 육신은 사라졌지만, 영원한 법신(法身)으로 남게 된 이 날은 신불기(新佛記)에 따르면 기원전 544년 2월 15일로서, 인류 구원의 종교 불교의 기원이 되는 해가 됩니다.

열반이란 산스크리트어로 '니르바나'에서 온 말로써 그 뜻은 '불어서 끈다.'는 걸 의미합니다. 즉, 탐욕과 집착 그리고 어리석음과 번뇌를 영원히 소멸시켜 없앤다는 뜻이기도 하며, 그 열반에 이르는 방법이 팔정도라 하겠습니다. 부처님의 생애를 시간대별로 정리하여 여덟 가지 큰 사건으로 화폭에 담은 불화가 바로 팔상도(八相圖)입니다.

부처님의 생애를 마치 파노라마처럼 펼쳐 놓은 것으로써, 글을 모르는 불자들에게 부처님의 생애를 설명하는 데 유용하게 쓰였을 것으로 생각되는 이 팔상도는 우리나라의 많은 사찰에서 볼 수 있습니다만, 충북 보은의 법주사 팔상전의 불화와 경북 예천의 용문사 팔상도가 대표적이라 하겠습니다. 특히 용문사 팔상도는 숙종 35년인 1709년에 그려진 현존하는 우리나라의 가장 오래된 팔상도로 알려져 있지요. 사찰마다, 그린 사람에 따라 그림의 내용이 조금씩 다르긴 하나 화제(畵題)는 다음과 같이 일치합니다.

❶ 도솔래의상 (도솔에서 내려오는 장면)

❷ 비람강생상 (룸비니 동산에서 탄생하는 장면)

❸ 사문유관상 (四門밖에 나가 관찰하는 장면)

❹ 유성출가상 (성을 넘어 출가하는 장면)

❺ 설산수도상 (설산에서 수도하는 장면)

❻ 수하항마상 (보리수 아래서 마구니를 항복시키는 장면)

❼ 녹원전법상 (녹야원에서 처음으로 포교하는 장면)

❽ 쌍림열반상 (사라쌍수 아래서 열반에 드시는 장면)

부처님 한잔해요

이 팔상도의 마지막 그림이 '쌍림열반상'으로, 부처님의 열반 광경을 그림으로 전하고 있는데, 그 그림의 부처님 하반신 부분에 뒤늦게 열반 소식을 듣고 달려온 가섭존자가 슬퍼하고 있고, 부처님은 관 밖으로 두 발을 내밀어 제자의 슬픔을 위무하는 장면이 묘사되곤 하지요. 가섭존자는 부처님께서 영취산에서 설법하던 중 대중을 향하여 연꽃을 들어 보이자, 가섭존자만이 부처님의 생각을 깨닫고 미소로 답을 했다고 하여, 가섭의 '염화미소(拈華微笑)'로 유명한 제자였답니다. 꽃을 집어 대중에게 보인다는 뜻으로 '염화시중(拈花示衆)'이란 고사로도 전해지는 이 무언의 미소는 이심전심으로 통하여 깨달음을 얻는 선수행의 길을 제시하는 화두인데, '불립문자(不立文字)'와 '교외별전(敎外別傳)'으로 이어지는 선맥(禪脈)의 근본이념이 됩니다.

지금까지 부처님의 탄생에서 열반까지를 간략하게 더듬어 보았습니다만 팔만사천법문을 설하시고, 중생구제를 위해 신이한 행적으로 자비를 베푼 숱한 행적들을 필설로 다 옮기는 건 아마도 불가능하리라 믿습니다. 그러나 성인이 지나간 자리는 산천초목도 빛이 난다고 하였으니 부처님의 생애를 다시 한 번 되새겨 보는 것은 오늘날의 우리에게 매우 의미 있는 일이 아닐 수 없겠습니다.

2장

불교는
과연
어떤 종교인가?

불교의 본질

불교를 일이관지 한마디로 정의 하기는 어렵습니다. 그것은 인생은 무엇인가 하는 문제와는 비교할 수도 없을 만큼 더 어려운 난제가 아닐지 모르겠습니다. 물론 사전적 정의에 그칠 것 같으면 석가모니 부처를 교조로 하여 그의 가르침을 따르고 신봉하는 종교라 할 수 있을 것입니다.

불교 신자나 불교 관련자가 아니더라도 대한민국의 보편적 교양인에게 불교를 한마디로 말해보라고 하면 '마음의 종교', '깨달음(지혜)의 종교' 또는 '자비의 종교' 등으로 쉬운 답을 얻을 수 있으리라 믿습니다.

그러나 이러한 단편적 정의와는 별도로, 불교는 여타 종교와는 달리 끊임없는 수행으로 무명에서 벗어나 번뇌의 인연을 끊고, 참된 진리를 깨우쳐야 하는, 솔성과 자아참구의 자력신앙이기 때문에 '절대자⇨교리⇨나'라는 수직적 등식의 의타 신앙과는 엄연히 구분된다 하겠고, 궁극의 목표를 성불 즉, 부처가 되는 것에 둔다는 점에서 명쾌하면서도 그 본질은 매우 복잡한 종교라 아니할 수 없습니다. 우리나라가 발상지인 천도교의 기본 정신에서도 '인내천(人乃天)' 즉, 사람이 곧 하늘이라고 가르치고는 있지만, 세계의 어떤 종교에서도 신자가 곧 교주가 될 수 있다는 교리는 불교밖에는 없을 듯하군요. 그래서 불교는 다른 종교와 달리 종말의 날이 있음을 전제하고 있습니다. 불교 종말의 날은 모든 중생이 부처가 되는 날이 되는데, 그날 이후에 불법은 더 이상 중생구제를 할 일이 없이 임기만료가 되는 날이 되니까 말입니다.

불교가 교리로 삼고 있는 종교적 내용은 부처님이 35세에 보리수 아래에서 다르마(達磨, dharma : 진리)를 깨우침으로써 불타(佛陀, Buddha : 깨친 사람)가 된 뒤, 80세에 입적할 때까지 근 반세기 동안의 설법을 편 내용으로 한정될 것이나, 부처님 열반 후 2,500여 년의 세월을 거쳐 오는 동안 불교는 많은 변화를 겪게 됩니다. 즉, 부처님이 열반한 후로부터 1세기 정도가 흐르자 교리와 계율의 해석문제를 놓고 보수와 진보가 대립하게 되면서 원시불교가 분열을 거듭하여 20여 개의 부파불교가 생겨나기에 이릅니다.

부처님의 가르침은 엄연히 하나인데, 관점과 해석을 달리하는 여러 집단의 이념이 논쟁으로 나뉜 것이지요. 이 부류들을 크게 나눠 보면 과거의 부처님의 가르침과 계율은 그 자체로 소중한 것이므로, 엄격히 지켜야 한다는 보수파와 시대의 변화에 따라 융통성 있게 해

부처님 한잔해요

석해야 한다는 진보적 입장으로 나눌 수 있겠습니다.

전자는 출가를 전제로 승단을 구성하고, 엄격한 계율 자체에 얽매어 수행하면서 타인의 구제보다는 자신의 성불을 이상으로 삼았으니 이 부류가 상좌부불교라고도 일컬어지는 소승불교의 원류가 되어 동남아 불교 제 국가의 원류가 되었고, 후자는 개인의 해탈보다는 대중의 구제를 불교의 이상으로 여겼으므로 이 부류는 대승불교로 발전하게 됩니다.

대승불교 사상이 싹트면서부터는 부처님을 신격화한 절대적 숭배의 대상으로 기리는 신앙의 색채도 띄게 되었고 그러면서 불경도 계속하여 편찬되면서 불교가 각국으로 전파되어 가는 과정에서 그 지역의 토착문화와 혼용되는 동안 교리와 의식 등에서 매우 다양한 형태로 변화·발전되었기 때문에 더더구나 불교를 한마디로 '이것이다'하고 명쾌한 정의는 할 수 없게 된 것입니다. 그러나 불교의 본질은 아무래도 연기(緣起)와 인과(因果)사상에서 출발한다는 말을 빼놓을 수 없겠군요.

부처님이 깨친 진리는 막연하거나 형이상학적인 것이 아니라, 왜 인간은 고통의 굴레에서 벗어날 수 없는가 하는, 구체적이고도 현실적이며, 근본적 인간의 문제였었습니다. 일체 현상은 신에 의해서 창조된 것이 아니라 서로의 의존관계 즉, 조건적 인연 따라 생멸한다는 12연기법을 구체적 방법론으로 제시하신 것이지요.

연기사상을 쉽게 이해하려면 그야말로 굴뚝과 연기를 비교해보면 쉬울 듯하군요. '아니 땐 굴뚝에 연기 나랴?'라고 할 때, 불을 땐

인(因)이 있기 때문에 연기라는 과(果)가 있다는 것이 불교의 핵심이라니 이 얼마나 쉬운 교리이겠습니까? 이 12연기는 괴로움이 일어나고 소멸되어 가는 과정을 구체적이고도 명확하게 밝혀 놓은 부처님 표 특허품으로, 그 특허 기간은 영구가 될 것 같습니다.

그러면 12가지 연기법에 대해 좀 더 자세히 알아보도록 하겠습니다. 일상에서 자주 사용되는 단어도 아니거니와 굳이 용어와 순서를 기억하기보다, 괴로움이 발생되고 소멸되어 가는 메커니즘이 이런 것이구나 하는 정도로 이해해 두시면 되겠습니다.

12단계 연기법 ─────◇

① 무명 어리석음	② 행 의지, 형성작용	③ 식 의식작용	④ 명색 물질과 정신
⑤ 육입 6가지 감각기관	⑥ 촉 환경과의 접촉	⑦ 수 느낌 또는 감각	⑧ 애 욕망
⑨ 취 집착	⑩ 유 존재	⑪ 생 탄생	⑫ 노사 심신의 괴로움

위의 12단계별 연기법의 진행과정을 보면 ①의 무명 때문에 ②의 행이 생기고, ③의 의식작용이 일어나게 되며, ④ ⇨ ⑤ ⇨ ⑥.....⑫의 순서로 결국은 노사(老死)의 괴로움에 다다르게 된다는 것

부처님 한잔해요

입니다. 1단계의 근본 무명은 업장 무의식이 만드는 무지에서 비롯되는 것으로, 과거의 행(行)이 인간 존재의 첫걸음을 시작하게 하면서, 어머니 태내에서 식(識)과 명색(名色 : 태내에서 갖는 심신), 육입(六入 : 태내에서 갖춰지는 6개의 감각기관)이 생기고, 즐거움과 괴로움의 애(愛), 취(取)를 바탕으로 업이 지어지니, 그 결과 늙고 죽음에 이른다는 생애주기의 전 과정을 인과로 설명해 놓으셨네요.

　사주명리학에도 인생의 전 과정을 12운성포태법이라 하여, 부모에 의해 수정되기 전 단계로부터 태어나고 성장하여, 장성한 후 쇠(衰)하고 병들어 죽은 뒤 무덤에 묻히는 12단계를 밝히고 있지만요. 불교에서의 12연기법은 반드시 직전의 원인을 인자로 하여 발생하는 것으로, 애초에 ①의 무명을 끊으면 다음의 연기는 발생하지 않고 마침내는 ⑫의 노사 즉, 정신적·육체적 괴로움까지 모두 소멸되기 때문에 이것이 궁극의 해탈이라고 가르치는 교리가 불교라 설명할 수 있겠군요. 단순히 태어나지 말라는 말이 아니라, 무지와 무명의 상태에서 태어나는 업을 짓지 말라는 뜻으로 받아들여야 할 것입니다.

　부처님께서는 일찍이 인생의 본질을 고해라 진단하시고 생로병사의 4고(苦)에 더하여, 사랑하는 이와 헤어지는 고통인 **애별리고(愛別離苦)**, 원수나 미워하는 사람과 만나는 고통인 **원증회고(怨憎會苦)**, 구하여도 얻지 못하는 고통인 **구부득고(求不得苦)**, 색수상행식(色受想行識)의 오온(五蘊)이 성한 고통인 **오온성고(五蘊盛苦)**의 8고와 108가지 번뇌를 제시하셨습니다. 108가지 번뇌라니 적잖은 번뇌라 할 수 있겠습니다만, 인간의 의식과 무의식에 총체적으로 와 닿는 번뇌까지를 합하면 가히 무량수가 되지 않을까 싶군요.

물론 인생에는 사랑, 연애, 자식, 스포츠, 오락, 취미, 예술창작, 부, 권력, 명예 등등의 인간을 일시적으로 즐겁게 하는 것들은 존재할 것입니다. 그러나 그것들에는 어느 것도 영원한 것이 없으므로 결국은 괴로움의 원인으로 귀결된다고 보신 것이지요.

실제로 가까운 주변에도 권력이나 부를 등에 업고 그렇게 기세등등, 약한 사람 위에 군림하거나 갖은 자본의 횡포를 부리던 사람이 십 년 아니 몇 년도 못 가서 파탄이 나고 알거지가 되는 걸 보았을 것입니다. 또 하늘을 찌르는 만인의 인기를 온몸으로 받으며 영원한 스타로 남을 것 같던 연예인이 대중의 외면 속에 마약이나 자살로, 스타로서의 삶에 종지부를 찍는 경우도 있지 않습니까? 그러니 권력과 부, 명예 그 자체가 번뇌의 싹이었던 것입니다.

건전한 노력으로 성취한 부와 명예는 소중한 것이지만, 자신이 잠시 맡아 둔 것이란 걸 알면 번뇌의 싹은 자라지 않겠지요. 그러면 108번뇌의 발생 기저를 한번 살펴보겠습니다. 우리의 감각기관에는 의식의 컨트롤타워 역할을 하는 육근(六根)과 육식(六識)이 있고, 상황을 발생시키는 환경인자인 육경(六境)이 있습니다. 따라서 매 상황별로 기쁨과 괴로움 그리고 기쁘지도, 괴롭지도 않은 덤덤한 상태의 세 가지 감각작용이 무시로 일어나게 됩니다.

따라서 {6근×3가지 감각×3세(과거 현재 미래)} + {6경×3가지 감각 ×3세(과거 현재 미래)} = 108번뇌가 생겨나는데, 이 괴로움의 근본이 되는 무명이라는 것이, 미혹이라는 달콤한 설탕 배지(培地) 위에서 '인(因)'

이라는 영양소를 먹고 자라는 세균과 같이 원인과 조건이 결합된 인과로 보신 것입니다.

그래서 '고(苦)'라는 것은 사주팔자나, 신이 절대적으로 부여한 숙명에 의한 것도 아니고, 전생의 업에 의한 것도 아니라 어리석음에 기인하는 것이므로, 어두운 밤길에 한 등 횃불을 밝히면 홀연히 앞길이 밝아지는 것처럼, 무명을 벗으면 일시에 고통의 굴레를 벗을 수 있다는 것이 불교라 하겠습니다.

불교에서는 현세의 삶을 전생 업의 결과물이라고는 하지만, 현세의 공덕으로 얼마든지 악업의 연을 능동적으로 끊고 니르바나에 도달할 수 있다고 가르치고 있으니 모든 인류에게 자주성과 희망적 형평성을 제시한 위대한 종교라 아니할 수 없겠습니다. 우리 중생들이 고통이라 느끼는 것들을 따져 보면 고통이랄 수도 없는 것들이 대부분이 아닐까요? 가난해서, 배우지 못해서 또는 창공을 훨훨 나는 새처럼 날지 못하는 능력 같은 것도, 가야 할 곳을 마음껏 가지 못하는 인간에게는 고통이 되기도 하잖습니까? 그러나 이러한 것들이 과연 우리 인간들을 영원한 속박에서 벗어날 수 없게 하는 무한의 고(苦)가 될 수 있을까요?

六根	眼	耳	鼻	舌	身	意	6×3×3 = 54번뇌	⇒ 108번뇌
六境	色	聲	香	味	觸	法	6×3×3 = 54번뇌	
六識	眼識	耳識	鼻識	舌識	身識	意識	{6근 + 6경 = 12處} + 6식 = 18界 즉 12처18계	

한편 불교를 본질적인 차원에서 본다면 공(空)사상이라는 한마디로 표현할 수 있겠군요. 대승불교의 핵심개념이라 할 수 있는 공사상은, 모든 생명이나 사물은 조건에 의지하여 일어나고, 조건에 의하여 임시적으로 결합된 상태를 유지하였다가, 조건에 의하여 스러지기 때문에 항존 하는 절대적 자아는 있을 수 없다는 것입니다. 따라서 "모든 존재는 변하고 있다"는 ① **제행무상(諸行無常)**과 "모든 사물은 실체가 없다"는 ② **제법무아(諸法無我)**, "무상과 무아를 깨닫지 못하는 일체 현상은 괴로운 것이다"라는 ③ **일체개고(一切皆苦)**, 이렇게 세 가지의 법인(法印)은, 불교의 법등(法燈)을 받치는 진리의 삼각대인 셈이지요.

여기에서 나아가 불교는 이를 극복하는 방법론으로 "열반의 세계만이 고통이 없는 진리의 세계이다"라는 ④ **열반적정(涅槃寂靜)**을 강조하며, 괴로움의 본질을 간하는 ❶ **고제(苦諦)**, 갈애(渴愛)·무명·번뇌의 애욕 집착 때문에 내 마음 안에 괴로움이 있다고 보는 ❷ **집제(集諦)**, 온갖 괴로움을 멸하고 무명·번뇌를 여의는 것이 곧 열반이요, 해탈이라는 ❸ **멸제(滅諦)**, 무명과 번뇌를 멸하고 열반·해탈을 얻어 십이인연을 자유자재하는 길을 말하는 ❹ **도제(道諦)**의 4성제(四聖諦 또는 4眞諦라고도 합니다.)를 제시하였으니, 삼법인이 존재론적 본질이라면, 사성제는 구체적 방법론이라 할 수 있겠습니다. 다시 말하면 이 사성제는 ① **고제 ⇨ 고에 관한 진리**, ② **집제 ⇨ 고의 원인에 관한 진리**, ③ **멸제 ⇨ 원인의 소멸에 관한 진리**, ④ **도제 ⇨ 고집멸을 총체적으로 여의게 하는 구체적 방법에 관한 진리**로 설명할 수 있겠습니다. 마치 의사가 환자를 대하면 어떤 병인지 검사와 진찰을 하여(고제), 병의 원인이 무엇 때문인지를 정확히 알아(집제) 병을 낫게 하기 위해서는 이 사람의 체질에는 어떤 치료법을 쓸 것인지를 결정하여(멸제), 수술을 하거나 약물을 투약하는 등의 여러 가지 방법(도제)으로, 질병을 치료하는 것에 비교 설명해 봅니다.

전개가 조금 어려워졌나요? 다시 말하면 '나'라는 존재는 원래 없었던 것이었으나 부모라는 조건의 연기에 의해 태어나고, 영양의 섭취 같은 생육의 환경적 조건에 의하여 임시적으로 인간이라는 육신적 집합체를 형성하지만, 쉼 없는 변화의 조건인 무상(無常)에 의하여 생로병사가 일어나서, 즐거움과 괴로움의 반복이 일어나고, 이 과정이 진행됨에 있어 '나'라는 자아가 끼어들 실체가 없으므로 **제행무상, 제법무아, 일체개고**가 된다는 뜻이지요. 따라서 이를 극복하여 고통을 멸하는 세계는 오직 진리를 통한 깨달음의 세계인 열반뿐이라는 뜻에서 **'열반적정'**이라 가리키신 것입니다.

그러나 우리는 있지도 않은 '공(空)'한 '나'라는 존재가 있다고 착각하여 그것에 집착하게 되고, 그런 '나'를 지키기 위하여 온갖 탐욕과 미망에 끊임없이 매달리는 것일 테지요. 여기서 무아(無我)란 과연 어떤 것인가를 다시 한 번 생각해 볼 필요가 있을 것 같습니다. 불교에서의 무아는 현존하는 '나' 자체를 부정하는 것이 아니라, 현재의 나를 구성하는 일체의 요소 즉, 세포나 감각기관 그리고 마음을 움직이는 어떠한 작용도 나의 불변하는 주재자가 아니란 뜻의 무아를 이릅니다.

좀은 어려운 설명이 된 것 같아 꽃과 꽃향기의 실체를 비유로 들어보겠습니다. 예를 들어 장미꽃을 육안의 눈으로만 보면 거기에는 붉은 꽃잎과 받침 그리고 가시로 구성된 보통명사로서의 장미꽃이 존재하게 됩니다. 여기에 안이비설신의(眼耳鼻舌身意)의 육근이 작용하면 아름답다거나, 향기가 진하다 등의 분별적 감각의 마음을 일으키게 되는데, 지혜의 눈으로 보면 꽃잎은 식물세포의 원형질과 수많은 세포조직이 이어진 요소의 집합체일 뿐 장미라는 실체가 없는 것으로 보이겠지요. 더 나아가 깨달은 눈으로 보게 되면 그 요소들마저도 비어서 집착할 것이 없는 것이 되어 해탈의 대 자유를 누리게 된다는 것입니다. 마치 꽃향기는 있으나 그 향기의 실체가 있는 곳은 꽃술도 아니요, 꽃잎도 아닌 것처럼 말입니다.

이 삼법인은 불교의 존재론적 시작과 끝이 되는 것이기 때문에 불교의 기본 입장과 인생관의 핵심을 아주 간명하게 나타내고 있다 하겠습니다. 이 우주 삼라만상 어디에 연기법을 초월하여 조건의 지배를 받지 않는 실체가 존재할 수 있을까요? 예를 들어 물질의 구성은 분자, 원자, 원자핵, 소립자 순서로 최소단위인 소립자에 이르게 되는데, 이 소립자를 아무리 쪼개고 또 쪼개어도 쪼개어진 원소 또한 쪼갠 것과 쪼개진 것의 조건에 예속될 것인바, 이 연기법을 초월한 실체는 아무것도 없으므로 이것의 실체 없음이 바로 '공'인 것입니다. 매우 중요한 부분이 아닐 수 없습니다.

기독교에서는 절대 구주 하나님이라는 개체적 존재를 인정하지만, 불교에서는 어떠한 존재적 실체도 인정하지 않으며, 나아가 시간과 공간의 기원도 인정하지 않는 철저한 '공'을 견지한다는 점에서 두

부처님 한잔해요

종교의 사상적 사유의 근본은 매우 대극적이라 할 수 있겠습니다.

불교의 세계관과 우주관

그러면 불교의 세계관과 우주관을 잠시 살펴보도록 하겠습니다. 불교는 완전 해탈의 열반에 이르러 부처가 되기 전까지는 끊임없는 윤회를 반복한다고 가르치고 있습니다. 그 되풀이되는 윤회의 세계를 삼계(三界)라 하는데 **욕계(欲界), 색계(色界), 무색계(無色界)**를 삼계라 합니다. 욕계는 곧 욕망의 세계로서, 이 차원에서 머무는 중생은 선악의 업과에 따라 **지옥, 아귀, 축생, 수라, 인간, 하늘**(하늘에도 사왕천, 도리천, 야마천, 도솔천, 화락천, 타화자재천 등의 여섯 하늘로 나뉩니다.)의 욕계육천이라는 여섯 세계를 끊임없이 윤회하게 되는데 이를 불교용어로는 육도윤회라고 하지요. 이들 용어 중 아귀 같은 용어는 우리 국민의 귀에 익숙하여, 흔히들 '아귀다툼'이니 '아수라장'이니 할 때의 바로 그 뜻이기도 합니다.

이 하늘계의 첫째 세계인 사왕천에는 경비대장 격인 사천왕과 그의 권속들이 지내는 곳인데, 수미산의 중간쯤에 해당하고 산 정상은 도리천의 세계로, 그곳에서의 하루는 인간세계의 백 년에 해당하여 수명은 천세를 산다고 알려져 있습니다.

이 사천왕은 여러 불자님들이 잘 아시다시피 사찰의 일주문을 지나 법당에 이르는 공간에 천왕문을 두어 사천왕상을 봉안하는데, 수

미산의 동서남북에서 불법을 수호하고 인간의 선악을 관찰하여, 직속 상관격인 제석천에게 보고하는 역할을 한다고 하네요. 원래 사천왕은 고대 인도의 토착 종교에서 숭상했던 귀신들의 왕이었으나 불교에 귀의하여 부처님과 불법을 지키는 수호신이 되었다고 하지요.

그리고 야마천에는 한 번 태어나면 인간의 시간으로 14억4천만 년을 산다고 하니, 하루살이와 다를 바 없는 가련한 현실세계에 길들여진 우리 인간들로서는 그저 계측불능의 혼란만 오는 것도 같군요. 그러나 공간우주의 질량 차원에서 이해해 볼 때 지구 자장 내에서 사는 우리 인간의 백 년이나, 엄청난 슈퍼에너지로 회전하고 있는 우주공간에서의 10억 년, 20억 년 등은 그리 긴 시간 차이의 개념이 아닐 것이란 생각을 해 볼 수도 있겠습니다.

이렇게 하늘 세계에 태어나는 것이 행복이긴 하나, 그 세월도 언젠가는 한시적으로 끝이 나고 또다시 인연에 따라 다음 단계로 오르내리며 태어나는 윤회를 거듭하지 않으면 안 된다는 것이 불교의 윤회관이기도 합니다.

한편 이 욕계 위에는 또 색계 18천(경전과 논서에 따라서는 17천, 21천, 22천 등으로 나타내기도 함)이 존재하는데, 색계는 욕망의 공간 차원을 벗어난 물질의 세계라고 보면 되겠습니다. 다시 색계 위에는 물질계를 벗어난 정신 차원의 공간으로 무색계 4천이 있고, 이 무색계를 벗어난 궁극의 세계를 니르바나 즉, 더 이상 삶과 죽음이 없는 완전한 해탈열반의 부처님 세계로 규정하고 있습니다.

삼계를 달리 해석해보면 욕계는 관능과 감각의 욕망 세계, 색계

부처님 한잔해요

는 욕망은 초월했지만 아직은 욕망의 그림자가 남아 있는 욕계와 무색계의 중간 세계, 무색계는 모든 욕색계의 잔재를 초월한 순수이념의 세계라고 할 수 있겠군요.

그런데 원효대사는 이 삼계에 대해『대승기신론소 大乘起信論疏』에서, 삼계가 오직 하나의 마음에서 비롯되는 것임을 밝혔고, 마음이 미혹될 때 지옥·아귀·축생 등의 저급한 세계를 윤회하게 되므로, 삼계가 다만 마음먹기 달렸다는 일체유심조로 인식한 바 있습니다. 아무튼, 불교의 궁극적 목표는 부처의 세계로 들어가기 위해 팔정도와 계·정·혜(戒定慧)를 수행·실천하여 번뇌의 뿌리를 잘라 내고 삼계를 초월, 누구나 성인이 되라는 가르침의 종교라 하겠습니다.

이처럼 수행 공덕에 따라 완전한 성인이 되어 가는 단계로 4단계를 거치게 되는데, ❶ 수다원(須陀洹) 성인 ⇨ ❷ 사다함(斯陀含) 성인 ⇨ ❸ 아나함(阿那含) 성인 ⇨ ❹ 아라한(阿羅漢) 성인으로, 아라한 성인이 되면 삼계를 초월한 완전한 성인이 되는 것이랍니다. 욕망과 무절제의 사바중생에서 성인의 반열에 들어 단계를 업그레이드하는 구체적인 과정이 계·정·혜 수행으로, 그중 높은 단계인 혜(慧)수행은 위빠사나수행을 통해 번뇌의 뿌리 자체를 제거하는 수행을 하게 됩니다. 이 책을 읽으시는 독자 여러분들도 아라한을 목표로 세우시고 우뚝한 걸음으로 그 길에 도달하실 것을 믿습니다.

불교의 우주인식은 살펴본 바와 같이 욕계, 색계, 무색계로 보는데, 그 단계별 공간차원을 모두 합하면 33천이 되므로 불교의 세계관을 33천 사상으로 설명하는 것이지요. 또는 3계9지라 하여, 욕계 6천에 더하여, 부처님의 가르침을 따라 출가 수행하는 성문(聲聞), 가르침을 따르지 않고 홀로이 깨달음에 이른 연각(緣覺 또는 獨覺, 辟支佛이라고도 합니다.) 그리고 보살 등 성자들이 가는 3세계를 더하여 9등급의 세계로 규정하기도 한답니다.

그런데 이 33천은 공교롭게도 인간의 척추 뼈마디 33개와 정확히 일치하니, 꼬리뼈로부터 33번째인 경추 1번은 영(靈)의 영역이라 할 수 있는 뇌수에 닿아 있으므로 우리 인간의 구성체계도 불교의 33천 사상이 작동하는 시스템이 아닐까요? 물론 성인(成人)이 되면 뼈마디 일부가 퇴화하기도 하고 개인에 따라 뼈마디 수는 다소 차이를 보이긴 하지만요.

스님이나 불교학자가 아닌 이상 불교의 하늘 공간 세계를 자세히 알 필요는 없겠으나 대체적인 이해를 돕기 위해 표로 정리해 둡니다. 불교의 세계관과 우주관은 이렇구나 하는 정도만 알아두시면 좋겠군요. 역시 불교는 다불(多佛) 사상과 다원 우주론을 택하고 있네요.

불교의 하늘과 우주관 ──◇

단계	삼계	공간 세계	공간 현실	비 고
1	욕계 (欲界)	지 옥	무간지옥 등 8대 지옥	
2		아 귀	아귀의 처소	
3		축 생	축생의 처소	
4		수 라	아수라의 세상	
5		인 간	인간의 처소	

부처님 한잔해요

불교의 하늘과 우주관 ───◇

단계	삼계	공간 세계	공간 현실	비 고
6	욕계 (欲界)	사천왕천 (四天王天)	사천왕이 수호하는 수미산 중간	하늘세계 시작
7		도리천 (忉利天)	제석천(인드라)이 수호하는 세계	
8		야마천 (夜摩天)	염마천왕이 주인공	
9		도솔천 (兜率天)	미륵보살의 머무는 곳	
10		화락천 (化樂天)	천인들의 세상, 오욕의 경계가 남음	
11		타화자재천 (他化自在天)	마왕이 있는 곳	
12	색계 (色界)	범중천 (梵衆天)	대범천왕이 다스림	초선삼천 (初禪三天)
13		범보천 (梵輔天)	대범천왕을 돕는 세상	
14		대범천 (大梵天)	'범왕(梵王)·범천(梵天)'	
15		소광천 (少光天)	적은 빛을 내는 하늘	이선삼천 (二禪三天)
16		무량광천 (無量光天)	몸으로 한량없는 빛을 냄	
17		광음천 (光音天)	말 대신 입에서 빛을 냄	
18		소정천 (少淨天)	삼선천중 깨끗함이 적음	삼선삼천 (三禪三天)

단계	삼계	공간 세계	공간 현실	비 고
19		무량정천 (無量淨天)	소정천에 비해 매우 깨끗한	삼선삼천 (三禪三天)
20		변정천 (遍淨天)	두루 깨끗한 천신의 세상	
21		무운천 (無雲天)	구름 위에 있어 구름 없는 세상	
22		복생천 (福生天)	좋은 복을 지닌 천신 세상	
23		광과천 (廣果天)	큰 과보를 가진 천신 세상	
24	색계 (色界)	무상천 (無想天)	마음작용을 소멸시킨 세상	
25		무번천 (無煩天)	번뇌가 없는 천신 세상	사선구천 (四禪九天)
26		무열천 (無熱天)	곤궁함이 없는 천신 세상	
27		선견천 (善見天)	좋은 눈을 가진 천신 세상	
28		선현천 (善現天)	맑은 거울같이 나토는 세상	
29		색구경천 (色究竟天)	색이 마침내 다한 세상	
30	무색계 (無色界)	공처천 (空處天)	무한 허공을 체득하는 경지	욕·색계의 모든 형이하(形而下)가 배제된 곳
31		식처천 (識處天)	마음작용의 무한을 체득하는 경지	

불교의 하늘과 우주관 ──◇

단계	삼계	공간 세계	공간 현실	비 고
32	무색계 (無色界)	무소유처천 (無所有處天)	마음의 비존재를 체득하는 경지	욕·색계의 모든 형이하(形而下)가 배제된 곳
33		비상비비상처천 (非想非非想處天)	비상과 비비상을 같이 체득하는 경지	

* 사천왕천과 도리천까지를 지상에 속한 것으로 보는 경서도 있습니다.

다시 색과 공의 세계로 들어가 봅니다. 『반야심경』의 키워드라할 수 있는 색과 공이라는 차원의 개념은 그 자체가 둘이 아니라는 것인데, 우리가 실체라고 인식하는 색 자체가 원래 공한 것이며, 생명이라 느끼는 생사의 분별도 원래는 공하여 없음을 강조하셨지요. 빛과 어둠, 허상과 실상, 유와 무 등, 우리가 대극점이라 알고 있는 두 세계의 체계도 중도(中道)라는 프리즘을 통과하여 보면 하나의 빛으로 굴절된다는 것입니다. 따라서 실체가 없는 공을 깨달으면 진리를 본다는 가르침인데, 실로 오묘한 가르침이 아닐 수 없습니다.

그래서 부처님께서는 **"범소유상(凡所有相)은 개시허망(皆是虛妄)하니 약견제상비상(若見諸相非相)이면 즉견여래(卽見如來)라."** 즉, "무릇 상이 있는 모습이란 모두가 허망한 것일 뿐이니, 모든 상이 실상이 없음을 본다면 곧 여래를 본다."고 『금강경』, 「제5 여리실견분 如理實見分」에서 가리키고 있는데, 이 가르침에 금강경의 모든 사상이 함축되어 있다고 해도 과언이 아닐 것 같군요. 모든 상이 실상이 없음을 본다는 것은, 달리 해석하면 모양과 모양 아님을 같이 본다는 뜻이고, 있는 것의 근본은 없는 것에 연원한다는 말이 됩니다.

사실 우리가 실체라고 느끼는 색을 본다는 것도 따져 보면, 물체의 질량이 발산하는 빛의 허상을 보는 것에 불과한데, 우리는 물질이 애초에 색을 지니고 있는 것이란 착각을 하고 있잖습니까? 불교는 상(相)이 없습니다. 이것이 실체라고 말할 만한 소리도 없습니다. 마치 어느 제약회사의 약품 광고 카피 같지만, 불교의 본질을 함축하여 나름대로 한 문장으로 요약해 본다면 아마 다음과 같은 카피가 아닐까 하는 생각을 해 봅니다.

"이 소리(아상 : 我相)가 아닙니다. 저 소리(실체 : 實體)도 아닙니다. 불교는 소리가 나지 않습니다(적멸 : 寂滅)." 빛과 질량, 허상과 실상, 공 등의 문제는 뒷장에서 다시 짚어 볼 기회가 있을 것이라 믿고 불교의 근본사상과 사유방식에 대해 나름대로 정리해 보렵니다.

불교의 근본사상

법구경 ───◇

제악막작 (諸惡莫作) 모든 악을 짓지 말고
중선봉행 (衆善奉行) 모든 선을 받들어 행하며
자정기의 (自淨其意) 스스로 그 마음을 깨끗이 함이
시제불교 (是諸佛教) 모든 부처님의 가르침이다

먼저 『법구경』의 한 구절을 인용해 보았습니다. 어찌 보면 네 번째 행의 '모든 부처님의 가르침이다.'란 말은 '곧 이것이 불교다.'란 말로 대체될 수도 있을 듯합니다.

당나라 때의 정치가 백낙천이 유명한 조과 도림 선사를 찾아가서 청해 들은 법문에도 인용되었다지요? 정말 그때 백낙천이 했다는 말처럼, 세 살 먹은 아이들도 다 아는 것인데, 80 노인도 행하기 어려운 법문이지요. 이런 점이 바로 불교의 본모습이 아닐까 먼저 생각해 보렵니다.

혹자는 이르기를 불교는 철학이지 종교가 될 수 없다고 말하곤 합니다. 이는 불교가 우주의 질서와 인간의 실존에 대해 깊이 사유하고 천착한다는 점에서만 볼 때, 인생의 존재적 본질을 밝히는 것이 목적인 철학과 유사하다고 보는 편견에서 비롯된 것이라 하겠습니다. 그러나 불교는 깨달음을 통해 중생의 영원한 행복과 현실적 이익을 실천하도록 광대한 방법론을 제시하고 있습니다. 중생구제를 위한 실천적 보살행이야말로 불교가 추구하는 신행(信行)의 덕목이며, 이를 수행하기 위한 강령이 사성제와 팔정도, 육바라밀 같은 구체적 방법론입니다.

이처럼 행동하는 신행의 불교에 비해, 철학은 사색과 사유를 통해 앎에 다가가는 로고스(logos : 이성적 논리)적 지성은 될 수 있었으나 인류의 삶을 행복으로 바꾸는 방법론적 대안은 제시하지 못했습니다. 하지만 불교는 철학적 학문의 차원에 머물지 않고, 능동적이고 적극적인 수행과 지혜로운 깨달음으로 이타 행을 실천하여, 고통에 찬 인류의 삶을 행복으로 이끌면서 세상 자체를 극락정토(현실적으로는 이상향의 세계라고도 할 수 있겠군요.)로 바꾸자는데 그 목적을 둔 인류 구원의 종교가 된 것입니다.

그래서 불교는 철학적 요소인 '지혜'와 신앙적 요소인 '자비'라는 두 날개에, 과학적 요소인 '법'을 몸통으로 하여 날아가는 완전한 의미의 종교가 된 것입니다. 이러한 점은 오로지 신앙적 요소인 무조건적 믿음만을 강조하는 유일신 사상의 기독교나 여타 종교와는 엄연히 구별되는 본질적 개념의 차이라 할 것입니다. 따라서 불교는 철학이라고 하기에는 너무나 성스럽고, 종교라고 하기엔 너무나 인간적인 요소를 지니고 있다 하겠습니다.

그러면 여기서 우리는 종교란 말의 정의에 대해 생각해 보아야겠습니다. 원래 종교란 글자의 뜻은 근본 '종(宗)'자(字)에 가르칠 '교(敎)'자(字)를 써서 근본적 가르침 즉, 큰 가르침이란 뜻인데, 영어에는 종교란 글자를 직접 대체할 만한 단어가 별로 보이지 않는 듯합니다. 굳이 영어사전에서 종교란 단어를 찾는다면 'Religion'이나, 'Cult' 등을 들 수 있겠는데, 'Religion'은 [Re+ligion]으로 이루어진 단어로서 Re는 '다시'란 뜻이며, ligion은 '끌어 올린다' 또는 '연결한다'는 의미를 담고 있습니다.

이는 서양인들이 유일신 사상에 입각하여, 에덴동산에서 쫓겨난 인간의 원죄론에 초점을 두고, 죄를 지은 인간이 궁극적 목표로 에덴동산으로 복귀한다는 뜻에서, 다시 낙원으로 끌어올려야 한다는 발상에 기인한 해석일 뿐입니다. 'Cult' 또한 '숭배한다'는 뜻으로 맹목

부처님 한잔해요

적 신앙과 추앙을 뜻하는 것인바, 절대신을 용납지 않는 불교가 추구해온 종교라는 의미와는 한참을 거리가 멀다 하겠습니다. 또 다른 영어단어를 끌어와 본다면 'faith(신심)' 혹은 'beliefs(신념)' 같은 단어가 떠오릅니다만, 진리의 가르침이라는 종교의 본의와는 거리가 있는 듯하군요.

실은 종교라는 용어는 서기 594년 중국 수나라 때 지자대사(智者大師)의 저서 『법화현의(法華玄儀)』에서 종(宗)은 부처님이 직접 설법한 것으로 분류하고, 교(教)는 이것을 쉽게 풀이할 때 강설적(講說的) 의미로 쓰이면서 '종+교'라는 말이 처음 생겨나게 된 것입니다. 이 지자대사가 주석하던 곳이 천태산(天台山)이었으므로, 『법화경』을 소의경전(所依經典)으로 하는 지금의 한국불교 천태종이 탄생하게 되지요.

후일 유교나 도교 등에서도 성인들이 교시한 가르침이란 뜻에서 종교라는 말로 통칭하여 사용하게 되었고, 기독교가 전래되면서는 서구의 'Religion'과 '종교'를 같은 개념으로 쓰게 된 것이랍니다. 그러나 불교에서 종교라는 용어를 처음 쓰기 시작하였을 뿐 아니라, 살펴본 바와 같이 근본사상에 있어서도 불교는 결코 Religion과는 본질적으로 그 개념이 다르다는 걸 알 수 있습니다. 그렇다면 불교의 근본사상을 어떻게 일목요연하고 간결하게 정리할 수 있을까요? 다시 한번 '연기(緣起)'란 단어를 들고나올 수밖엔 없겠군요. 불교사상의 시작과 끝은 이 연기란 말로 귀결되는 것이 아닐까 생각해 봅니다.

일체 현상의 생멸이 상호 의지하고 의존함에 기인하며, 그 인과에 따라 업장 에너지가 윤회하니, 윤회의 사슬에 얽매이지 않는 해탈의 깨달음이야말로 불교의 궁극적 이상세계가 되기 때문이지요. 그래서 그 깨달음의 세계로 가는 방편이 곧 수행을 통한 실천적 자비행을 강조한 부처님의 가르침이며, 그 사상적 집단의 체계화된 시스템이 불교라 하겠습니다.

깨달음의 세계로 가는 수행의 길에 있어서도 막연히 절대자를 연호하고 의지하여, 신의 계시나 이끌림에 의거 피동적으로 가는 것이 아니라, 제시한 그 길을 따라 스스로 저 높은 곳을 향해 나아가는 것이며, 그 길을 가는 방편이 곧 **팔정도와 육바라밀(**보시布施, 인욕忍辱, 지계持戒, 정진精進, 선정禪定, 반야般若**), 계 · 정 · 혜(**戒律, 禪定, 智慧**) 삼학(**三學**)과** 깨달음으로 가는 길 **37도(**道 : 37조도품(三十七助道品), 37보리분(三十七菩提分)이라고도 합니다.**)** 같은 구체적 수행의 방법론인 것입니다. 그렇다고 해도 그 길은 부처님도 대신해 줄 수가 없는 길이며, 지식으로 공부해서 얻어지는 것도 아니어서 문자로 나타내고, 언어로 강설한다고 하여 닿을 수 있는 길은 더더욱 아닙니다.

해탈의 길은 말과 문자로 가르치는 것이 아니란 뜻에서 '불립문자(不立文字)'와 '교외별전(敎外別傳)'이라 하였습니다만, 깨달음이란 말과 지식의 헛그림자가 아니라 스스로 깨우치고, 비우고 또 비워서 깨우쳤다는 사실과 비웠다는 사실 자체까지도 비우는 것을 불교에서는 니르바나라 칭하는 것이지요.

내가 깨우쳤다거나 비웠다고 말하면 깨우친 주체와 깨우쳐진 대상의 실체를 인정하는 것이 되지 않겠습니까? 불교의 인과와 연기의 관계는 우주 대폭발 이전부터 우주의 창조심(創造心)으로 존재하였을

부처님 한잔해요

것입니다. 보리의 씨앗은 보리를 열게 하고, 사과의 씨앗은 사과열매를 맺습니다. 보리나 사과 씨앗을 법당이나 예배당에 갖다 놓고 아무리 기도하고, 예배를 드려도 씨앗은 발아하지 않습니다.

보리나 사과로 태어날 수밖에 없었던 인연의 업장 에너지에 더하여 씨앗을 파종하고, 물 주어 가꾸는 조건에너지가 더해져야 비로소 결실의 수확을 볼 수 있는 것처럼, 일체중생이 지닌 불성의 창조심에 더하여 지혜로운 수행과 농부가 정성껏 농작물을 화육(化育) 하는 것 같은 자비심이 더해져야 인과의 법칙에 의한 선업의 꽃을 피울 수 있다고 가르치는 종교가 곧 불교인 것입니다.

너무나 보편타당한 진리이며 **자주, 자유, 평등성**이 전제된 지극히 간단하고도 위대한 사상이 아닐 수 없습니다. 그러므로 불교가 추구하는 진리는 부처님 이전부터 이미 이 우주에 편재되어 실상의 진리로 존재하고 있었으므로, 엄격히 말하면 부처님은 불법을 발견하고 깨달아, 그 깨달음을 적극적 포교와 자비 행으로 실천한 성인일 뿐, 없던 법을 창제한 교주는 아니라 할 수 있겠습니다.

우리가 불법을 따르는 것은 부처님의 말씀이라서가 아니라, 그것이 진리이기 때문에 믿는 것입니다. 그래서 부처님이라는 고유명사의 용어에 얽매이지 말고, 오직 법에 따라, 지혜의 혜안으로 진리를 깨닫고 탐·진·치(貪嗔痴)를 맑혀, 자비를 행할 때 누구든 부처가 될 수 있다는 것이 불교의 사상이라 결론지어 봅니다.

부처에 매달리면 부처밖에 될 수 없다고 한 조주선사의 법어가 생각나지요? 부처님을 신앙의 대상으로 숭배할 것인지, 아닌지는 소승불교와 대승불교의 사유방식에서 차이를 보입니다. 신의 존재를 믿을 것인가, 아닌가에 대하여 파스칼은 『팡세』에서 신의 존재는 어차피 이론적으로 증명할 수 없으니 어차피 이 문제에 대하여는 일종의 도박을 할 수밖에 없다고 하면서, 신이 존재한다는 데에 도박을 거는 것이 큰 밑천 드는 것이 아니므로, 설령 신이 존재하지 않는다고 해도 밑져야 본전이지만, 신이 존재하지 않는 쪽에 걸었다가 만약 신이 존재한다면 그땐 완전히 망하는 것이 되니 신이 존재하는 쪽에 거는 것이 확률적으로 더 안전하다는 도박 논증을 하고 있습니다. 그런데 불교의 근본이념은 법을 쫓아 진리에 이르러, 다시는 나고 죽음이 없는 해탈의 추구에 있는 만큼 부처님을 유일신 사상으로 신앙하는 자세는 불교에 다가가는 방편은 될지 몰라도 본질은 아닐 것이란 생각이 듭니다.

성경에도 "진리를 알지니 진리가 너희를 자유롭게 하리라.(요한복음 8장 32절)"라는 구절이 있으나, 기독교 신앙의 근간은 무조건 믿으면 그것이 곧 진리가 된다는 것이므로, 오직 믿는 자만이 하늘나라로 들어갈 수 있거니와 진리에 대한 지혜의 눈을 뜬 분은 오직 하늘의 아들인 예수 그리스도뿐으로, 그로 말미 하지 않고는 어떠한 경우라도 하늘나라에 갈 수 없다고 하였습니다.

또한, 인간을 스스로 죄인이라 규정하고, 창조주 하나님(기독교에서는 절대 유일의 뜻으로 하늘이 아니라 '하나님'으로 일반적으로 칭하지요.)의 피조물로써 원죄의 굴레를 부여하지 않았습니까? 그러나 부처님께서는 "법을 의지처로 삼고 너 자신을 의지처로 삼아라."며 입멸 시 가리키셨으니

부처님 한잔해요

부처님은 우리들의 가슴에 살아 계시는 영원한 '사람의 아들'이라 할 것입니다.

3장

불교와
타 종교의 차이

세계 종교의 현주소

———

　2015년 기준 유엔 인구기금이 밝히고 있는 세계 인구는 약 72억 5천만 명 정도입니다. 그런데 위키피디아의 세계 종교별 신도 수에 따르면 기독교가 21억 4천만 명, 이슬람 11억 1천 만 명, 힌두교 9억 명, 불교는 4억 명 정도로 나타나고 있습니다. 세계 인류의 약 63%는 고등종교를 믿고 있다는 뜻이고, 기타 나라별 자생 종교나, 고유의 소수 민족신앙 또는 무속신앙을 믿는 숫자를 모두 더한다면 거의 모든 인류가 종교를 믿고 있다는 말이 되는 것 같습니다.

　불교보다 5백 년이나 늦게 출발한 기독교도의 숫자가 불교도보다 5배나 많다는 사실이 좀은 의외라는 생각이 들기도 하는군요. 그런데 통계청이 발표한 우리나라의 경우에는 기독교도가 1,377만 명이고, 원불교를 포함한 불교도는 1,086만 명으로 나타나고 있습니다. 우리나라 국민 4명당 1명 이상이 기독교인이란 이야기가 되는군요.

그리고 특기할 만한 사실은 세계 50대 교회 중 23개가 우리나라에 있으며, 그 1위가 여의도 순복음교회고, 2위가 안양 순복음교회라고 하니 교회 교세에서만은 자부심(?)을 느껴도 될 것 같습니다. 여기에서 세계 종교별 신도 수를 표로 정리해 봅니다.

세계와 우리나라의 종교별 신도 수 ———◇

세　　계					우리나라	
종교별		신도 수	주요 분포지역	비율	신도 수	비율
합계		4,550,000,000		100%	24,730,000	100%
기독교	천주교	1,200,000,000	유럽, 남미	26%	5,150,000	21%
	개신교	700,000,000	북미, 북유럽	15%	8,620,000	35%
	정 교	240,000,000	그리스, 러시아, 동유럽	5%	–	–
이슬람	수니파	940,000,000	이집트, 중동	21%	–	–
	시아파	170,000,000	이란, 이라크	4%		
힌두교		900,000,000		20%	–	–
불교	대 승	180,000,000	한국, 중국, 일본	4%	10,860,000	44%
	소 승	220,000,000	태국 등 동남아권	5%		
유교 등 기타		–		–	100,000	0.4%

* 자료 출처 : 위키피디아, 통계청

부처님 한잔해요

위대한 모순의 극치 기독교

인류의 역사는 종교의 역사와 맥을 같이해 왔습니다. 더욱이 서양의 역사는 기독교를 빼놓고는 언급할 수 없을 만큼 기독교가 미친 서구 사회의 영향력은 대단한 것이었습니다. 척박한 땅 이스라엘에서 태동한 기독교인만큼 그 생존방식은 처절했었습니다. 한마디로 피의 기독교, 피의 이슬람이라는 표현이 잘 어울릴지 모르겠습니다.

구약성경에 의하면 하나님이 이삭의 번제물(燔祭物)을 요구하셨고, 수 백만 이집트의 병사들을 홍해 바다에 수장하는 등의 잔인한 살육이 이어집니다. 하나님 당신의 아들이신 이삭의 번제물 즉, 사람의 불고기를 제물로 원하신 하나님이라니!!! 굳이 아브라함의 믿음을 시험하기 위해 그의 아들을 잡아 구워서 바치라는 하나님이라면, 언제 다시 그런 요구를 하실 지도 모를 일이며, 백번을 양보한다 해도 용렬한 저로서는 도무지 신뢰할 수 없는 분이 하나님이 아닐까 하는 생각이 드네요. 구약의 성경 편집자들이 철저한 인간 원죄의식에 사로잡혔던 사람들이란 생각을 할 수 있겠습니다. 그리고 노아의 홍수는 또 어떻게 해석해야 할까요? 노아의 홍수사건 개요는 대충 이렇습니다.

"에덴동산에서 추방된 아담과 이브의 자손들이 번성하고 인간들이 늘어남에 따라 사람들이 하늘에 순종하지 않고 악행이 지상에 만연하자, 하나님은 인간을 창조한 일을 후회하게 되었으며, 이에 홍수를 내려 모든 인간을 전멸시킬 대청소를 할 것을 결심한다. 다만 단 한 사람 하늘에 순종하고 욕심이 없는 인물 노아만을 자비로서 살리기로 마음먹고, 방주(方舟)를 만들 것을 명하였는데, 그는 세 명의 아들과 함께 긴 세월에 걸쳐 방주를 완성했다. 그러자 하늘은 노아의 식구와 함께 지상의 깨끗한 짐승 일곱 쌍과 부정한 짐승은 한 쌍, 새도 일곱 쌍씩 배에 데리고 들어가게 하였다. 이처럼 지상에 각종 동물의 씨가 마르지 않도록 한 뒤, 40일 동안 밤낮으로 비를 쏟아부어 방주 속의 생명을 제외한 모든 생물을 이 땅에서 전멸시켰다."

이 무슨 심청이 부친께서 기겁하고 눈 뜰 사건이란 말입니까? 자신이 만든 피조물 인간에 대한 후회로 자신이 순종하는 노아만을 살리면서, 모든 지상의 생명을 상대로 생과 사의 유희를 즐기는 하나님으로 묘사되고 있습니다. 백 번을 양보하여 노아의 방주가 하나님의 고뇌에 찬 후회와 불가피한 선택이었다고 해도, 그토록 전지전능한 권능을 지닌 하나님이라면 애초에 하나님을 믿고 따르는 선한 인간만을 창조했으면 그만일 테고, 이후로는 노아처럼, 순종하는 유전자만 지닌 생명체만을 탄생시켰다면 그만일 일이었습니다. 그런데 노아의 방주 이후 또 인간계의 지상은 얼마나 타락하였습니까?

기독교인들은 이 부분을, '그래서 타락하고 죄지은 인류의 죄를 속죄키 위해 하나님은 독생자 예수그리스도로 하여금 대신 십자가를 지게 하셨음이라. 하나님은 인간에게 고난과 비극을 통해서만 영광을 주신다는 가르침을 주기 위함일지니, 오로지 하나님을 믿고, 그의 독생자 예수를 믿는 자만이 하늘나라로 갈 수 있다.'는 한결같은 설교

부처님 한잔해요

를 빠뜨리지 않습니다.

분명히 하늘은 하늘을 닮은 인간을 만들었다 해 놓고서는, 불량품을 생산해 놓고는 하늘나라로 리콜을 하신 게 아니라, 전량 폐기 조처를 한 것이 되는군요. 시제 말로 갑질이 지나치다는 생각마저 떠오르게 됩니다.

그래서 니체는 "신이 저지른 실수가 인간인가? 아니면 인간이 저지른 실수가 신인가?"라고 하면서 "태초에 부조리가 존재했다. 이 부조리가 하느님과 함께 있었으니 이 부조리는 곧 하느님이다."라고 하였지요. 또한, 쇼펜하우어는 "야훼 같은 신이 변덕을 부려 불행과 저주가 가득한 이 세상을 창조했다. 그는 그런 세상을 창조하는 일을 즐거워했고 손뼉 치며 자신의 솜씨를 찬양하고, 모든 것이 선하다고 선언했다. 그러나 전혀 그렇지 않다."는 말을 남겼습니다.

한편 모세의 기적은 어떻습니까? 그들의 기적과 영광의 탈출을 기획하기 위해 국가의 부름을 받고 군 복무 중이던 죄 없는 이집트 군사 수백만 명을 홍해 바다에 수장시키고도 거기에 대해 안타까워하는 단 한 줄의 동정적 성경 구절이 없다는 점은 무엇으로 이해해야 할까요? 이집트 병사들도 사랑하는 부모와 처자식과 떨어져 국방의 의무를 다하고 있던 선량한 하늘의 백성일 뿐이었습니다. 그리스도를 선택하지 못했다는 이유 하나만으로 일거에 수장을 당해야 했다면 이 지구 상에는 오직 기독교인들만 살아남아 있었어야 할 터입니다. 기독교 원리주의의 배타적 위기의식 때문에 성경에서 그런 무리수를 둘 수밖에 없었을 테지요.

자신들이 믿는 구주 이외의 어떠한 신앙이나 생명도 대극적 이단으로 인식하는 배타적 기독교의 아이러니가 곧 기독교 원리(근본)주의라고 보면 되겠습니다. 물론 기독교가 지난 역사에서 박애와 희생정신으로 인류의 정신문화를 선도(善導)해 온 종교적 치적은 폄훼될 수 없는 것이지만, 지난 2천년 동안 기독교의 인류 구원의 기치 아래 성스러운 위선의 얼굴로 포장되어 자행된 종교전쟁과 종교재판 그리고 마녀사냥 같은 비인간적 만행의 역사를 되새겨 보는 마음은 참담할 뿐입니다.

이슬람 또한 꾸란(코란)이 아니면 칼을 받아야 하는 생사의 방식을 택하고 있습니다. 지금도 세계 곳곳에서 이어지고 있는 자살 폭탄 테러와 이슬람 원리주의자들이 성전(聖戰)이라는 이름으로 일으키고 있는 전쟁들은 하나같이 자신의 종교에 대한 유일신 신앙에서 비롯된 저급한 불 포용의 교리 왜곡에 기인한 맹목적이고, 비인도적인 만행이라 아니할 수 없습니다.

종교는 어떤 종교를 믿든, 그 믿는 사람들에게만 가치가 있는 것일 뿐 강권(强勸)과 강요의 대상이 될 수 없으며, 자신들에게 지고한 교리가 되고 숭고한 예배의식이 된다면 자신들의 성소(聖所) 안에서만 누려야 할 것이고, 타인의 종교적 사상에 관여하거나, 정치와 사회의 흐름을 자신들의 종교논리로 이끌어 가려는 어리석은 시도는 더 이상 용납되어서는 안 될 구시대의 악습이 아닐까요?

고등종교를 믿거나, 빙의된 귀신을 믿거나, 큰 나무와 돌을 지극하게 섬기며 신앙으로 숭배하든, 그것은 믿는 자들만의 선택의 문제

부처님 한잔해요

이며, 모든 종교인은 자신을 낮추고 타인을 배려하여 섬기는 휴머니즘이 우선되어야 할 것입니다.

예수를 찾으면 예수교인이 되고, 마호메트를 찾으면 무슬림이 되며, 귀신을 찾으면 귀신이 빙의된 무당이 될 뿐이지만, 부처나 공자를 찾으면 불교도나 유교인이 되는 게 아니라, 불제자가 되고 유학자가 되어 자신의 노력으로 부처와 공자를 능가할 수 있게 된다는 점을 여러분들께서는 꼭 새겨 두시기 바랍니다. 교주를 능가할 수 없는 종교는 인류의 정신세계를 침체와 퇴보의 길로 인도할 것입니다.

인류의 역사에서 종교의 시원을 생각해 보면 어처구니없게도 자연으로부터의 생존도모를 위한 집단의 염원이 제사장을 통한 위탁통치로 나타난 것이었음을 알 수 있습니다. 원시인류가 추구했던 제정일치 시대의 악습에서 벗어나지 못하고, 이토록 고도의 문명이 성숙한 이 시대에까지 종교권력의 향수에서 벗어나지 못한다면 정신을 저당 잡힌 노예의 삶과 무엇이 다르겠습니까?

기독교와 이슬람의 발상지인 중동 땅이 대부분 사막에 가까운 불모지로써 척박한 환경인 만큼, 생존의 방식도 처절하였을 것입니다. 불교가 탄생한 인도처럼 농경과 채집경제에 의한 정착 환경이 아니라, 유목과 낙농으로 생존을 이어가야 하는, 늘 곤고하고 보장된 미래의 안식이 없는 생존환경이었으며, 가축의 목숨에 그들의 현상적 삶을 의지하고 살아야 했기에 이들의 종교적 DNA에 살상의 살벌한 밑그림이 깔려있는 건지도 모르겠군요.

전술하였다시피 구약성경 창세기 22장에도 하느님이 아브라함에게 그의 아들 이삭을 번제물(燔祭物 : 불살라 바치는 제물)로 바칠 것을 요구하자, 아브라함이 칼을 들어 아들을 잡으려 하니 하나님은 비로소 아브라함이 하나님을 경배하는 거로 믿고 인정한지라, 숫양을 대신 잡아 번제물로 바쳤다는 기록이 있지 않습니까? 사랑과 생령(生靈)의 창조주이신 하나님이 신심을 시험하기 위해 그의 아들을 불고기로 바치라니요!!! 농경민족은 대지의 은혜에 감사하는 품성이 함양되는 반면, 짐승을 사육하여 도축하여야만 생명을 유지할 먹거리를 건질 수 있는 유목민들에게 생사는 일상의 선택으로 자리하였을 것입니다.

선악 구분과 인간 정신의 실종 이슬람교

———

그러면 꾸란이 아니면 칼을 받아야 하는, 역시 생사가 난무하는 이슬람교에 대해 짚어 보도록 하겠습니다. 이슬람 문화권에서는 돼지고기를 먹지 않고, 소나 양고기를 먹는 건 잘 알려진 사실입니다. 먹을 수 있는 식품을 할랄, 먹을 수 없는 식품은 하람이라고 하는데, 할랄식품인 소를 도축하는 방법엔 전근대적인 잔인한 방법이 동원되고 있습니다. 소의 머리를 메카로 향하게 한 후 산 채로 멱을 따서 한 방울의 피까지 모두 출혈이 된 뒤에야 고기를 해체한다고 하지요.

피를 부정한 것이라 여기는 미개한 인식 때문이겠지만, 쇠망치나 전기충격 따위로 순간적인 고통을 주어 절명시키는 것과는 달리,

부처님 한잔해요

명이 다할 때까지 소는 헤아릴 수 없는 고통 속에서 죽어 갈 것입니다. 이때 동물의 고기에는 엄청난 독성물질이 생성되어 인간에게 흡수될 것이니 이런 식품을 섭취한 인간들이 잔인해지고 살벌해지는 건 쉽게 상상할 수 있겠습니다.

이슬람의 율법은 이교도와 여자에게는 잔인하리만치 가혹한 계율을 부여하고 있습니다. 여자에게는 선거권도 없고, 여자와 노예를 동일시하여 매질한다거나, 남자는 첩을 합법적으로 거느릴 수 있으며, 이교도에게는 살상도 죄가 되지 않는다고 꾸란에서 가르치는 것 등이라 하겠습니다. 심지어 무슬림들은 기독교인이 마신 물컵은 더러운 것으로 간주하여 깨트려 버린다고 하지요. 그들에게 이교도는 공존 호혜의 대상이 아니라, 처치해야 할 배척의 대상으로 인식되어 있는 것 같습니다.

이들 무슬림들의 라마단 의식이나 메카를 향한 예배의식 그리고 성지순례 시의 획일적인 행동과 절규를 보노라면 소름 끼치리만치 기계적이며, 영혼이 다 빠져나간 훈련된 인형 같다는 생각이 드는 것은 저만의 생각일까요? 글을 깨우치기도 전에 114장으로 된 방대한 꾸란을 먼저 암송하고, 사우디아라비아에서는 왕이 참여하는 꾸란 암송대회가 매년 열리니 전 세계적으로 15만 명 정도는 꾸란을 앞에서 뒤로, 뒤에서 앞으로 암송하며, 〈꾸란=법〉으로 아는 이들이기 때문에 손발을 자르고 참수형을 가하는 일을 종교적 신념으로 당당히 행하는 것입니다.

중세의 암흑을 기독교가 만들었다면, 미래 세계의 암흑은 이슬람이 주도(?) 하지 않을까 걱정이 됩니다. 무슬림들은 집단화되지 않은 개인의 입장에서는 매우 경건하고, 자신의 종교적 신념에 따라 양심적으로 살아가는 착한 신앙인의 전형을 보입니다만, 조직화 되고 집단화되는 과정에서는 배타적 지배이념이 투쟁의 양상으로 전개되는 걸 볼 수 있습니다.

교회의 지배 권력은 집단최면으로부터 부여받게 됩니다. 그래서 더 많은 포교대상이 필요하고, 보다 집단화되어 세력화가 이루어질 때 이들은 전사가 되고 투쟁의 전위대가 되는 것이지요.

지금 서구 사회와 세계 각국으로 유입되고 있는 이슬람권 난민들의 이질적 문화가 만들어 낼 다문화 국제사회의 미래에 대해서는 반드시 짚고 넘어가야 할 부분이 아닌가 하는 생각이 드는군요.

여기서 성철 스님의 법어가 생각납니다. "석가와 예수 발맞추어 뒷동산 앞뜰에서 태평가를 합창하니 성인, 악마 사라지고 천당과 지옥은 흔적조차 없습니다. 장엄한 법당에는 아멘 소리 진동하고, 화려한 교회에는 염불 소리 요란하니 검다, 희다 시비 싸움 꿈속의 꿈입니다."

부처와 예수, 마호메트보다도 더 위대할 수 있는 인간 각자의 고귀한 영혼을 왜 한 사람의 종교적 선지자에게 고스란히 빼앗기고, 끈끈이 같은 종교에 빠져 자주적 권리를 송두리째 몰수당한 채, 허수아비의 맹목적 삶을 살아가려 할까요? 〈절대 순종〉=〈절대 믿음〉=〈절대 진리〉라는 등식의 어리석은 영혼이 자신만의 무명에 그치지 않고, 세상을 온통 전쟁과 살육의 도가니로 몰고 가는 걸 무엇으로 이해해

부처님 한잔해요

야 할지 모르겠군요.

그러니 종교를 믿어도 알고 믿어야 하고, 종교가 결코 삶의 목적이 되어서도 안 될 것입니다. 지금 이슬람 수니파 IS 집단이 인질을 산채로 불에 태워 죽이고, 전혀 관계가 없는 무고한 시민을 상대로 대형 테러를 감행하며, 청소년들의 맑은 영혼을 세뇌해 그들을 자살폭탄테러의 전사로 만들고 있는 끔찍한 만행을 보면서, 기독교와 같은 하나의 종교적 뿌리에서 출발하여, 아브라함을 공통 조상으로 가진 이슬람교의 종교적 견해와 이념이 어떻게 이러한 살육의 광신도로 만들 수 있는 건지 그저 아련할 따름입니다. 특히 IS 파는 이슬람 이상세계 제국 건설을 위해서 이슬람 수니파에 반하는 인종들은 무조건 처단해야 한다는 끔찍한 반인류적 정신사상을 가진 집단으로써, 세계 도처에 무차별 테러를 가하며 무고한 인명을 살상하고 있지 않습니까?

예수에 대한 종교별 신앙대상과 성경 견해 ──◇

종교별	예수에 대한 믿음	성모 마리아에 대한 믿음	성경에 대한 견해
개신교	구세주로 믿음	크게 섬기지 않음	절대 교리로 수용
천주교	구세주로 믿음	크게 섬김	절대 교리로 수용
유대교	별 믿음이 없음	섬기지 않음	신약을 인정치 않음
이슬람교	훌륭한 인물로만 인정, 구세주로 믿지 않음	섬기지 않음	신약을 인정치 않음

* 이슬람교는 예수가 십자가에 못 박히기 직전에 알라신이 하늘나라로 데려갔다고 주장함

기독교 다시 보기

───────

종교적 믿음이란 인간의 삶을 정신적으로 성숙시켜, 모든 인류 중생이 서로 사랑하고 화합하며, 번영하는 공존의 윤리를 찾아가는 길이 아닌가요? 맹목적 유일 신앙은 자칫 집단최면으로 이어져 궁극적 목적을 위해서는 수단의 정당성이 무시되는 역사를 우리는 수없이 봐왔습니다.

아이러니하게도 인류 구원의 기치를 내건 종교인 기독교와 이슬람이, 역사적으로 지구촌에서 일어난 수많은 전쟁과 박해의 수행자라니……. 그리고 구원이라는 미명으로 자행된 끔찍한 집단 종교 사건들! 이를테면 1978년 남미의 가이아나 존스타운에서 짐 존스 교주에 의해 자행된 914명의 희생자를 낸 인민사원 집단자살(그 중 어린이가 276명이었지요.)과 1987년 우리나라에서 일어난 사이비 교주 박순자에 의해 32명이 희생된 오대양 사건, 종말론 휴거의 다미선교회, 불사 영생교의 신도 암매장 사건 그리고 최근의 구원파 교주의 비리사건 등등, 신자들과 교주의 그릇된 신앙심과 욕망이 진리의 햇불을 가렸을 때 종교의 선 기능은 사라지고, 인간의 탐욕이 지배하는 죄악의 조직을 탄생시키게 됩니다.

대부분의 기독교 교회는 교회의 안과 밖을 이분법적으로 분리하여 교회 밖의 사람을 죄인으로, 교회 안의 사람은 구원받은 사람으로 확정 짓고, 죄인을 구원해 준다는 명분을 교리로 채택하고 있습니다. 만약 교회 밖의 사람이 죄인이 아니라고 전제한다면 교회는 당연히

부처님 한잔해요

지탱할 수 있는 명분이 없어지는 것이지요. 따라서 교회는 교회 밖에 더 많은 죄인을 만들어 내는 것이 존재의 목적이며, 그들을 교회 안으로 많이 불러들일수록 하나님의 죄 사함의 역사가 창대해진다는 단순 포교구조로 되어 있습니다.

불교의 가르침인, 모든 중생이 부처라는 말을 기독교에 적용한다면, 모든 인류가 예수라는 말이 되는데, 이 말을 꿈속에서라도 내뱉었다가는 22억 기독교인의 공동의 '적그리스도'가 되어 포살 대상의 수배자가 될 수 있다는 걸 알아야겠습니다. 왜 스스로 원죄의 굴레를 덮어쓰고 피동적일 수밖에 없는 구원의 대속(代贖) 사상으로 인류를 학대한 것일까요?

이 글을 읽고 있는 대다수의 선량한 기독교인들께는 대단히 죄송한 마음이지만, 인류를 향해 깨어나라고 했던 예수의 외침대로 과연 현재의 기독교가 인류를 향해 깨어 있는가 하는 질문을 드리지 않을 수 없습니다. 창세기에서는 "하느님은 한 줌 흙에 생령을 불어넣어 하늘을 닮은 사람을 만들었다." 하였고, 시편 82편 6절에서는 "내가 말하기를 너희는 신들이며 다 지존자의 아들들이라."란 가르침은 인간이 곧 육화(肉化)된 신이며, 하늘을 닮은 위대한 존재란 뜻이거늘 어찌하여 스스로 욕된 원죄의 굴레를 짊어지고 지금껏 하나님에게 주시라고만 기도하는지를 말입니다.

인간이 없는 곳에 하나님은 없습니다. 이 말은 곧, 인간이 있는 곳에만 하나님이 있다는 말이 됩니다. 다시 말하면 인간의 반사적 창조의 결과물이 하나님이란 것입니다. 따라서 하나님의 전지전능한 권능은 인간의 피학적 노예 본능이 부여한 상상 속의 위탁 권력일 뿐입니다. 하나님의 피조물이 인간이 아니고, 인간의 피조물이 하나님이 되는 것이지요.

결국, 기독교에서 말하는 하나님이란 존재도 우주의 창조에너지를 달리 부르는 이름일 따름입니다. 예수가 유일한 대안이었다면 왜 예수로 하여금 모든 죄악을 대속하게 하지 못하고, 갈수록 인류를 질시와 도탄에 허덕이게 한단 말입니까? 절대자의 인도가 아니라 인간 스스로의 능동적 참된 마음의 발현만이 죄악을 구할 수 있도록 우주에너지가 편재되어 있기 때문입니다. 기원전 1,000년 전 성문화되기 시작한 구약성서가 천지창조를 연출하기 이전에도 아니, 수백 억 년 전 우주 대폭발 이전에도 이미 하나님은 창조에너지원으로 존재하고 있었던 것입니다. 이때의 하나님은 성경 족보에서 말하는 하나님과는 같지 않은 본질 차원의 존재인 것입니다.

기독교 교리의 시작이자 끝은, 예수는 하나님의 외아들로 오신 신이라는 것입니다. 그래서 예수를 신이 아닌 인간으로 보면 기독교는 존재의 당위성을 상실하게 됩니다. 기독교와 이슬람, 불교의 핵심적 차이점은 바로 교주가 신이냐, 인간이냐? 하는 차이점에 불과합니다. 예수는 위대한 인류의 스승이셨습니다. 간디는 말했습니다. "나는 예수를 사랑한다. 그러나 기독교인들은 사랑하지 않는다. 그들은 예수와 너무나 닮지 않았기 때문이다."

부처님 한잔해요

예수는 애초에 존재하지 않았다?

저는 역사 인류학적으로 예수의 실존에 많은 의문을 가지고 있는 외도임을 솔직히 고백합니다. 동정녀 잉태설에 의한 12월 25일의 예수 탄생과 십자가 처형 그리고 3일 후에 부활한다는 신화의 모티프는 이미 기원전 수십 세기에 걸쳐 이집트의 호루스 신화와 페르시아의 미트라 신화, 그리스의 아티스 신화 등에서 다루어져 보편화 되어 있던 설화구조이고 보면, 신약의 성경 편집자들이 예수의 탄생과 죽음을 이러한 신화구조 중 일부를 차용했을 가능성도 충분하지 않았을까 하는 생각을 해 봅니다.

사실 예수의 출생에 대한 정확한 역사기록은 없습니다. 다만 로마의 역사학자 타키투스의 『연대기』에 보면 기원후 64년 네로 시대 로마의 대화재의 책임을 그리스도인들에게 전가한 일에 관해 기술하면서 "네로는, 여러 혐오감을 주는 행위로 미움을 받고 있으며 대중이 그리스도인이라고 일컫는 계층에 그 죄를 뒤집어씌워 혹독한 고문을 가하였다."는 기록이 있으나, 2세기 초에 저술된 『연대기』 자체가 원전이 불완전한 상태로 전승되었고, 『신약성서』를 상당 부분 패러디한 역사서라는 평이 있습니다. 그리고 유대인 역사학자 요세푸스의 『유대 고대사』에 "대제사장 아나누스는 산헤드린의 재판관들을 소집하고 그리스도라고 불리는 예수의 동생인 야고보라는 사람을 재판관들 앞으로 소환하였다."는 기록 등에서 간략한 기술이 나오는 정도입니다.

그래서 어차피 예수의 실존은 신약을 믿을 수밖에 없는데, 『마태복음』 2장 1절에서 16절까지를 보면 예수가 태어난 해에 동방박사와 별이 등장합니다. 그 별의 인도로 동방박사 일행은 유다의 땅 베들레헴에서 어머니 마리아와 함께 있는 아기 예수에게 경배를 드린 후 황금과 유황, 몰약 같은 예물을 올렸으며, 동방박사가 헤롯왕의 부탁을 듣지 않고 자신을 다시 찾지 않은 것에 분노한 헤롯왕이 2세 미만의 갓난아이를 모두 죽이려 하자, 주의 천사가 요셉의 꿈에 나타나 피신을 종용하였고 따라서 요셉과 그의 가족들이 이집트로 피난을 가서 헤롯왕이 죽을 때까지 그곳에서 살았다는 기록이 있습니다.

물론 복음서는 역사적 사실을 기록한 책은 아닙니다. 따라서 2세 미만 영아의 몰살이라는 살벌한 살육현장을 피해 아기 예수만 목숨을 건졌다는 복음서의 기록을 역사적 사실로 받아들일 수는 없겠습니다. 그러나 그 사실을 인정하지 않게 되면 신약성경과 기독교는 예수 탄생 사실을 부정해야 하는 자가 모순에 빠지게 되겠지요. 그런데 그 동방의 별은 천문학적으로 800년 주기의 목성과 토성이 같은 위치에 십자가 형태로 놓이는 천문현상일 뿐이며, 그 현상이 나타난 시기도 기원전 7년으로, 예수 탄생을 기원전 2년으로 보는 『누가복음』의 견해와도 차이가 납니다.

한편 예수의 유년시절과 성장기에 대한 역사기록도 당연히 존재하지 않습니다. 다만 『누가복음』 2장에 예수가 12살 때 유대인들이 출애굽을 축하하는 유월절 축제에 부모와 같이 참석했었는데, 그때 예수가 부모와 헤어져 3일 동안이나 예루살렘의 성전 안에서 유대교의

부처님 한잔해요

랍비, 율법학자들과 신이(神異)한 대화를 나누었다는 기록이 나옵니다. 잃었던 아들을 3일 만에 찾은 부모에게 예수가 "이 성전이 바로 자신의 아버지의 집입니다."라는 말을 했다는 것으로 보아 이미 하나님을 온 인류의 아버지로 받아들인 것으로 보입니다.

유월절(逾越節)은 『출애굽기』 12장에 기록되어 있는데, 수백 년 이집트의 노예생활을 하던 이스라엘 민족이 이집트를 탈출하는 프레임을 다루고 있습니다. 이스라엘 민족을 탈출시키기 위해 하나님은 이집트에 10대 재앙을 내립니다. 그 마지막 재앙이 이집트에서 태어난 모든 첫 아이와 가축들을 죽이는 것이었지요. 여기서 어린 양의 피가 등장하는데, 어린 양의 피를 문설주에 발라두면 죽음의 사자(使者)가 그냥 지나갈 것이라며, 모세가 이스라엘 사람들에게만 전하고 그래서 그들은 무사하였다는 것입니다.

모든 갓 태어난 아이와 가축의 몰살!!! 그리고 출애굽!!! 이것을 기독교인들은 '비극과 영광'이라며 찬연한 기념일로 기리고 있다니……. 참 하느님도 얄궂은 분이시지, 그 전지전능한 권능으로 이집트 지배자들의 마음자리 한번 착하게 바꿔 주면 되실 일을, 어쩌면 이렇듯 죄 없는 당신의 어린 생명들을 처참하게 도륙을 해야만 했는지, 이집트의 타락과 수백 년 이스라엘 민족이 받은 압박에 대한 대가치고는 너무나 혹독한 역차별이 아닌가? 하는 의문을 가져 봅니다.

우리가 잘 아는 레오나르도 다빈치의 그림 〈최후의 만찬〉이 있던 날이 바로 이 유월절 날이었고, 다음 날 예수는 골고다 언덕에서 십자가 처형을 당한 것으로 성경은 기록하고 있습니다. 이 그림에 나오는 열두 제자 중 예수의 바로 오른편에, 몸을 45° 오른쪽으로 비스듬히 기대고 있는 여인이 막달라 마리아(실제로 여인의 모습인데, 요한으로 인식되어 왔습니다.)로서 예수와 결혼을 하였고, 이때 이미 예수의 아이를 임신한 상태였으며, 예수가 처형된 후 프랑스로 탈출하여 딸을 낳았으니 그가 프랑스 메로빙거 왕조의 시조가 되었다는, 미국 작가 댄 브라운의 소설 『다빈치 코드』가 세간에 돌풍을 일으킨 적도 있었군요.

물론 역사 문헌 기록이 희소한 고대사의 특성상 팩트와 픽션을 명확하게 밝혀낼 수는 없겠지만, 예수의 청년기와 구도기에 대한 기록이 성경에도 거의 없으므로 예수 결혼설이나, 십자가 처형을 당하지 않고 타국에서 오래도록 살았다 등의 가설이 가능하지 않겠습니까? 복음서마저도 예수의 출생 시기, 활동지역, 처형 당시 상황, 예수의 마지막 유언 등 많은 부분에서 서로 차이를 보이고 있습니다.

성경에 의하면 예수는 아버지 요셉을 따라 목수 일을 했다는 사실 그리고 어느 정도 세월이 흘러 나사렛을 떠나 출가하여 광야로 나갔으며, 요한으로부터 세례를 받은 뒤에 물에서 올라오자마자 하늘에서 성령이 비둘기 같은 형체로 그의 위에 강림하시더니 하늘로부터 소리가 나기를 "너는 내 사랑하는 아들이라. 내가 너를 기뻐하노라. 하시니라. (누가복음 3장 22절)"

세례 후 광야에서 40일을 금식했고, 마귀의 유혹을 받았다는 등의 『마태복음』 4장의 기록 뿐, 누구를 스승으로 어디에서 배웠으며, 어떤 수행과정을 거쳐 인류의 스승, 아니 그리스도가 될 수 있었는지 등에 대한 기록은 전혀 없습니다. 당연히 없을 수밖에 없겠거니와,

부처님 한잔해요

예수는 하느님의 절대 권능으로 오신 분이기 때문에 다른 사상 또는 종교를 의지하거나, 누군가를 스승으로 받들어 수행했다고 하면 그것 자체가 전지전능의 하느님을 부정하는 것이 되고, 구약과 신약의 귀납적 결론 도출에 있어 예수를 매개로 연결하려는 성경 편집자들의 애초 의도가 무산되기 때문일 것입니다. 따라서 고고학적 문헌이나 유물의 반증이 없는 데도, 성경의 기록을 역사적 진실로 믿는 성경 무오류주의의 기독교인들을 탓할 수만은 없겠습니다. 성경 무오류주의자들은 성경은 정확한 사실만이 기록되어 있고 글자 하나, 점 하나도 틀린 것이 없다고 말하지요. 그런데 그런 주장을 하는 근거가 무엇이냐? 물으면 성경 기록에, 정확한 사실만이 기록된 것이라는 성경 기록이 있기 때문이라고 확신에 찬 변증을 하지요.

예수가 복음을 전파한 기간은 2년 정도로 보이는데, 그동안 27권의 신약성서에 나오는 종교적 내용을 설하였다면 자신을 너무나 혹사했거나, 아니면 성경의 편집자들이 내용을 부풀렸을 거라는 가설이 성립되는군요. 신약성경에는 총 315,578개의 글자와 110,237개의 낱말이 나온다는데, 거의 잠자는 시간을 제외하고는 계속하여 설교한 것으로 보아야겠네요.

물론 유물 반증도 있습니다. 예수가 처형 직후 예수의 몸을 감쌌다는 토리노의 수의(壽衣)가 공개되었었지요. 2015년에도 일반에게 공개된 바 있는 이 수의가 처음 알려진 것은 1353년 리레이 성당 설립자 조로이 샤르니가 일반에 공개하면서부터였었습니다. 그 수의의 천에는 지금도 이유가 분명치 않은 인간의 형상이 희미하게 사진처럼 찍혀 있는 데, 이 형상이 예수의 얼굴이 영사(靈寫)된 것이라는 주장입니다. 방사선탄소연대 측정에서는 이 수의의 섬유 조직은 예수 사후 천 년 이후의 것이라는 주장이 있었으나 아직도 진위논란은 계속되고 있습니다.

예수는 부처의 제자였다?
___

여기서 보병궁 복음서로도 알려진 『성약성서(成約聖書)』에 대해 잠시 언급하고 넘어가도록 하겠습니다. 이 보병궁 복음서는 미국 남북전쟁에 군목(軍牧)으로 참전하기도 한 리바이 도우링 목사(1844-1911)가 천상 영계의 기록인 아카샤(Akasha) - 우주심(宇宙心) 기록을 계시받아 자동기록(auto wright)으로 옮겨 적은 것이라고 하는데, 이 복음서의 특징은 예수의 12세에서 30세까지의 성장 과정과 구도과정이 자세하게 기록되어 있다는 것입니다. 즉, 인도 오릿사주의 왕족인 라반나가 예수의 총명함을 보고 예수에게 인도의 유학을 주선했고, 예수는 인도로 가 4년간 베다 경전을 공부했으며, 우도라카의 제자가 되어 의술을 배우게 됩니다.

이때 석가모니의 가르침도 익히고, 네팔을 거쳐 티베트에서 당시 최고의 성자인 멘구스테를 만나 티베트의 경전을 섭렵하였으며, 24세에 페르시아를 거쳐 귀국길에 오릅니다. 25세에는 이집트로 건너가 형제단이라는 성자들 모임에 활동했고, 그리스도라는 법명을

부처님 한잔해요

받았으며, 30세에 비로소 고향으로 돌아와 하나님의 복음을 전파하는 것으로 되어 있습니다.

　예수가 불법을 닦았다는 사실은 예수의 마지막 외침에서 유추해 볼 수 있겠습니다. "엘리 엘리 라마 사박다니(Eli Eli Lama Sabachthani) (마태복음, 마가복음)" 곧 "하나님 왜 저를 버리셨나이까?" 정도로 번역됐었는데, 이는 라마불교의 진언(眞言)인 "엘리엘리 라마 삼약 삼보리 다라니(Eli Eli Lama Sammach Sam Bori Daranii : 성자의 위대한 바른 지혜의 총지라는 뜻)"이었던 것입니다. 예수가 죽음의 최후 순간에 라마불교의 진언을 외쳤다는 사실은 어떻게 해석해야 할까요?

　실은 초기 기독교 시대의 그노시스파 즉, 영지주의(靈知, gnosis)파에서는 예수와 교회 및 신성(神聖)이 몸 밖에 있는 것이 아니라 바로 자신 안에 있다는 성령내재설(聖靈內在說)을 신봉해 왔습니다. 바로 불교의 핵심사상인 '일체중생 개유불성'을 그대로 옮겨 놓은 듯하여 그저 놀라울 따름입니다. 이런 사실은 예수가 심취했던 초기불교사상이 기독교사상과 교통 되었음을 증명하는 것으로 볼 수 있겠습니다. 그런데 이 영지주의자들은 정통 기독교에서 이단으로 취급받아왔었는데, 1945년 이집트의 나그함마디에서 한 농부에 의해 우연히 발견된 13권의 콥트어 필사본 파피루스 코덱스(파피루스는 글씨를 쓸 수 있는 식물 잎, 코덱스는 고사본古寫本을 뜻함)에 의해 예수의 은밀한 가르침 등 영지주의자들의 글을 직접 볼 수 있게 된 것입니다.

　이 원고는 비교종교론을 다루는 글이 아니므로 이쯤에서 줄이도록 하겠습니다. 그러면 논지를 돌려 500년이나 늦게 출발한 기독교가, 20억이 넘는 세계인류가 추앙하는 종교가 될 수 있었던 것은 무엇 때문일까요? 이 문제는 문화 인류사적, 정신사적 다양한 고찰이 따라야 하겠지만, 저의 즉흥적 판단으로는 오로지 믿으면 구원을 받는다는 즉, 〈예수=천당, 불신=지옥〉이라는 기독교의 명쾌한 이분법적 교리는, 억압받는 무지한 하층민들에겐 어려운 교리와 수행에 얽매일 필요 없는 속죄양의 최면으로 작용하여 희망의 메시아로 다가올 수 있었고, 위정자들이 민중을 하나로 묶는 지배이념에 기독교 교리가 정교일치(政敎一致)의 수단으로 잘 먹혀들어 간 때문이란 진단을 해 봅니다.

인류의 죄를 대신하여 십자가에 못 박힌 예수는 곧 하나님의 외아들 즉 구세주요, 그리스도인 절대 신이므로 하나님의 부름 받은 종들은 과거의 죄과나 적업에도 불구하고, 하나님을 믿고 회개하는 순간 영원한 천당행이 주어진다는 교리는, 죽음과 사후세계의 두려움에 떨어야 하는 무지한 민중들에게는 그야말로 구원의 복음으로 들리기에 충분하였으리라 생각해 볼 수 있겠군요.

불교에서도 참회하는 순간 죄는 죄가 아니라고 가르치고 있으나, 거기에는 참회를 딛고 저 높은 곳을 향한 계, 정, 혜의 자기 수행과 철저한 실천적 자비행이 뒤따라야 한다는 전제가 붙어 있습니다. 그러나 기독교에서는 반복적으로 죄를 저질러도 최후의 순간에 속죄하여 죄 사함을 받으면 그 길로 영원한 천당행이 보장된다는 것입니다. 즉, 한번 천당은 영원한 천당행이라는 것인데, 마치 대한민국의 해병대 정신이 깃들어 있는 듯하군요.

부처님 한잔해요

그러면 불교의 지옥 관과 천상세계를 한번 보도록 하겠습니다. 또다시 윤회란 말을 듣고나와야 하겠군요. 하긴 연기와 윤회를 빼고 불교를 논할 수는 없겠지만, 아무튼 불교는 한번 지옥에 떨어졌다고 해도 영원히 지옥에 머물지는 않으며, 지은 업과의 경중에 따라 지옥행도 한시적으로 끝이 난다는 것이고 또한 천상에 태어났다 해도 영원한 천상행이라는 그런 파격은 없다는 것입니다.

그것은 아무리 죄업을 무리무리 지은 사람도 그 본연의 마음자리에는 불성과 눈썹만 한 작은 선근의 뿌리는 당연히 존재하고 있고, 천상에 태어난 중생도 작은 업과쯤은 짓지 않을 수 없었으므로, 그 선과 악의 공과를 인정함은 마땅한바, 따라서 죄에 가려졌던 작은 선이나, 선에 가려졌던 작은 악행이라도 또다시 윤회하여 높고, 낮은 세계에 거듭 태어나게 된다고 가르치고 있습니다. 이 끊임없는 윤회의 사슬을 끊어서 나고, 죽음도 없는 궁극적 니르바나에 이른 곳이 부처님의 세계라는 것입니다. 실로 합리적이고 공평한 사후세계가 아닐 수 없습니다.

그래도 버릴 게 없는 유교문화

이쯤에서는 우리 한국인의 정체성 확립에 크게 기여한 유교문화의 사생관(死生觀)을 짚어 보도록 하겠습니다. 사실 유교에서 종교적 신앙의 색채를 찾아보기는 쉽지 않으나 조상과 성인의 위패를 모시고

사당에 참배하는 의식들은 포괄적 종교의식으로 볼 수도 있겠군요.

공자를 비조(鼻祖)로 하는 유교는 현상적 삶의 도덕률을 강조하며, 인간의 삶을 인격적으로 완성시키는 것을 가장 높은 이상으로 삼는 교리를 전개합니다. 따라서 유교가 강조하는 충효인의(忠孝仁義) 등은 국가, 사회, 가정을 위한 훈육과 교육적 색채는 짙으나, 다른 종교에서 신성불가침으로 여기는 영혼 내세사상에 입각한 천당이나 극락, 연옥, 지옥의 개념은 없습니다.

조상의 영전에 제사를 드리고 예배하는 것이 어찌 보면 조상의 극락왕생을 비는 기복이나 종교의식으로 볼 수도 있으나, 그것은 효의 연장 선상일 뿐 종교적 영혼불멸 사상과는 무관한 것임을 알 수 있습니다. 유교는 자신의 사후의 영혼 세계를 믿는 것이 아니라 자손을 남김으로써 계속적 삶을 이어가는 것이라는 계생사상(繼生思想)을 믿었습니다. 따라서 자손을 남기지 못하는 것을 가장 큰 불효라 믿었던 것이지요.

무엇보다 유교의 바탕에 깔린 사상은 맹자를 중심으로 한 '인간은 성품적으로 착하다.'는 성선설인바 인간의 성(性)은 이(理)로서, 인의예지(仁義禮智)의 도덕적 감정인 사단(四端)과 기쁨(희 喜), 노여움(노 怒), 슬픔(애 哀), 두려움(구 懼), 사랑(애 愛), 미움(오 惡), 욕망(욕 欲) 등의 일곱 가지 인간의 자연적 감정인 칠정의 사단칠정(四端七情)에 연원하고 있습니다.

조선조 5백 년 동안 유교 이념에 경도된 집권 사대부들의 경직된 허례허식과 이론의 명분 때문에 불필요한 소모적 논쟁으로 당쟁을 일삼은 결과 국부(國富)가 피폐하여 임진왜란과 병자호란 같은 전쟁을 자초하였고, 백성이 도륙을 당하는 국란의 폐해가 많았던 것도 사실이나, 조선 선비들의 노블레스 오블리주 정신과 학구열 등은 충효와 실존철학으로 승화되어 우리 국민의 정체성 확립에 지대한 영향을 끼쳤던 사실은 부인할 수 없습니다.

혹자는 남존여비사상이나, 사색당쟁, 중국에 대한 사대 정신과 철저한 신분제도 및 척서의 차별 등을 유교의 병폐로 치부하는 부류도 있으나, 이는 조선조 지배계층의 통치방식이 자신들에게 편리하도록 만든 잘못된 제도일 뿐 오히려 유교의 근본 가르침에서는 인권의 동등성을 강조하였을 뿐 아니라, 인(仁)으로서 세상을 통치하라고 가르치고 있으니, 오늘날 쇠퇴해 가기는 하지만 우리 한국인의 기층사상에 선 기능으로 자리한 충효정신의 덕목은 자랑스러운 유교의 유산이 아닐 수 없습니다. 그러면 다시 기독교 역사의 발자취를 따라가 보도록 하겠습니다.

역사기행으로 보는 기독교의 후진성

유럽여행은 성당과 성(城), 교회순례의 여정이란 말처럼, 교회 권력은 때로는 왕권을 넘어 또 다른 민중착취의 역사를 낳기도 했습니다. 면죄부와 천국행 티켓 판매, 십자군 전쟁과 마녀사냥 그리고 교회 권력에 반하는 자를 산채로 불태워 죽이고 가죽을 벗기는 고문 등, 중세의 암울한 기독교사에 대해 기독교인들은 하나님의 영광 구현을 위한 죄 사함의 비극이었을 뿐이라고 변명을 합니다. 기독교는 '왜?'라는 의문을 인정하지 않았습니다. 중세의 로마 가톨릭 교회는 우주의 중심에 태양이 있고, 무수한 항성은 천구라는 공에 붙어 있다고 믿는 천동설을 무조건적, 절대적 교리로 신봉하고 있었습니다. 따라서 태양이 움직이는 것은 하나님의 역사하심이므로, 거기에 "왜? 태양이 움직인다는 건가? 지구가 태양주위를 돌고 있는데……."라며, 천동설에 대한 의문을 가졌던 코페르니쿠스의 영향을 받은 브루노는 결국 신성 모독죄로 화형에 처해지고 말았습니다.

여기에서 그 유명한 갈릴레이의 일화가 생각나지 않습니까? 갈릴레이도 망원경을 발명하여 천체를 관측하고 지동설을 주장하다가 종교재판에 회부되었는데, 이때는 1616년 1차 재판으로서 지동설을 퍼트리지 말라는 경고만 받았지만, 1632년에는 그의 저술『프톨레마이오스와 코페르니쿠스의 두 세계체계에 관한 대화』가 교황청으로부터 금서가 되면서 그의 나이 70에 2차 종교재판에 회부됩니다.

여기서 인구에 회자된 그 유명한 일화가 탄생하게 되지요. 어차피 지구는 돌아갈 테니까 공연히 지동설을 주장하다가 목숨만 잃을 게 아니라 살고 보자는 심산으로 지구는 돌지 않는다는 거짓진술을 하고 그는 풀려나게 됩니다. 그러나 노학자로서 자존심 왕창 상한 나머지 집에 돌아와 이불을 덮어쓰고 "니들이 지구를 알아? 그래도 지구는 돌아여…!!!"라며 고래고래 소리를 질렀다는데, TV 광고에서 본 듯한 카피 같지 않습니까? 글쎄요. 임금님 귀는 당나귀 귀라고 대숲에서 소리소리 외친 우화 속 이발사의 심정이 이랬을까요?

부처님 한잔해요

그런데 브루노는 죽는 순간에도 과학적 진리를 향한 학자적 양심으로 이런 말을 남겼다고 하지요. "지금 두려워하고 불쌍한 사람은 내가 아니라, 나의 우주관에 떨고 있는 당신들과 교회이다." 이렇듯 평면적이고 유아적인 부끄러운 세계관과 우주관에 고착되어 인류 문명 발전에 크나큰 장애를 제공했던 기독교가 과연 그에 따른 충분한 사죄를 하였는지는 잘 모를 일입니다. 저의 기억으로는 2000년 교황 요한 바오로 2세가 교회의 역사적 잘못에 대해 사죄하였다는 뉴스를 접한 것도 같군요. 그러나 기독교는 로마 가톨릭교회의 부패에 반기를 든 독일인 신부 마틴 루터의 종교개혁으로 가톨릭교회의 교리와 폐쇄성에 의문이 제기 되기에 이르렀고, 성경의 대중화와 하나님과의 직접적인 접촉 및 구원을 설파하면서 개신교회가 태동되어 현대까지 폭발적 교세 확장이 지속되어 왔습니다.

천주교와 기독교는 표면적으로 보면 공존의 관계로 보이지만 속내를 깊이 들여다보면 그리 우호적인 관계는 아닌 것을 알 수 있습니다. 천주교에서는 마틴 루터 신부가 카타리나 수녀와 결혼하여 여섯 명의 자녀를 둔 것은 사제로서의 심각한 타락이며, 하나님과의 약속을 어긴 파계로 일축하지요. 그리고 천주교와 개신교는 성경 교리와 의식 및 성모 마리아에 대한 숭배 태도 등에서도 적잖은 차이를 보이니까요.

지금은 기독교의 교세 확장 추세가 좀은 주춤해졌지만, 우리나라를 처음 찾는 외국인이 밤비행기의 상공에서 보면 서울이 온통 공원묘진 줄 알았다는 우스개처럼, 한 집 건너서 교회 십자가를 볼 수 있다는 말이 나돌 정도로 우리나라 종교인의 과반수가 기독교인으로 이루어져 있습니다. 기독교의 적극적 포교방식과 믿는 순간 구원과 천당행이 보장된다는 교리는 우리나라 국민성의 특이 혈질(血質)과 맞아 떨어졌고, 국민 절대다수가 무지와 혹독한 수탈에 시달려야 했던 한국의 근대사에 평등과 교육, 의료 등 구체적 삶의 질 향상을 제시해 주었던 기독교 선교사들의 활동도 한몫을 했다고 봐야겠지요?

역사시험 문제로 자주 등장했던 항목으로 우리나라 불교의 전래는 대체로 4세기 이후이고, 신라는 528년 법흥왕 때인 데 비해 기독교는 임진왜란 이후 전파되기 시작했으니 적어도 1,000년 넘게 차이가 나는군요. 임진왜란 당시 왜군의 장수였던 소서행장(고니시 유키나가)이 천주교인이었으며, 붉은 십자가를 문장으로 앞세우고 서양인 선교사도 같이 침범하였는데, 이 침략전쟁을 조선에 대한 십자군 전쟁으로 미화한 기록을 본 기억이 있군요.

기독교는 척박한 유목민의 땅 이스라엘의 민족 신앙인 유대교를 사상적 배경으로 하는 데 반해, 불교는 농경 국가인 인도의 민족 신앙인 힌두이즘을 지정학적 배경으로 하면서도, 자비와 진리라는 양 날개에 법을 몸통으로 하는, 전혀 새로운 파격적이고 과학적인 교리를 탄생시켰던 것입니다. 만약 부처님이 이스라엘 땅이나, 유럽에서 태어났더라면 아마도 불교는 탄생할 수 없었을 것이라는 어처구니없는 저만의 상상을 해 봅니다.

기독교와 불교의 차이를 가장 짧게 확실히 표현해 본다면, 기독교는 예수와 성경 교리를 무조건 믿기만 하면 그것이 곧 진리가 되

부처님 한잔해요

어 죄 사함을 받고, 천당에 들어가게 된다는 의타신앙이면서 절대 구주에 구원을 비는 기복신앙이지만, 불교는 진리이기 때문에 믿으라고 가르치며, 믿음에 그치지 않고 적극적 이타행의 자비심과 끊임없는 자기수행으로, 스스로 무명을 끊고 부처가 되라고 가르치는 해탈신앙이면서 자력신앙이라는 점이라 하겠습니다. 그러니 자력신앙으로 진리의 니르바나에 이르러야 하는 불교의 포교에는 그만큼 양적인 어려움이 따랐을 것입니다.

불교는 2,500여 년의 역사를 이어오는 동안 단 한 번도 종교적 이념대립에 의한 침략전쟁을 일으키지 않았고, 교리를 왜곡하여 살상과 박해를 자행한 역사가 없으며, 정교(政敎)가 야합하여 교권을 전횡한 암흑의 역사도 없었습니다. 물론 신라나 고려 시대는 불교를 국교라 할 만큼 불교가 성행했고, 통치이념에 불교 교리를 접목한 역사는 있었습니다만, 기독교에서처럼 불교가 왕권을 넘겨다보거나, 권력과 야합하여 독재의 전횡을 일삼은 역사는 없었습니다.

이미 앞에서 전술했듯이 부처님은 예수의 동정녀 잉태와는 달리 가계가 역사적으로 너무나 뚜렷한 사람의 아들이며, 결코 자신을 믿으라 한 바 없이 다만 그 길을 가리킬 뿐이라고 하셨거니와 "스스로 자신을 의지 처로 삼고, 진리를 등불 삼아 끊임없는 수행으로 니르바나에 이르라.(自燈明 法燈明)"고 가리키셨으니, 우리가 사람의 모습으로 이 땅에 와 불법의 인연 만남을 어찌 은혜의 꽃비 만남이라 아니할 수 있겠습니까?

4장

불교의
한계와 모순

기복과 기적을 구하는 게
종교가 아닌데…….

———

앞 장에서는 불교와 타 종교의 차이점을 고찰하면서 자칫 오해하면 기독교와 이슬람교의 성토장이 된 것으로 볼 수도 있겠으나, 이들 종교의 명확한 차이를 부각하는 이론의 전개 과정이었다고 자평해 보면서 이번 장에서는 엉뚱하게도 불교의 한계와 모순이라는 제목을 들고나와 봤습니다. 자칫 위대한 부처님의 가르침을 왜곡하고, 불교도의 신경섬유를 자극하는 예민한 주제가 될 수도 있겠습니다만 제가 느끼는 불교에 대한 주관적 관념론일 뿐이므로 그냥 가볍게 읽어 주시면 되겠습니다.

우리 주변에는 수많은 종교인이 있습니다. 고등종교 통계로만 봐도 두 사람 중 한 사람은 어떤 종교든 신앙생활을 하고 있다는 이야기가 되는군요. 그런데 과연 성인의 가르침대로 자신을 희생하며,

일생을 가난한 이웃과 진리를 위해 촛불 같은 일생을 살아가는 참 종교인은 얼마나 될까요? 예배당이나 부흥회 같은 델 가보면 하나같이 "구원을 주시옵고, 천당으로 인도하여 주시옵고 또 죄를 사하여 주시라."는 등의 한마디로 주십사 일색입니다.

이슬람교 또한 '인샬라' 즉 '알라신의 뜻대로'라면 모든 게 끝입니다. 부처님도 마찬가지이겠으나 죽은 예수와 마호메트가 어떻게 산 사람의 기복에 관여할 수 있겠습니까? 위 없는 하늘에서 거리낌 없이 계실 그분들이 70억 인류 모두의 소망을 들어주고 세상을 평정해야 한다면 얼마나 거추장스러운 일이겠습니까? 그런 의무가 남아 있는 곳이 성인해탈이라면 안 하는 것이 좋을 것으로 보이기도 하는군요. 일부 기독교인들이 집중에 의한 기도 끝에 초염력 현상으로 나타나는 무의식의 최면세계를 접하고는, 마치 암호 같은 국적 불명의 말문이 터지면 그것이 주님의 은총이 내린 방언 은사라며 모든 자아를 망각하고, 마치 물 위를 걷는 착각 속에 일생을 잠재의식의 노예로 살아가는 경우를 가끔 보았습니다.

『능엄경』에서는 수행 삼매 중 일어나는 50가지 정신현상을 설하고 있는데, 거기에 빠지지 말라고 가르치고 있습니다. 불교설화에 흔히 등장하는 일화로 문수보살이나 관세음보살 친견 등에 관한 설화가 많습니다. 또는 부처님이 좌임하셨다든지, 기독교인 중에는 예수님이 직접 자신을 쓰다듬어 주셨다는 등의 마음에 투영된 정신현상의 체험을 토로하면서 스스로 기적을 만들어 낸 것처럼 수행의 우월감을 가지는 경우도 있지요. 불교에서는 이를 부처를 구하겠다는 집

105

착이 마장(魔障)의 꽃으로 핀 거로 봅니다. 일체가 텅 빈 궁극의 깨달음을 본령으로 하는 불교에서 무의식의 집착이 피워 내는 꽃이란 그야말로 눈병 난 사람이 헛꽃을 보고 꽃을 보았다는 것과 같은 맥락이 아닐는지요?

예수께서 앉은뱅이를 일으키고, 물을 포도주로 만들었으며, 물위를 걷고, 오병이어(五餅二魚)의 기적을 행하였으나 종교의 본질이 기적의 시술은 아닐 것입니다. 특히 불교는 깨달음을 통하여 무명을 여의고 니르바나에 이르러, 다시는 나고 죽는 인연의 굴레에서 벗어나는 것을 궁극의 이상으로 여기는 종교일진데, 어찌 여기에 "사업 번창케 해 주십사, 삼재를 면하게 해 주십사, 아들이 대학에 합격게 해 주십사"가 통할 것입니까?

부처님이 언제 우리나라에서 입학 사정관을 맡으셨는지는 몰라도 많은 사찰에서 입시철이 다가오면 입시 수능 100일 기도법회 등을 봉헌하는 걸 봅니다. 물론 수험생 자녀를 둔 불자님들의 간절한 소망이 있다면 자기충족 예언의 불심으로 나타나 자녀에게 선한 파장이 전달될 것이고, 그 결과 시험에서 자신의 실력을 최대한 발휘하는 잠재능력이 발현될 수도 있을 것입니다. 그러나 입시라는 것이 반드시 몇 사람을 떨어트려야 내가 합격하는 상대평가의 경쟁시험인데, 기도에 동참치 않은 학생들은 불합격하게 해달라고 비는 것과 다름이 없는 것 같아 아무래도 짧은 저의 생각으로는 그런 건 부처님이 가리키신 불법과는 거리가 멀다는 생각이 듭니다.

하물며 어떤 사찰에서는 삼재의 액운도 막아 준다며 동참 기도 회비를 받는 걸 보았습니다. 삼재란 것이 삼 년간 이어지는 띠별 그룹으로서, 열두 개의 생년 띠 중에서 삼합이 드는 세 개의 띠가 3년간 들어오는 것이니 해마다 우리나라 국민의 1/4인 천만 명 이상이 해당하는 것인데, 부처님이 이런 것까지 다 풀어 주셔야 한다면 아무리 우주 공간에 편재되어 무소불위의 권능을 지닌 부처님이라 해도 여간 난처한 일이 아닐 수 없겠습니다.

49재,
망자의 인사청문회일까?
산 자의 자기 위안일까?

사람이 죽으면 가족이나 배우자가 영혼을 극락으로 이끌어 주십사 하는 천도재를 많은 사찰에서 지냅니다만, 과연 천도재를 지냄으로써 지옥으로 갈 영혼이 극락으로 보직 변경이 가능할까요? 사탄도 본래 부처고, 모든 중생의 본성에 불성이 있으니 천당과 지옥은 애초에 없고 그런 것은 다만 마음이 만들어 내는 그림자와 같다고 설하신 법문을 들어보셨을 것입니다.

여기에 대하여 부처님께서는 이런 비유를 하신 바 있습니다. "큰 돌을 강물에 빠뜨린 후 돌이여 떠올라 라고 제단을 차려, 재를 지내고 기도를 한다고 그 돌이 떠오르지 않으며, 기름을 물 위에 띄워 놓고 '기름이여 가라앉아라'라고 기도한다고 그 기름이 가라앉지

부처님 한잔해요

않듯, 살아서 악업을 지은 자는 스스로 무거워 가라앉으니 지옥으로 가고, 선업을 쌓은 사람은 스스로 가벼워 기름처럼 떠올라 천상으로 가나니 그것은 누가 가게 하는 것이 아니라 법을 따라 스스로 갈 뿐이니라."

그러니 천도 재란 것이 망인에 대한 후손들의 도리이거나, 산 사람의 자기 위안이 될지는 모르겠으나 천도재 헌금을 사찰 운영의 중요한 수단으로 여기는 일부 사찰도 문제가 있지 않나 생각해 봅니다.

부처님의 제자 목건련이 아귀도에 떨어진 어머니를 부처님의 인도로 지극정성 천도하여 극락으로 환생케 했다는 『우란분경』의 기록이 있는데, 직전에서 인용한 부처님의 천당 지옥 인연 비유와는 상충이 되는군요. 천상도, 지옥도 누가 가게 하는 것이 아니라 법을 따라 스스로 갈 뿐이라고 하셨다는데, 목련존자의 어머니의 경우에는 부처님이 욕계 육천의 아귀 지옥 보직을 변경해 주셨네요. 부처님이 같은 사안을 두고 두 가지 설법을 했을 리 없는데 말입니다.

사람이 죽으면 49일 동안을 중음계(中陰界)에 머무르면서 7일마다 심판을 받게 되는데, 이때 후손들의 지극한 기도가 극락심판의 분수령이 된다는 큰스님의 가르침도 없잖아 있군요. 천도재를 지내는 논리의 근본은 '삼혼칠백' 사상에서도 찾을 수는 있겠습니다. 도교의 설에 따르면 사람의 생명활동을 혼백(魂魄)이라고 하는데, 혼(魂)에는 세 가지, 백(魄)에는 일곱 가지가 있어 그것을 삼혼칠백이라고 합니다. 즉 혼은 영혼을 말하고, 백은 육체를 말함인데, 육신의 작용이 멈추면 혼은 영의 세계로 올라가고, 백은 땅속으로 가서 흙으로 환원한다는 논리이지요.

한편 주역의 낙서(洛書) 수리배치로 보면 3은 방위로 동쪽이고 오행으로는 목이며, 생령의 시작을 말하니 혼이요, 7은 방위로 서쪽이고 오행은 금이요, 생명현상이 다하는 방위로 현상계의 종결을 의미하니 백으로, 3혼 7백을 설명하고 있습니다. 그래서 민간에서는 아기가 태어나면 삼칠(三七)을 지내는 것을 매우 중요하게 생각했던 것입니다.

불교에서는 인간의 감각적 기관에 '안이비설신의(眼耳鼻舌身意)'가 있는데, 앞의 다섯 가지를 전5식(前五識)이라 하고, 여섯 번째의 식(識)을 제6식이라고 하지요. 즉, 우리가 마음이라고 부르는 존재가 바로 6식인데, 전5식이 수집한 맛, 소리, 색, 냄새, 접촉 등의 정보를 비로소 감각적 작용으로 인식게 하는 의식의 관문 같은 단계가 6식이라고 할 수 있겠군요.

'일체유심조(一切唯心造)'라고 할 때의 오직 마음이라고 하는 유심의 단계에서부터는 다시 제7식인 말나식과 제8식인 아뢰야식으로 의식은 확장하게 됩니다. 6식을 의식의 세계라면, 제7식과 8식은 무의식의 세계가 되겠군요. 그래서 7의 수가 중요하다고 보는데, 7식이 다시 7단계를 지나는 7×7=49하여, 아기가 태어나 49일이 지나야 비로소 기혈이 완전해지고, 죽은 지 49일이 지나야 현생에서 전사(傳寫) 되었던 기혈도 완전히 소멸되니 49재를 지내야 한다는 논리의 설명은 가능해지는군요.

성경에서도 다양하게 귀신에 대해 언급하고 있지만, 기독교에서의 귀신은 물리치는 대상으로 묘사되고 있는 데 비해, 불교에서는 마귀도 부처라고 하면서 이렇듯 천도재며, 구병시식, 백중재 등 혼령을 다루기는 하지만 물리치는 것이 아니라, 인도하여 옳은 세계로 가게 하는 방식의 차이를 보입니다.

아무튼, 일 년에 한 번 지옥문이 열린다는 우란분절인 백중절과 49재 영가 천도재를 대부분의 사찰에서 올리는 것은 별개로, 오늘날 우리 한국 불교계에는 많은 모순과 문제점이 있는 것도 사실입니다.

불교계의 자가 중독,
종교는 수단이지 삶의 목적이 아니다.

─────

신도는 늘어나고, 가람은 크고 많아져 가는 데도, 옳은 불법은 피어나기 어렵고 사바세계의 중생을 교화할 법력 높은 스님은 그리 많지 않아, 더러는 함량 미달의 스님이 가사염의를 걸치고 앉아 불법을 호구의 도구로 삼는 경우도 없지 않은 것 같더군요. 그리고 『월장경』에서 설한 말세의 징조나 다름없는 정치이념에 경도된 일부 스님들의 사회의식도 문제가 아닐 수 없겠고, 염불보다는 잿밥이라는 말이 있습니다만, 먹고 살기 위해 직업으로 스님이 되는 세태는 아닌지 새겨 볼 일입니다.

종교는, 특히 불교는 정치적 외압이나 유혹으로부터 마땅히 초연해야 하고 어떠한 박해를 받더라도 절대적 진리에 따라 우뚝한 외

길을 걸어가는 사자의 발자국을 남겨야 합니다. 여기서 티베트의 승려 판델갸초의 저서『가둘 수 없는 영혼』의 한 구절을 소개해 봅니다. 중국의 티베트 침공으로, 티베트인의 1/3에 해당하는 수 십만 명이 학살되고 구금되는 과정에서 판델갸초도 30년간을 감옥에서 온갖 고문과 핍박을 받다 석방되어 티베트의 아픔을 이 책으로 남기게 됩니다. 티베트의 독립을 인정하지 않는 중국의 모진 박해에도 굴하지 않고, 자신의 스승을 스파이라고 진술하라는 회유와 모진 고문도 견뎌낸 그가 인류를 향해 다음과 같은 피맺힌 절규를 토해 놓습니다.

"내가 두려워하는 것은 중국인과 고문이 아니라 그로 인하여 내가 중국인들에 대한 자비심을 잃게 됨을 두려워한다."

세속적 평안한 삶을 홀연히 버리고 부처님의 제자가 된 승려라면 이러한 대비심(大悲心) 정도는 있어야 하지 않을까요? 정치꾼인지, 성직자인지 모호한 정치이념에 경도되어, 권력에 대한 집착은 속인보다도 몇십 배나 많은 자가 가증스럽게 걸치고 있는 가사염의는 어느 나라 땅의 섬유인지 알아보아야겠습니다. 사찰을 삼한(三韓)시대의 소도(蘇塗) 쯤으로 생각하고, 범법자를 숨겨 주는 일단의 승려가 있는 것도 현실이 아닙니까?

진정한 구도의 길을 통해 중생구제와 해탈을 이루고자 출가하여, 스님이 되려는 불자가 상대적으로 귀하니 엄격한 승려의 관문을 적용할 수 없는 종단의 고충도 이해는 됩니다만, 승복을 입은 것을 고상한 우월로 치부하는 스님도 없잖아 있는 것 같고, 그런 스님일수록 대우와 권위를 인정받고 싶어 하는 건 아닌지 모르겠습니다.

부처님 한잔해요

번연한 시줏돈 모으기 위한 이벤트성 불사(佛事)의 상업주의에, 중 벼슬은 닭 벼슬보다도 못하다고 했는데, 지난날 무슨 총무인가, 원장인가를 뽑을 때는 각목과 폭력이 난무하는가 하면, 종단의 운영과 재산권을 둘러싸고는 소송으로 비화하는 암투를 벌여 네 편, 내 편에 불자로서 계율까지 어기는 낯 뜨거운 일도 있지 않았습니까? 그리고 부처님께서는 그 용어조차도 모르는, 우리나라에만 있는 산신 기도니, 칠성각 중수 불사 등을 부처님의 위세를 빌어 행하는 일부 사찰도 문제가 있지 않나 생각이 듭니다.

어떤 사찰인지는 밝히지 않겠습니다만, 수십 년째 기와 불사를 일으켜 그 기와로 대한민국을 덮으려는 것인지 이해 불가의 사찰도 있고, 불상의 백화점이라고 밖엔 표현할 수 없는 어느 사찰에서는 가격에 따라 재질과 크기가 정해진 불상을 숨이 막히도록 빼곡히 진열해 놓고, 헌금한 불자의 원불(願佛)로 평생을 봉안해 준다니, 어쩌다 부처님께서 단가 몇십, 몇백만 원에 팔리는 인신매매단의 제물이 되었는지, 용렬한 저의 짧은 불지식으로는 이해 불가의 혼란만 오더군요.

물론 불상은 존경의 대상인 부처님을 상징하는 장엄물로써, 역사적으로도 민중의 염원이 담긴 숭배의 성물(聖物)이 되어 찬란한 불교 문화의 보물이 되어 왔습니다. 고 김수환 추기경께서도 석굴암을 방문했을 때 본존불을 보고 경탄한 나머지 한 시간이나 쳐다봤다는 고백이 있었고, 자신은 가톨릭교도라 유럽에서 수많은 그리스도교의 성상(聖像)을 봤지만 별 감동이 없었는데, 석굴암 본존불 앞에서는 진한 감동을 맛보았다고 하면서 자신의 핏속에는 한국 불교의 피가 흐르고 있을 것이라고 말한 바도 있었지요.

이처럼 성스러워야 할 불상이 공장에서 대량 생산되어 천박한 상업주의에 의해 재질별, 단가별, 등급별로 판매되는 것이라면, 구약성서 창세기에 나오는 인간이 쌓은 바벨탑이 차라리 더 소박한 인간적 염원이 아닐까 생각해 봅니다. 사람들의 잘못이지 가만히 있는 절간의 잘못은 아닐 테지요?

하긴 선방의 문고리 한 번만 잡아도 지옥, 축생, 아귀로 떨어지는 삼악도(三惡道)의 나락은 면한다는 말이 있습니다만, 매일 사찰 암자를 찾아 천 배 만 배의 절을 하고, 평생을 새벽기도와 철야기도를 올린들 믿음의 본질을 꿰뚫어 보지 못한다면 달을 가리키는 손가락만 열심히 바라보고는 달을 보았다고 우기는 우를 범하게 될 것입니다. 그것은 마치 스스로를 가둘 감옥을 만들어 놓고 그 안에 스스로 갇히는 것과 무엇이 다르겠습니까?

불교는 법에 의거 진리를 따르는 종교일 뿐 사후의 극락을 예약하거나, 자신과 가족의 일신상의 평안과 안녕을 비는 기복신앙이 아니며, 절대자를 연호하고 무조건적 숭배로 부름을 받는 의타종교가 아니므로 그래서 불교에서는 예배당이라 하지 않고 법당이라 하는 것입니다. 예배란 절대적 숭배와 믿음을 전제로 하는 것이기 때문에 집단화 되고 의식화 되어, 반복이 작용하면 잠재의식에는 수상행식의 투영된 그림자가 떠오르게 됩니다. 예로써 그 그림자에 투영된 형상이 사각형이라면 그 사각형에 계속하여 원이라는 암시를 주면 사각형은 곧 원이 되는 것이 집단 무의식의 정신작용인 것이지요. 거짓

부처님 한잔해요

말도 백 번을 하면 참말이 된다는 것은 공산주의 헌장의 기본경전이 아닙니까? 마르크시즘은 종교의 원리를 가장 잘 응용했으면서도 종교를 철저히 배척한 이념집단이었지요.

불교는 그래서 사물의 이치를 짧게 끊어서 보고 법의 현미경을 동원하여 진리를 끌어내야 하기 때문에 절대적 존재나 맹목적 반복에 입각한 집단적 정신작용은 인정하질 않습니다. 선(禪)이란 글자 자체가 〈볼 시(示) + 짧을 단(單)〉으로 이루어진 글자이듯 짧게 보고, 진리의 실체를 읽어 내야 하기 때문에 절에서는 기독교에서처럼 〈아멘!〉, 〈할렐루야!〉, 〈주여!〉를 외치며 울부짖는 광경은 볼 수 없는 것입니다.

그러니 어떠한 종교를 믿든 알고 믿어야 하고, 알고 나면 교리와 의식에 얽매이는 종교인이 되어서도 안 된다는 것이 우매한 저의 지론입니다. 더구나 종교의 본질이 참을 구하고 남을 이롭게 하는 것인 만큼, 종교를 일신의 이익을 위한 기복신앙으로 몰고 가는 것은 정말 경계해야 할 일이라 믿습니다.

최근 하버드대학 출신의 벽안의 현각 스님이 한국의 불교계를 떠나며 남긴 메시지는 오늘날의 한국 불교를 되돌아보게 하는 타산지석이 아닐까 하는 생각을 해 봅니다. 돈이 되는 기복신앙으로 몰고 가는 작금의 불교 행태와 유교적 권위에 의한 계급과 성차별 및 승려 중심의 우월주의에 입각한 재가신자와 출가자의 차별 등의 지적은 깊이 새겨 보아야 할 불교계의 뿌리 깊은 상처가 아닐까요?

지금은 33천위에서, 대한민국 땅에는 계시지 않는 부처의 이름을 팔아 허황된 재물과 자신의 명성을 쌓아 가는 방편으로 삼는 스님은 없었으면 좋겠다는 생각을 해봅니다. 또한, 신도의 사회적 계급과 부의 정도에 따라 신도에 대한 스님의 태도가 달라지는 그런 일이야 없으리라 믿습니다만, 스님이라고 전지전능은 아닐진대 불경을 공부하고, 선 수행(禪 修行)을 했다는 법집에 빠져 신도를 아랫사람 대하듯 하는 승려 우월감을 가진 스님은 없는지 모르겠습니다. 불법에 대해 모르는 신도일수록 그들은 스님에겐 천진부처가 될 것이며, 그럴수록 그들을 신앙의 경배대상으로 삼아 부처님의 세계로 인도해주는 봉사자의 역할을 다해야 하지 않겠습니까?

앞서 살펴보았지만 지구상에는 기독교와 유대교, 이슬람교와 불교, 힌두교를 포함하여 민속신앙과 무속신앙 등을 모두 망라하면 아마도 수백, 수 천종의 종교가 있을 것입니다. 어떤 종교를 믿든 그것은 자유이어야 하고, 종교를 믿지 않는 것 또한 하나의 종교일 수 있다는 것이 저의 평소 소신이기도 합니다.

종교는 인간이 살아가는 데 필요한 수단일 뿐 결코 목적이 될 수 없기 때문입니다. 그런데 우리 주변의 일부 신앙인 중에는 종교의 종교에 의한, 종교를 위해 오로지 살아가는 사람을 어렵잖게 볼 수 있습니다. "오직 주님뿐!"을 부르짖는 기독교 신자 중에는 가정과 생업마저 포기한 채 지하철과 역에서 십자가와 유인물을 들고 불신지옥을 외치는 광경이 낯선 풍경이 아닌 것 같군요.

비교적 가까운 역사로, 다미선교회의 이장림 목사 등이 1992년 10월 28일에 세계의 종말이 오면서 휴거(携擧) 즉, 예수가 세상에 왔을

부처님 한잔해요

때 신도들이 하늘로 들림받는 일이 일어날 것이라는 종말론을 주장하여 세간에 파란을 일으킨 사건도 있었군요. 인간계가 종말 하고 난 뒤의 하늘 세계는 얼마나 삭막할 것입니까? 하나님이 정신 줄을 놓지 않으신 이상, 어느 누가 있어 하늘 세계를 섬겨 줄 것이라고 하나님께서 그런 단세포적 발상을 하셨을까요? 목사와 신자 모두 안타까울 따름입니다. 그러나 막상 10월 28일에는 아무런 일도 일어나지 않았고(저도 그날의 비망록을 보니 동료들과 거나하게 한잔하고 있었더군요.) 집도, 재산도 모두 정리하여 헌금한 신자들의 돈으로 그는 1993년 5월에 만기가 돌아오는 환매채를 사들여, 세상의 종말이 와도 그 돈으로 자기만이 잘살겠다는 가증스러운 욕심을 보이지 않았습니까?

불교 신자 중에도 남편과 아이들 식사 챙기는 일도 잊고 일만 배니, 삼만 배의 목표를 세우고 맹목적·반복적 근육운동을 하여 관절이 나빠졌다는 신자들도 있지 않던가요? 그리고 교리의 법집(法執)에 포로가 되어 무슨 포교사니, 무슨 무슨 법사니 하는 자격증 취득에 얽매어 황금 같은 시간 다 보내고, 공연한 자격증 우월감에 젖어 삶의 목적과 수단이 전도된 분도 없잖아 있는 것 같더군요.

자격증 취득이란 것이 수행과 발심의 동기 유발이 될 수도 있고, 자격증 제도를 두어야 하는 종단의 필요한 의도야 있겠지만, 절에는 스님과 신도만 있으면 되고, 스님 중에는 맡은바 직능에 따라 절을 대표하는 주지스님, 총무스님, 재무스님 등으로 직분만 나누면 될 것 같은데, 무슨 교회처럼 전도사에, 강도사에, 장로, 권사, 집사 두듯 직급화·서열화하는지 짧은 저의 머리로서는 이해 불가의 혼란만 오네요. 스님 상호 간에야 은사스님, 제자 등 법랍이 다르다면 그에 따른 예를 갖추면 되지 말입니다.

물론 교리를 배우고, 절을 하는 행위 자체가 하심을 하는 대표적인 불교의례이고 경건을 몸에 나토는 수행이긴 하지만, 짧은 저의 생각으로는 그 시간과 절하는 횟수 좀 줄이고 그 시간에 식구들 잘 챙기며, 이웃에 작은 선행 공덕 한번 더하는 게 본인이나 국가사회를 위해서도 나을 거라는 아상을 가져 봅니다. 지난날 가난하고 암울했던 시절의 어머니, 할머니들이 기복과 염원을 담아 불교가 무언지도 모르지만, 지극정성 부처님께 소망을 빌었던 기복신앙이야 무엇을 탓할 일이겠습니까?

요즈음 살기도 넉넉하고 많이 배운 여자일수록, '어느 사찰의 주지스님이 잘 생겼다더라.'라는 등의 듣기 거북한 풍문도 들어본 듯하고, '스님에게 고급승용차를 시주했다.' 또는 '수천만 원의 불사 헌금을 했다.'는 등등의 이야기도 들어본 것 같군요. 자기 돈인데 몇억 원을 시주한들 무에 탓할 일이겠으며, 그 돈으로 불교는 더 많은 포교와 중생교화를 할 테니 저의 공연한 기우일 뿐이겠습니다만, 시어머니 생신이나 시아버지 제사에도 참석지 않으면서 큰돈을 시주한다는 건 스님을 통해 자신의 행위에 대한 대리만족을 구하려는 게 아닐는지요? 심지어 자신의 불륜과 애정행각까지도 스님에게 상담을 구한다는데 스님은 언제 수도하고 정진할 수 있겠습니까? 그러니 보살님들이 이제 스님을 그만 좀 놔두란 말이 나올 법도 하군요.

심지어 무당인지, 스님인지 그 정체성이 모호한 암자가 개운을

117

부처님 한잔해요

족집게처럼 잘한다는 소문이 나면 문전성시를 이루고, 점괘를 비싼 복채로 받아 가는 일도 그리 드문 현상은 아닌 것 같습니다. 심지어 시내 곳곳에 卍자 간판을 달고 연등으로 건물을 치장한 채 내부에는 내림 신을 모셔 놓고, 굿을 권하거나 부적을 써 주며 대충 기감으로 사람의 운명 등을 봐 주는 곳도 쉽게 눈에 띄는 것 같더군요. 그들도 당연히 부처님의 제자가 될 수는 있겠지만 빙의된 령의 장난에 놀아난 다거나, 영기에 따라 사람의 운명을 예단해주고 그 대가로 금전을 챙긴다면 혹세무민의 업을 짓는 큰 과보를 저지르는 게 아닐까요?

불교 경전은 과연 정답인가?

———

그러면 다시 화제를 돌려 불교 교리의 난해성과 모순 그리고 오늘날 불교계의 현실을 짚어 보도록 하겠습니다. 불교사상을 부분만을 보고 전체를 이해하려고 하면 자가당착의 모순에 빠지게 되고, 이는 마치 장님이 코끼리를 만지는 것과 다름없는 주관의 벽에 갇히는 꼴이 될 것입니다. 그렇지만 먼저 생각해 볼 수 있는 것은 과연 지금 우리가 따르고 있는 불교 경전이 과연 부처님이 설한 가르침을 글자 하나 틀림없이 우리에게 전달된 것이냐, 하는 점을 들어 볼 수 있겠습니다. 과문한 필자가 아는 바로는 부처님이 직접 저술하거나 일기체 형식으로 남긴 현존하는 경전은 기필코 없으며, 부처님 입멸 후 가섭존자와 아난존자를 주축으로 수차례에 걸친 경전 결집작업에 의해 불경은 편찬되었고, 각국으로 전파되는 과정에서 윤색되거나 새롭게 편찬된 위경(僞經)도 후대의 불자들이 믿고 따르고 있다는 것입니다.

예로서『능엄경』같은 경전의 경우, 인도어로 된 원본이 없이 한자본만 전하는 것으로 보아 중국에서 임의로 만들어진 위경이 아닌가 하는 의혹에서 자유롭지 못한 경전도 있군요. 때문에 초기 경전인 아함부 경전이 부처님의 실제 사상에 가장 가깝고, 후일 전파된 대승경전인『화엄경』과『법화경』,『금강경』등으로 오면 소승경전에 비해 일정 부분 편집되고 첨삭된 것을 알 수 있습니다.

기독교의 성경도 후대의 성경 편집자들의 주관적 입김이나 시대 조건에 맞게 윤색되었음은 부정하기 어려운 실정이라 하겠고, 불경 또한 '여시아문(如是我聞)' 즉 '나는 이렇게 들었다.'로 시작하는 대부분의 경전에서 어디까지가 부처님의 진언이고, 제자들의 견해인지는 가늠하기 어려운 점도 있다고 보아야겠지요.

부처님을 대면하여 직접 청취한 경우도 있을 것이고, 부처님에게서 들은 바를 다시 전하는 간접청취에 자신의 견해가 더해진 경우도 있었을 것이기 때문에 일정 부분은 본래의 부처님의 가르침이 와전된 부분도 없지 않았을 것으로 보입니다. 그러나 팔만사천 법문에 진리 아님이 없을 뿐 아니라, 불교사상은 문자와 언어로 전한다기 보다 불립문자(不立文字)이며, 교외별전(敎外別傳)이니 만큼 경전글자에 얽매일 필요는 없이 대승사상의 외침대로 '공(空)' 하나면 족하지 않을까 생각해 봅니다.

불교 교리가 너무나 과학적이고 우주의 절대 진리를 담고 있다

부처님 한잔해요

고는 하나, 평면 차원의 세계에 머물고 있는 중생에게 백 억겁 입체 우주의 인과를 설명해야 한다는 데에 불교 포교의 현실적 한계가 있지 않나 생각해 볼 수 있겠습니다. 진리의 존재를 물체의 실상으로만 인식하는 데 습관이 된 인간에게 "없는 것이 있는 것이고, 있는 것이 없는 것이다."라는 '공' 사상이 들어갈 입체 두뇌가 부족한 건 사실이니까요.

그리고 그토록 애지중지 지켜 온 자신과 가족의 신체와 부, 명예 등이 애초에 없는 것이라니!!! 적잖은 당혹을 넘어 충격으로 작용할 것이고, 불교의 궁극적 이상은 어디에도 걸리지 않는 니르바나 즉, 해탈에 두고 있는바, 그러기 위해서는 일생을 뼈를 깎는 수행과 참선을 통해 위 없는 깨달음을 성취해야 하거니와, 그 길은 세속을 등진 스님들도 이루어 내기 어려운 것일진대 하물며 온갖 권모술수와 생존경쟁이 난무하는 세상에서 살아남기 위해 이를 갈아야 하는 재가 불자들에게 해탈이란 얼마나 요원한 일이 되겠습니까?

그러니 '일체중생 개유불성'이라 하여 누구나 부처가 될 수 있다고 가리키지만, 실은 대부분이 부처를 흉내 내는 퍼포먼스를 이벤트화한 것이 오늘날의 불교계의 현실이 아닐까 하는 혹평을 가해 보렵니다. 불교의 궁극 목표가 해탈과 열반일진대, 과연 오늘날 대부분의 스님이나 불자들이 이 목표를 위해 진정한 불도를 닦으며 중생을 제도하는 분들이 과연 몇 명이나 될까요? 일부 스님 중에는 포교를 빌미로 자신의 사찰을 사회적 아방궁으로 키워 가는 것에 본말이 전도되어 온갖 행정적 처세술을 구사하면서, 신도들의 헌금 동참과 불사

확대에 일 년 열두 달이 짧은 스님은 없는지 모르겠습니다.

　스님들은 경전을 공부하고 선을 수행했다는 법집(法執)에 빠져 불자들로부터 대우를 받으려는 우월감에 젖어, 신도들을 충성심 줄 세우기를 하고 있지나 않은지 또한 불자들은 부처님의 이름을 팔아 짧은 불교 지식과 의례의 허식에 빠져 아집의 상을 참 나라고 착각하고 있지나 않은지 전반적으로 돌이켜 봐야 할 전환기가 아닌가 생각해 봅니다.

　그러면 법당에서 서원한 발심과 우리가 이익사회를 살아가야 하는 현실적 행위가 얼마나 표리부동한지를 생각해 보겠습니다. 장사하는 불자님은 밑지고 판다는 거짓말과 어떤 창도 막아내고, 어떤 방패도 뚫을 수 있다는 번지르르한 거짓말을 밥 먹듯 해야 장사가 되니, 잠시 전 '기어중죄 금일참회(綺語重罪 今日懺悔)'를 법당에서 발심해 놓고는 곧바로 기어중죄를 일상사로 범할 수밖에 없고, 부동산 중개업을 하는 불자님은 매도자와 매수자에게 각각 큰 덕을 보고 매매가 이루어진 것이라는 두말을 할 수밖에 없으니 양설중죄(兩舌重罪)를 범하지 않습니까? 그러니 계율과 생활은 늘 표리의 관계에 있는 것이 우리 재가불자들이 겪어야 하는 모순이고 고통인가 봅니다.

　불교가 생활종교가 되지 못하는 이유는 이렇듯 불교의 궁극적 이상세계와 현실 세계가 추구해가야 하는 이익사회의 메커니즘이 근본적 차원을 달리하고 있다는 데서 찾아볼 수도 있을 것 같군요. 이렇듯 왕의 침실처럼 잘 가꾸어진 이 시대의 주거환경과 산해진미라고밖에 표현할 수 없는 미식에 길든 현대인들. 한 살이라도 더 젊게 보이기 위해 또 한 살이라도 더 살기 위해 온갖 보약과 성형수술까지를 마다않는 오늘의 세태에, 태어나지 않으면 고통도 없고, 노병사의 두려움도 없나니 생멸에 끌리는 자심을 여의는 열반만이 오직 절대의 안락이라고 가르쳐야 하는 스님들의 고충도 만만치는 않을 것 같습니다.

그리고 필자 같은 애주가는 늘 불음주계를 범하고 사니, 계율을 어길 때마다 죽비 한 대씩만 맞았다 해도 저는 벌써 이 세상 사람이 아니었을 것 같습니다. 더구나 이 책의 제목 또한 이러함에야 무슨 할 말이 있겠습니까 만, 참회하는 순간 죄는 죄가 아니라고 하셨으니, 저도 과음한 날 아침이면 어김없이 후회하며 마시지 않겠노라고 참회는 열심히 하고 있답니다. 하긴 세속을 떠난 불교계에도 곡차 좋아하신 큰스님이 어디 한두 분이겠습니까 만, 조선말 경허 스님에 얽힌 일화는 특히 유명하지요. 소제목의 주제와는 어긋나지만 잠시 경허 스님에 대한 자취를 더듬어 보도록 하겠습니다.

경허 스님은 조선말 열강의 각축 속에 국운이 풍전등화와 같던 1849년 전주의 몰락한 사대부 집안에서 태어났는데 몹시 궁핍했던 것 같습니다. 태어나고 3일이 되어서야 첫울음을 울었다고 하니 근대불교 선종사(禪宗史)에 큰 족적을 남긴 큰스님의 출생 담론으로서는 아주 자연스러운 일화라 하겠습니다. 원효 스님이 우리나라 불교의 새벽을 열었다면, 경허 스님은 근대불교에서 선종(禪宗)을 중흥시킨 대선사였습니다. 억불숭유의 조선조 끝자락에서 거의 꺼져 가는 조선불교의 법등에 기름을 부은 분이기도 하지요. 그래서 경허 스님을 '제2

의 원효', '길 위의 큰 스님'이라고도 부른답니다.

이런 스님이셨지만 늘 술(곡차)에 취해 있는 날이 많았고, 스님에게 술은 거침없는 무애행(無礙行)의 에너지원이었던 셈입니다. 하루는 제자 만공 스님과 길을 가다가 역시나 곡차 생각이 간절했으나 스님에게 돈이 있을 리 없을 터, 제자에게 단청불사 시주를 권선하자고 제안합니다. 얼마간의 시주금이 모이자 그 돈으로 바로 주막으로 직행, 불콰하게 술을 마셨다고 하지요. 단청불사를 핑계로 시주받은 돈으로 술을 마시는 스승을 이해할 수 없어 불평하는 만공 스님을 향해 자신의 불콰한 얼굴을 가리키며, 이토록 붉게 얼굴을 단청한 것보다 더 좋은 단청불사가 어디 있느냐고 호방하게 일갈하는 대목에서는, 계율과 세속적 규범에 얽매이지 않은 대선사의 무애행이 느껴지지 않습니까?

불교 교리의 난해성

다시 논지를 돌려 불교 교리의 난해성과 한계의 벽을 좀 더 과학적인 접근방법으로 설명해 보겠습니다. 부처님 입멸 후 2,500여 년, 그렇게 많고 많은 현철대덕이 불국토 건설과 중생제도를 위해 저 높은 곳을 향해 무소의 뿔처럼 홀연히 걸어갔고, 지금 이 순간에도 장좌불와(長坐不臥) 중생구제의 법등을 밝히고 계시는 많은 큰 스님들의 독경 소리가 끊이지 않는데, 그렇다면 날이 갈수록 인류의 심성이 부

부처님 한잔해요

처님을 닮아 가서, 온 세상이 박해와 고난이 없는 장엄한 불국의 세계로 화해야 될 터인데, 어찌하여 세상은 갈수록 도덕과 참됨은 타락하고 갖은 퇴폐와 부정, 전쟁과 기아 그리고 질병과 고통의 신음소리는 끊이질 않는 것일까요? 이 시점에서 불교의 직무유기를 검토해 봐야 하지 않을까 생각해 봅니다.

우리가 들어본 바와 같이 부처님의 위신력이라면 마왕도 일거에 굴복시키셨는데, 수천 억겁의 포괄적 예정도 주재하실 수 있는 부처님께서 왜 미래의 세상도수는 조정해 놓으시지 않으셔서 이토록 세상이 점점 현생지옥으로 물들어 가도록 버려두셨을까 하는 어리석은 의문 같은 것 말입니다. 부처님의 제자 사리불도 '부처님이 계신데도 왜 세상이 더럽게 보일까?' 하는 이런 비슷한 의문을 부처님께 가졌던 모양입니다. 이에 대해 부처님께서는 장님이 해와 달을 못 본다고 하여 그것이 해와 달의 책임이 아니요, 해와 달이 더러운 것도 아니라는 비유를 들었다지요?

물론 세상이 아무리 악에 물들어도 마치 진흙 속에 핀 연꽃과 같이 자력신앙인 불교의 원리대로 자신부터 깨닫고 해탈하면 그뿐일 것입니다. 제가 마치 성경에 나오는 율법사나 서기관처럼, 믿음 자체보다는 논쟁을 일삼는 궤변을 전개하는 건 아닌지 모르겠습니다만 윤회를 끊고, 나고 죽음이 없는 경지에 이름을 최고의 이상으로 가르치는 불교에서, 수억 생 동안을 부처가 윤회하여 예약된 수기(受記)를 받아 다음의 부처가 탄생한다는 윤회설은 모순이 아닌가? 하고 일단 생각해 보렵니다.

저의 짧은 식견으로는 부처가 된다는 것은, 예비 된 다음의 부처로 태어나기 위해 최고의 하늘에 대기 보살로 머물게 되는 것이 아니라, 이 광대무변한 우주를 움직이는 파장의 기운 중 가장 아름답고, 좋은 기파로 편재되어 우주 공간에 저장되는 공덕이 아닐까? 하는 생각을 가져 봅니다. 예를 들면 윤회라는 것이 태양계 지구에서도 항존하여 일어나는 공기와 물방울과의 관계 같은 게 아닐까요?

　　전혀 개체적 연관성이 없던 수소 두 분자와 산소 분자 한 개가 조건결합을 하면 물이라는 생명현상이 되었다가(마치 생면부지의 남녀가 만나 부부가 되어 자식을 낳는 조건결합처럼) 바람, 열, 지구의 자전 같은 조건 인자에 의해 증발하면(사람도 지수화풍地水火風의 조건결합이 다 하면 죽음을 맞이하듯), 형체가 없는 수중기가 되어 대기권을 떠도는 것은 우리의 생명현상이 다한 사후의 세계로 비정될 수 있을 것입니다.

　　그리고 현상계가 아닌 음의 세계에서 다시 수중기가 응축하는 조건결합의 인연을 만나게 되면, 비가 되어 지구촌 각처에 떨어져 현상계의 생명작용을 유지하는 물로 거듭나게 될 터이지요. 그런데 이 물의 본질은 H_2O로 같지만, 젖소가 먹으면 우유가 되고, 독사가 먹으면 독이 되는 것처럼, 사용하는 사람에 따라서는 사람을 죽이는 독극물을 만드는 약의 재료가 될 수도 있고, 사람을 살리는 생명수가 될 수도 있을 것입니다.

　　그 행위자인 젖소가 되느냐, 독사가 되느냐, 아니면 활인을 하는 착한 사람이 되느냐, 마느냐 하는 것이 결정되는 원리가 곧, 선근 수행 공덕으로 부처가 되느냐, 악마의 화신이 되느냐 하는, 불교 교리

부처님 한잔해요

의 핵심이라는 설명을 해 볼 수도 있을 것 같군요. 따라서 해탈 열반 후에도 근기에 따라 수많은 하늘 세계가 있다는 불교의 세계관은 이러한 우주과학의 다른 이론이라고 할 수도 있겠습니다.

다음 생에는 개로 태어난다느니, 물고기로 태어난다느니 등의 윤회설 또한 인연 인자의 결합을 말하는 것이지, 사람의 몸을 받았던 육체가 죽자마자 물고기의 세포로 치환된다는 가르침은 아닐 것이란 생각을 해 봅니다. 우리 중생들이 내생을 알지 못하듯, 전생을 전혀 기억하지 못하기 때문에 극락과 지옥설교가 나약한 인간에게 교육적으로나, 도덕적으로는 효과가 클지는 모르겠으나 그것이 불교를 믿는 본성이 될 수는 결코 없을 것입니다.

새는 창공을 날아도 흔적을 남기지 않고, 바람이 지나간 자리에 바람은 없습니다. 마치 꿈속의 쾌락과 고통이 실제로는 무의식이 만들어 낸 허구의 환영을 본 것과 같이 실체가 없는 것처럼 극락, 지옥, 천당도 내 마음의 업장 무의식이 만들어 내는 꿈속의 꿈과 같은 것이 아닐까 생각해 봅니다. 마치 눈병 난 사람이 전혀 있지도 않은 헛꽃을 보고 꽃을 보았다고 말하는 것처럼 말입니다.

화탕지옥, 발설지옥, 무간지옥, 도산지옥 등 많고 많은 지옥이 있습니다만, 지옥도에 떨어진 다양한 인간의 생리 조건에 맞는 지옥다운 각각의 시설구조로 설계하려면 그 일을 맡은 천상계의 사자도 여간 난처한 일이 아닐 것 같습니다. 지금 염라국의 화탕지옥은 대한민국의 찜질방에서 단련된 지옥 중생들의 열탕 온도를 맞추느라 연일 업그레이드 공사가 진행 중이라지 않습니까?

불교에서는 겉으로는 무신론을 표방하며, 오로지 조건에 의한 연기법을 초월하는 어떠한 실체도 인정하지 않으면서, 한편에서는 수많은 신과 죽은 자의 영가(靈駕)까지를 이야기하는 것 자체도 모순으로 보여 집니다만, 이는 대승적 차원에서 신과 영계(靈界)의 세계 또한 하나의 연기법의 테두리 안으로 수용할 수 있다는 견지에서는 이해할 수 있는 부분이라 하겠습니다.

그러면 수수 억겁 전에 연등불수기(練燈佛受記)를 받으셨다가 부처님이 되신 수메다 보살을 우주이론의 예를 들어 설명하기 위해 2,600여 년 전 이 땅에 오신 부처님을 인류 구원의 별빛(부처님의 후광)이라 생각하고, 그 별을 편의상 안드로메다은하라 비정해 봅시다. 우선 불교의 우주관을 다시 한 번 상기해보도록 하겠습니다.

불교는 기독교 유일신관의 오로지 하나님이 주관하는 단일 우주가 아닌 도솔천, 야마천, 화락천, 타화자재천 등의 33천 하늘 세계가 있을 뿐 아니라, 아미타불의 극락세계, 다보여래의 다보세계 등 여러 우주가 있다는 다불·다원우주론을 택하고 있음은 이미 살펴보았습니다. 또한, 앞으로도 수 억겁 뒤에 광명여래로 오실 가섭존자, 화광여래로 오실 사리불 등이 다음 생의 부처로 당당히 수기를 받고 대기 발령을 기다리고 있다는데, 어찌하여 21세기 현생에는 한 분 여래도 오시지 않아 우리들의 마음을 이토록 외롭게 하는지 모르겠습니다. 그러니 우리 생에서 여래를 친견할 생각은 접고, 우리 스스로가 여래가 되는 길밖에는 없나 봅니다.

실은 석가모니 부처님도 사바세계에 네 번째로 오신 부처님이라

부처님 한잔해요

고 하는데, 원래는 미륵부처님이 네 번째로 오시게 되었으나 순서가 바뀌어 미륵부처님이 56억 7천만 년 뒤에 다섯 번째 부처님으로 오시는 거로 보직변경이 되었다고 하네요.

그런 차원에서 볼 때 2,600여 년 전, 당시의 현재에 부처님의 후광이라고 느낀 중생들이 보고 있는 빛은 실제로는 230만 년 전에 출발한 빛을 현재의 빛으로 착각한 것에 불과한 것이 됩니다. 안드로메다 성운에서 출발한 빛이 지구까지 오는 데는, 1초에 30만km를 달려 230만 년이 걸리기 때문이지요. 제법 긴 시간이라 할 수 있겠군요. 230만 년 전의 상황이지만 인간들은 현재에 일어나고 있는 실제의 현실로 인식하게 됩니다. 그러므로 엄격한 입장에서 보면 인간들이 인식하는 모든 실상은 허상의 빛 에너지가 발한 그림자의 입자에 불과한 것일 뿐입니다. 그렇다면 56억7천만 년의 거리에 대기 중이신 미륵부처님도 그리 먼 곳에 계시는 건 아니라고 할 수 있을 것입니다.

앞 장 '불교의 본질' 단원에서 전술한 것처럼, 우리가 색을 본다는 것은 물체의 질량이 발산하는 빛의 허상을 보는 것에 불과한데, 우리는 애초에 물체에 색이 있다고 믿지 않습니까? 그러니 색도 없고 공도 없으며, 늘지도 줄지도 않거니와, 공하여 공한 것까지 공하다는 부처님의 가르침을 이렇게 설명하여도 무방하지 않을까 자평해 봅니다.

우리가 밤에 장작을 쌓아 놓고 모닥불을 피우면 따뜻한 열과 주위를 밝히는 빛을 얻을 수 있습니다. 그러나 땔감이 지니고 있던 열량에너지가 다하면 이내 빛과 열은 사라지고 그 자리를 어둠과 냉기가 대신하게 됩니다. 그렇다면 그 불빛과 열은 소멸되어 없어진 걸까요? 아닙니다. 활활 타올랐던 그 장작불은 에너지의 시각적 존재 형태만 달리할 뿐 그 열과 빛은 우주 공간에 그대로 저장되어 끊임없는 윤회를 되풀이하게 되는 것이지요.

우주 대폭발 이후 지금까지 지구상의 물의 양은 단 한 방울도 늘어나거나 줄어들지 않았고, 지구 자기장(磁氣場) 내의 에너지양도 그 형태만 달리할 뿐 전체 양은 전혀 늘어나거나 줄어들지 않았다는 '에너지 불변의 법칙'은 이미 과학적 사실로 밝혀져 있거니와 2,600여 년 전 이러한 부증불감의 진리를 깨달으신 부처님이셨으니 어찌 우리가 위대한 스승으로 모시지 않을 수 있겠습니까? 따라서 '불교의 모순과 한계'라는 부제를 달았지만, 불교계의 모순은 있을지 몰라도, 불교 교리의 모순은 없노라고 감히 일갈하면서 다음 주제를 만나 보도록 하겠습니다.

부처님 한잔해요

5장

불교 경전은
어떻게
탄생되고 구성됐나?

불교 경전의 탄생과정

———

지금까지 부처님의 생애와 불교의 근본사상 그리고 불교와 여타 종교의 차이점 및 불교 교리의 특성에 대해 알아보았습니다. 그러면 불자들이 삼보(三寶)의 하나로 믿고 따르는 불경은 어떻게 태어났고, 어떤 편찬과정을 거쳐 오늘날 우리가 부처님 가르침의 절대 진리로 받드는 경전이 되었는지를 간략히 살펴볼 필요가 있을 것 같습니다.

쌍림열반상에서 보는 것처럼 부처님이 열반에 들자 가섭존자가 비통해 우는 모습과 같이 많은 제자가 슬퍼하며 부처님을 기리는 분위기와는 달리, 일부 수행승들은 오히려 부처님의 계율과 간섭으로부터 자유롭게 된 것을 반기는 분위기도 상존한 듯합니다. 이에 적잖이 놀란 가섭존자는 왕사성 외곽에 있는 칠엽굴에서 승단 대표들을 소집하여 경전편찬회의를 열었는데, 이때 500여 명의 수행승이 부처님의 가르침을 원형대로 보존하고 계승시키기 위해 암송형식으로 경

부처님 한잔해요

전 편찬에 임했다고 전합니다.

일생 동안 부처님을 가장 가까이서 모셨던 아난존자가 부처님으로부터 배우고 들었던 말씀들을 자신의 기억으로 먼저 반추하여 암송하면 500여 수행승 대표들은 '맞습니다. 그렇습니다.' 또는 '아닌 것 같습니다. 그 부분은 나는 이렇게 들었습니다.' 등으로 확인하고 수정하여, 수행승단 공동의 이름으로 공표하였던 것입니다.

이렇듯 초기 경전은 부처님을 직접 모시고 가르침을 배운 승단에 의해 언어로 편찬된 만큼 부처님의 실제 사상과 어록이 가장 원형에 가깝게 편찬되었을 것임을 알 수 있겠습니다. 전술한 바와 같이 세월이 흐르면서 불경이 세계 각처로 전파되는 과정에서 대승사상도 펼쳐지게 되었고, 앞세대의 기억과 구전 등을 통해 편찬된 이후의 경전은 아무래도 원형에서 조금씩 변형된 모습을 갖게 된 것도 당연한 수순이라 보이는군요.

더구나 경전을 편찬하는 문자가 팔리어(인도 중북부지방 방언의 일종)와 산스크리트어(범어), 티베트어 그리고 중국을 통해 한국, 일본 등으로 전파된 경전이 한문으로 번역되는 과정에서 문자언어 해석의 장벽도 원형을 조금씩 변형시키는 요인이 되지 않았을까 하는 짐작을 쉽게 할 수 있겠습니다. 이처럼 부처님의 가르침은 처음엔 암송으로 전승되다가 문자로 기록되면서, 크게 남전 대장경 계열과 북전 대장경 계열로 나뉘게 되는데, 남전 대장경은 팔리어로 번역되어 태국, 미얀마, 스리랑카 등 동남아로 전파되었고, 산스크리트어로 편찬되어 중국을 거쳐 한문으로 번역된 경전계열은 북전 대장경으로 우리나라와 일본에 전파되기에 이릅니다.

　남북의 개념은 지리상 동남아와 동북아를 구분한 것에 불과하지만 남전 대장경은 비교적 사상도 간결하고 경전의 양도 적은 반면, 북전 대장경은 다양한 사상과 방대한 양으로 발전하게 되지요. 이미 살펴본 바이지만 부처님 입멸 후 약 100년이 흐르자 계율에 대한 견해 차이로 승단은 진보와 보수의 대립이 일어나고, 이에 노장층 장로 승단이 바이샬리에서 두 번째 경전 편찬 회의를 열었습니다.

　다시 100년이 흐른 뒤, 인도 마우리 왕조의 세 번째 왕이자 처음으로 전 인도를 통일한 아소카 왕이 파탈리풋타(지금의 파트나 시)에서 해이해진 교단의 질서와 불교를 외국에 전파하기 위해 세 번째 경전편찬회의가 열렸습니다. 이때는 장로 1,000명의 승단이 참여하여 9개월에 걸친 편찬 작업이 이루어지게 됩니다.

　다시 세월이 흘러 기원전 1세기 중반 스리랑카에서 네 번째 경전 편찬 작업이 이루어지는데, 이 회의에서는 지금까지 암송형식으로 전승되던 경전을 처음으로 패엽(貝葉 : 패다라 잎. 다라 나무라고도 합니다.)에 싱할리 문자(스리랑카 문자)로 기록한 문헌 경전이 탄생하게 됩니다. 종이가 생산되지 않던 시절이나 종이가 귀하던 시절에 종이 대신 문자를 남긴 기록은 지금도 전해지고 있는데, 고대에는 나뭇잎이나 죽간(竹簡) 또는 가죽 등이 사용되기도 했었지요. 패엽에 기록된 경전이라 하여 패엽경이라고 하는데, 우리나라에도 강원도 영월 법흥사에 범어로 표기된 한 장의 패엽경이 소장되어 있습니다.

　불경의 편찬 역사에 대하여서는 문헌마다 조금씩 다른 기록이

부처님 한잔해요

보입니다. 아소카 왕이 주도한 세 번째 결집에서 팔리어로 문자화했다는 설과 네 번째 결집은 불교 여러 부파들의 이설을 통일시키기 위해서 삼장에 관한 주석서를 결집한 것이기 때문에 엄밀한 의미에서 불경 편찬의 범주에서 제외시키기도 하지요. 아무래도 여러 정황상 세 번째 결집에서 아소카 왕이 문자 경전을 남기기 시작했다고 보는 게 맞을 듯합니다. 그 뒤에도 불경의 편찬은 계속되어 5세기경까지는 대개의 중요한 대승경전들이 출현하게 됩니다.

기원전 2세기경부터 성립하기 시작하여 5세기경에 일단락을 본 대승경전으로는 『반야경 般若經』·『법화경 法華經』·『정토삼부경 淨土三部經』·『유마경 維摩經』·『승만경 勝鬘經』·『해심밀경 解深密經』·『열반경 涅槃經』·『화엄경 華嚴經』 등을 들 수 있겠습니다.

불경은 경장(經藏), 율장(律藏), 논장(論藏)으로 이루어졌는데, 율장은 윤리적 규범과 계율을, 논장은 가르침에 대한 주석과 해석을 논한 것이고 보면, 우리 불자님들이 접하는 불경은 부처님의 말씀과 가르침에 해당하는 경장에 한한다고 보면 되겠습니다.

불교 경전의 구성과 이해

이처럼 불경은 입에서 입으로 전승되던 초기의 구전 시대를 거쳐 문헌 경전으로 탄생됩니다만, 사투리가 심한 인도의 문자언어로 편찬되는 과정에서 많은 시행착오와 난관이 있었을 것임을 쉽게 짐작할 수 있습니다. 그리고 팔리어 판 경전과는 달리 산스크리트어판 경전은 『법화경』과 『유마경』 등 극히 일부만 남아 있어서 한문 번역본을 원전으로 삼을 수밖에 없게 되었으므로, 현전하는 불경은 초기 경전과는 일정 부분 차이를 보인다 하겠습니다.

불교 경전이 편찬되고 변화해온 변천 과정은 스님이나, 불교학자가 아닌 재가불자들에겐 아무런 의미가 없는 것이기 때문에 여기서는 북전 대장경은 어떻게 구성되어 있는가를 간단히 살펴보고, 대승불교의 핵심이라고 할 수 있는 경전들은 어떤 것이 있으며, 그 주된 내용은 무엇인지에 대해서만 짚고 넘어가는 장으로 꾸며 보도록 하겠습니다.

부처님의 가르침과 사상을 가장 원형에 가깝게 기술한 경전은 자연히 초기 경전이라 할 수 있는데, 『아함경』과 『숫타니파타』를 꼽을 수 있습니다. 『숫타니파타』는 『아함경』보다 먼저 이루어진 초기 경전을 대표하는 경으로, 부처님의 육성이 더욱 생생하게 담겨 있을 것으로 보입니다. 따라서 부처님에 관한 역사적 행적도 가장 많이 담고 있을 것입니다. 『아함경』이 부처님의 근본사상을 기록한 경전이라면, 『숫타니파타』는 부처님의 어록을 기록한 경전이라고 하면 될는지 모르겠군요. 『숫타니파타』에는 우리들의 가슴에 와 닿는 큰 울림의 말씀이 있지요.

"천둥소리에 놀라지 않는 사자와 같이, 그물에 걸리지 않는 바람처럼, 흙탕물에 더럽혀지지 않는 연꽃과 같이 무소의 뿔처럼 혼자서 가라." 제가 이 경구를 처음 접한 것이 대학교 갓 입학했을 때로 기억

부처님 한잔해요

되는데, 강한 전율에 한동안 멍한 정신이었던 기억이 새롭네요. 미션계 학교였던 학생회관 게시판에 출전도 없이 사인펜으로 누군가 써놓은 글인지라 당시에는 유행하는 팝송의 가사이거나, 어느 시의 한 구절로만 생각했었는데, 이렇듯 잊히지 않는 큰 울림의 사자후로 평생 남게 되는군요.

아함부 경전은 소승으로 남게 되지만 이후에 편찬되는 북전 대장경전들의 뿌리가 되어 대승사상을 꽃 피우는 바탕이 됩니다. 즉, 아함부 경전을 뿌리로 해서 반야부 경전이 줄기가 되고, 이어 여래장(如來藏)계 경전과 유식(唯識)계 경전 그리고 잎과 열매라고 표현할 수 있는 『화엄경』과 『법화경』 등이 찬연한 불법의 텍스트로 편찬되기에 이릅니다.

여래장계 경전이란 인간의 본래 마음에 불성이 깃든 부처로서의 마음이 있다는 관점의 경전이며, 유식계 경전이란 미혹한 중생으로서의 인간의 마음을 바라보는 사고의 경전계열이라 보면 되겠습니다. 흔히들 불경을 팔만사천법문이라 하지만 그 경전의 수와 방대한 양은 진리의 바다 그 자체라 아니할 수 없겠습니다. 여기에서는 우리 불자들이 가장 많이 접하는 기본 경전과 그 핵심내용은 무엇인지에 대해서만 간략히 정리하고 다음 장으로 넘어가도록 하겠습니다.

❶ **반야심경** : 이 책의 주제로 삼은 경전입니다. 우리나라 모든 사찰의 불교의식 때 천수경과 더불어 거의 빠지지 않고 독송되는 경전인데, 경전의 원제목은 『마하반야바라밀다심경』으로 불자님들의

눈과 귀에 너무나 익숙한 경전이지요? 경전의 제목과 본문의 글자 수가 모두 270자밖에는 되지 않는 짧은 경전이지만, 불교사상의 진수를 응축하고 달여낸 진액과 같은 경전이라 보면 좋을 듯하군요.

『금강경』과 함께 반야경 600권 속에 들어 있던 한 부분이었는데 독립 경전이 된 것입니다. 그런 만큼 짧지만, 내용은 심오한 불법의 이치를 담고 있습니다. 이 경전의 핵심 키워드는 대승사상의 주제와 같은 '공(空)'이라 단적으로 말할 수 있겠습니다만, 보이는 현상계와 보이지 않는 본질계는 결국 하나로 '공'하다는 일체론적 입장을 견지하고 있습니다. 이 책 2부에서는 『반야심경』에 담긴 글자 한 자, 한 자의 의미와 심오한 사상의 세계를 음미해 보는 시간을 갖도록 하겠습니다.

❷ **천수경** : 우리나라 불자들이 가장 많이 독송하는 경전으로, 관세음보살의 광대한 자비심을 찬양하는 다라니경(陀羅尼經)입니다. 관세음보살을 지극히 믿으면 고통을 여의고 즐거움을 얻는다는, '이고득락(離苦得樂)'을 설하고 있습니다. 경전의 특징은 '신묘장구대다라니' 같은 진언을 포함하고 있어 주술적 성격을 띠면서 매우 신비스러운 음령적(音靈的) 공감을 불러일으킨다는 점입니다. 다라니란 부처님 가르침의 정수(精髓)로써 신비한 힘을 가진 주문이란 뜻인데, 다라니를 일심으로 염송하면 마음을 통일하고 불법을 간직하여, 모든 악을 여의고 능히 부처의 경지에 도달하는 영통력이 있다고 믿습니다.

산스크리트어를 그대로 한글로 음역하였기 때문에 우리 불자들

부처님 한잔해요

은 그 뜻은 잘 알 수 없지만, 그런 만큼 오히려 뜻에 얽매이지 않으며 신비성을 간직하고 있는 경전이 천수경이기도 합니다. 그런데 우리가 불교의식 때 독송하는 이 천수경은 우리나라에만 있는 경전으로 19세기 초반에 만들어졌는데, 여러 경전에서 가려 뽑은 주문들을 재편집하여 지금 같이 독송용 경전이 된 것으로 보입니다.

물론 고려 때부터 유통되기도 했지만 조선 후기에 와서 엄청 많은 판본을 보이며 지금 같은 경전체계를 보였기 때문이지요. 천수경은 불공을 올릴 때 맨 처음 독송되는 경전인데, 거의 모든 우리나라 불교 종단에서 빠짐없이 독송하는 소의경전(所依經典 : 종단에서 근본이념으로 삼는 경전)으로서의 위치를 확보한 것으로 볼 수 있겠습니다.

❸ **금강경** : 원명은 『금강반야바라밀경』 또는 『능단반야바라밀경』이라고도 합니다. 『반야심경』과 함께 반야부 계통 경전 가운데 가장 널리 독송되고 있는 『금강경』은 우리나라 조계종에서 전등법어와 더불어 근본 소의경전으로 삼고 있습니다. 금강(金剛)이란 글자 그대로 금강석 곧 다이아몬드를 말합니다. 세상에서 가장 단단하고, 예리하며, 가장 반짝이기 때문에 무엇이라도 부수고 자를 수 있으며, 어둠도 밝게 비출 수 있다는 부처님의 가르침을 반야의 지혜로 비유한 경전입니다.

『금강경』은 대승불교 초기에 다른 경전들보다 비교적 일찍 성립된 것으로 보고 있습니다. 전체 내용은 압축된 『반야심경』에서처럼 공사상을 가르치고 있으면서도 '공'이라는 용어를 한 번도 사용하고 있지 않으며, 자아에 대한 집착을 버릴 것을 강조하고 있습니다.

금강경의 핵심 키워드라면 전술한 바 있는 '약견제상비상 즉견여래(若見諸相非相 卽見如來 – 만일 제 상이 실체 없음을 본다면 이는 곧 여래를 본다.)'와 '응무소주 이생기심(應無所住 以生其心 – 마땅히 머무는 곳이 없으니 그 마음을 내라.)'인데, 나무꾼이던 혜능이 어느 스님의 이 '응무소주 이생기심' 독경 소리를 듣고 홀연히 깨달아 출가하여 5조 홍인에 이어 중국 선종의 6조로 의발을 전수 받았다고 하지요. 달마로부터 혜가, 승찬, 도신, 홍인, 혜능으로 이어지는 선맥(禪脈) 6조의 마지막 스님이 혜능이란 뜻입니다.

상(相)이 없고, 공한 것조차 공하여 없는데, 머묾이 어디에 있을 수 있겠습니까? 여기서 말하는 상이란, 깨치지 못한 중생들이 관념과 색깔 등 바깥 사물을 실체라 인식하는 생각 탓에, 실재한다고 믿는 네 가지 분별심, 곧 아상(我相)·인상(人相)·중생상(衆生相)·수자상(壽者相)을 이른다고 하겠습니다. 부처님께서는 수보리존자에게 여래가 가르치는 진리는 뗏목과 같은 것이므로 그것에도 집착해서는 안 된다고 하셨는데, 그것은 진리라고 실체화하는 순간 공에서 벗어나기 때문일 것입니다. 또 하나 『금강경』, 「제32 응화비진분 應化非眞分」에 나오는 빼놓을 수 없는 게송을 상기해봅니다.

- 일체유위법 (一切有爲法) – 인연으로 지어진 모든 것들은
- 여몽환포영 (如夢幻泡影) – 꿈같고, 헛것 같고, 물거품 같고, 그림자 같고
- 여로역여전 (如露亦如電) – 이슬 같고 또한 번개와 같으니
- 응작여시관 (應作如是觀) – 마땅히 이같이 관할지니라.

부처님 한잔해요

흔히들 『금강경』의 가장 중요한 가르침을 요약한 것을 금강경4구게(金剛經四句偈)라고도 하는데, 그중에서도 '반야제일게(般若第一偈)'라 하여 반야경전 600부 내용의 골수를 응축한 구절로 '범소유상 개시허망 약견제상비상 즉견여래(凡所有相 皆是虛妄 若見諸相非相 卽見如來)' 곧 '모양 있는 모든 것, 모든 형상은 다 허망한 것이니, 이 모든 현상이 모양 없는 것임을 직관할 줄 알면 곧 부처를 보는 것이다.'는 가르침은 우리를 2만 볼트의 고압에 감전된 듯한 전율을 느끼게 하지 않습니까?

❹ **화엄경** : 불경 가운데 단일 경전으로는 전 80권에 이르는 가장 방대한 분량을 가진 경전으로, 그 뜻이 바다와 같이 깊고 넓다는 뜻으로 '화엄의 바다'라 불리는 경전입니다. 화엄(華嚴)이란 뜻은 온갖 꽃으로 장엄하게 장식한다는 뜻의 잡화엄식(雜華嚴飾)에서 나온 말인데, 대승불교 초기 경전인 『화엄경』은 부처님이 깨달음을 얻은 직후에 그 깨달음의 내용을 그대로 설법한 경문이기도 합니다. 이 경에서는 석가모니 부처님 대신 진리를 인격화한 부처님인 법신불 비로자나 부처님이 등장하는데, 정식 이름은 『대방광불화엄경(大方廣佛華嚴經)』으로, 이는 불법이 광대무변하여 모든 중생과 사물을 아우르고 있어서 마치 온갖 꽃으로 장엄하게 장식한 것과 같다는 뜻입니다.

대승경전의 황제라고도 할 수 있는 『화엄경』은 온갖 분별과 대립이 극복된 이상적 불국토인 연화장세계(蓮華藏世界)를 나타내는 말이기도 합니다. 특히 『화엄경』의 클라이맥스라고 할 수 있는 진리의 세계로 들어가는 입법계품(入法界品-권60~권80)의 선재동자의 구도기에 나오는 53명의 선지식은 우리 인간세계의 다양한 계층의 군상을 망라하여 계급도, 종교도 초월한 구도 정신을 나타내고 있는데요, 우주 일체가 부처인 만큼 누구든, 무엇이든 스승 아님이 없다는 것이지요.

지혜의 인격화 보살 문수와 실천력의 인격화 보살 보현을 시작과 끝으로 이루어지는 구도과정은 매우 심오한 상징이 깃들여 있는데, 첫 번째 문수보살에게서는 열 가지 믿음 십신(十信)을 얻고, 마지막으로 보현보살을 만나서는 열 가지 깨뜨릴 수 없는 최상의 지혜법문을 듣게 되지요.

이로써 모든 부처님과 더불어 평등하게 되는 묘각(妙覺)의 법을 얻는 것으로 선재가 부처님 법계에 어떻게 들어가는가를 경전은 보여주면서 경전은 끝을 맺게 됩니다. 너무나 방대하고 장엄한 문체 때문에 재가불자님들이 직접 경전을 섭렵하기보다는 화엄경 해설집이나, 소설『화엄경 : 고은 지음』등을 읽어보실 것을 권합니다.

❺ **법화경(묘법연화경)** : 7권 28장으로 구성된 이 경전은 5세기 초구마라습의 한역본으로 전해졌는데 본명은 『묘법연화경』이라고 합니다. 『묘법연화경』이란 이 경전이 불경 가운데 가장 심오한 뜻을 담고 있어 진흙 속에서 피어난 연꽃에 비유하여 이르는 말인데, 불교의 상징인 연꽃은 더러움 속에서도 지극히 청정한 꽃을 피워 내는 것과 동시에 열매를 맺는 것처럼, 수행의 과정에서 실시간으로 불과(佛果)인 열매를 맺는 미묘한 이치를 담고 있다는 뜻입니다.

경전의 주된 내용은 사람은 누구나 부처가 될 수 있다는 가르침과 부처님은 영원불멸의 존재란 것인데 『화엄경』, 『금강경』과 함께 대승불교의 3대 경전으로 꼽히고 있습니다. 비교적 초기 경전에서 강조된 분석적, 이성적 성격과 비교하면 『법화경』에서는 신앙의 색깔이 강하게 나타나면서, 드디어 부처님을 인격적 스승으로서가 아니라, 초월적 신앙의 대상으로 기리게 됩니다.

따라서 소승불교 사상과는 어느 정도 사유의 방식을 달리한다고 볼 수 있겠군요. 특히 『법화경』에서는 비유와 상징을 설화적 스토리텔링으로 구성하여 뛰어난 문학적 은유의 향취를 느끼게 하거니와 일곱 가지 비유는 너무나 유명한데, 불타는 집 이야기 한 편만 간략히 소개하고 다음 경전으로 넘어가도록 하겠습니다.

어느 나라에 엄청난 재산을 지닌 장자가 큰 저택에 살고 있었는데, 그 집은 출입문이 하나뿐이고 많이 낡아 있었습니다. 그런데 문득 불이 나서 집을 태우기 시작했고, 장자는 불을 피해 나왔으나 그의 아들들은 놀이에 팔려 불이 번져 오는 것도 모르고 집 안에 있었으니 장자가 아무리 불이 났다고 밖으로 나오라고 했으나 아이들이 나오지 않았습니다. 그래서 장자가 순간 생각해낸 지혜가 아이들이 좋아하는 장난감으로 유인해 내는 것이었습니다. 장자는 아이들을 향해 밖에 양, 사슴, 소가 끄는 수레가 있으니 나와서 가지라고 했고, 그제야 아이들은 다투어 불난 집에서 나왔는데, 장자는 아이들에게 약속한 장난감보다 훨씬 크고 좋은 수레를 주었다는 이야기입니다.

이 이야기는 단순한 사건구도가 아니라 부처님의 광대한 진리를 비유한 설화로서, 장자는 부처님을 뜻하고, 넓은 집은 세상, 불은 번뇌를, 놀이에 넋이 팔린 아이들은 중생에 비유하고 있는 것이지요. 아이들이 불 속에서 나오지 않음은 진리를 듣지 않아 번뇌에서 벗어나지 못함이고, 장자가 약속한 세 가지 장난감은 성문, 연각, 보살의 삼승인데, 아이들이 약속을 믿고 불난 집에서 나온 것은 소승의 깨달음을 얻은 것이라 하겠습니다. 그리고 약속된 것보다 더 큰 수레를 준 것은 그야말로 대승의 수레로서 『법화경』이 지향하는 부처님의 길을 상징하는 것이 됩니다.

❻ **법구경** : 부처님의 잠언(箴言)집이기도 한 『법구경』은 원래 『아함경』 속의 한 경전이었는데 그 내용이 너무나 시적이고 교훈적이라 독립적인 경전이 되었습니다. 총 26장 423편의 깨달음의 시로 이루어진 게송 모음집이라 보면 되겠습니다. 부처님의 말씀이 그대로 살아서 우리의 심금을 울릴 듯한 이 『법구경』은 한마디로 부처님의 대표 시집이라 해도 좋을 것 같습니다. 그만큼 한 편 한 편이 짧은 행으로 이루어졌으면서도 시적 울림을 가진 경전으로서 세계 각국에 번역되어 가장 널리 읽히는 불경이 되었습니다. 여기서 『법구경』의 제5장 「어리석은 자의 장」에 나오는 게송 60편의 구절을 인용해 보겠습니다.

"갈망으로 잠 못 이루는 자에게 밤은 길고, 지친 나그네에게 갈 길은 멀며, 참된 가르침을 모르는 어리석은 자에게 생사윤회는 한없이 길다." 많은 문학작품에서도 인용되는 이 구절을 저는 아주 오래 전, 지금은 타계한 소설가 최인호의 작품에서 인용한 걸 본 기억이 납니다.

이 게송이 나오게 된 인연 설화를 보면, 코살라국 파세나디 왕이 절세미인인 유부녀를 가로채기 위해 그녀의 남편으로 하여금, 지킬 수 없는 먼 길을 다녀오게 왕명으로 지시하고, 위계를 부려 그를 없애려고 하였다는 이야기인데, 그때의 왕이 바로 갈망으로 잠 못 이룬 자이며, 유부녀의 남편이 지친 나그네로 비정되었던 것입니다. 그리고 또 우리의 귀에 익은 게송으로 210편에는 "사랑하는 사람과 사귀지 말라. 사랑하지 않는 사람과도 사귀지 말라. 사랑하는 사람은 보지 못해 괴롭고, 사랑하지 않는 사람은 보는 것으로 괴롭다." 이처럼 명쾌하면서도 가슴을 울리는 절절한 구절들. 그래서 이 법구경은 불자라면 반드시 읽어보아야 할 필독 경전이라 하겠습니다.

❼ **아미타경** : 아미타불은 서방정토의 지극히 깨끗하고 아름다우며, 고통 없는 기쁨의 세계인 극락세계의 주인이신데, 이 경전은 극락세계에 태어날 수 있는 아홉 단계의 자격과 아미타불의 능력을 설하고 있습니다. 아미타불의 명호를 굳건히 지니고 외어야 수명이 다할 때 아미타불이 극락왕생을 지켜 준다는 내용이라 보면 되겠군요.

아미타불의 수 억겁 전생인 법장(法藏) 비구의 48가지 서원에 대한 설명도 자세하게 기술되어 있으며, 극락세계에 대한 갖가지 아름답고 신비로운 묘사의 문체는 환상 문학의 절정이라는 찬탄을 받는 경전이기도 합니다. 영가(靈駕) 천도재를 지낼 때는 꼭 이『아미타경』을 독송하게 되는데,『무량수경』과『관무량수경』을 묶어 정토삼부경으로 알려져 있습니다.

❽ 아함경 : 부처님의 말씀이 거의 원형대로 기록된 초기 경전으로써 근본 경전으로 일컬어지는 경전이기도 합니다. 따라서 부처님의 사상과 교훈이 그대로 살아 있고 이후 편찬된 경전들도 『아함경』 사상의 바탕 위에 변화·발전되었다고 보고 있지요. 여러 개의 경전으로 구성되어 아함부 경전을 구성하는 이 경에는 팔정도와 사성제, 삼법인과 십이연기 및 오온, 육도 등 초기 부처님의 가르침이 고스란히 전해지고 있습니다. 따라서 아함부 경전은 모든 경전의 뿌리에 해당한다고 할 수 있겠습니다.

❾ 지장경 : 본래의 경전 이름은 『지장보살본원경』입니다. 앞 장에서 여러 차례 기술하였지만, 불교에서는 연기법을 초월한 절대적 실체의 자아는 존재하지 않는다고 하였는데, 이 『지장경』에서는 귀신의 일이나, 슬프고 무서운 것을 당하는 것은 전생 인연에 기인한다고 설하며, 수백 겁의 가족권속이 악도에서 벗어나지 못해 구제해줄 것을 호소하는 것이므로, 마땅히 『지장경』을 읽으면 그들을 구할 수 있다고 설하고 있습니다.

지옥고에 시달리는 중생들을 모두 구원하기 전에는 성불하지 않겠다는 지장보살의 서원이 나오고, 이에 부처님은 지장보살에게 미륵불이 강림할 때까지 중생을 구제토록 하셨다는 내용을 담고 있습니다. 이 경전을 독송하는 자체로 업장이 소멸되어 선망(先亡)영가를

부처님 한잔해요

극락 왕생케 할 수 있다는 것입니다.

이 외에도 불자들이 자주 만나는 중요한 경전으로는 『법화경』의 제25장 〈관세음보살보문품〉에 해당하는 『관음경』과 유식계열의 경전인 『해심밀경』, 여래장계 『열반경』, 부처님이 능가성에서 설했다는 『능가경』, 경의 제목 글자만도 20자가 되는, 대승경전 중에서도 어렵다는 『능엄경』 등 수 많은 경전이 불법의 보고로 전승되고 있으나 위의 경전 정도면 재가불자님들의 불경학습 욕구를 충분히 채워 줄 수 있으리라 믿으며, 이 책의 텍스트로 삼은 『반야심경』은 어떤 경전인지 좀 더 구체적으로 알아본 뒤, 본론에 해당하는 제2부 '시인의 전원일기 편'으로 넘어가도록 하겠습니다.

대승불교사상의 핵심
『반야심경』은 어떤 경전인가?

————

주지의 사실이지만 불교 경전 가운데 가장 많이 알려지고 독송되고 있는 경전이 바로 『반야심경』입니다. 예불이나 불교의식에 빠짐없이 독송함은 물론, 불교 종파를 초월하여 소의경전화 되어 있는 경전이 바로 『반야심경』인데, 반야계 경전은 말할 것도 없고, 팔만대장경의 모든 법문을 260글자 안에 오롯이 요약한 최고의 진수로 이루어진 경전으로 일컬어집니다.

편의상 불교 경전을 분류해 보면,

- 대승경전 ⊙ 반야부, 열반부, 법화부, 화엄부, 방등부
  (方等部-화엄경, 법화경, 반야경, 열반경을 제외한 경전을 말함)

- 소승경전 ⊙ 아함경(장아함, 중아함, 잡아함, 중일아함)으로 나누는데,

『반야심경』은 반야부 600권 중 578권째에 들어 있던 한 부분이었으나 독립 경전이 된 것입니다. 본문 260자로써 단일 경전으로는 불교경전 중 가장 짧은 경전입니다만, 전술한 것처럼 반야부 경전을 응축한 것이며, 대장경 전체를 축소해 놓은 대승불교의 엑기스와 같은 경전이라 하겠습니다.

지금 우리가 가장 많이 독송하는 경전인 『반야심경』은 당나라 현장(602~664년)법사가 인도 구법 여행을 다녀와서 649년에 번역한 현장본 『소본 반야심경』입니다. 현장법사가 『반야심경』을 번역하게 된 과정은 불교설화로 지금까지 전승되고 있는데, 현장법사는 629년에 오랜 염원이던 천축국 즉, 인도로 구법 여행에 오르게 됩니다. 천축국이란 옛날 중국에서 인도를 지칭하는 명칭인데, 우리나라 신라의 혜초스님도 이로부터 약 백 년 후에 인도 구도여행에 올랐고, 돌아와서 그 유명한 『왕오천축국전 往五天竺國傳』을 남겼지요.

그 당시의 여정은 이루 말할 수 없는 험난한 여정이었을 것입니다. 구법 여정에 오른 현장법사가 지금의 쓰촨성 공혜사에 들렀을 때 한 병든 노스님을 만나게 됩니다. 그 노스님은 험난한 천축국 여행길

부처님 한잔해요

에서 만나게 될 갖은 시련을 미리 알려주면서 "삼세제불의 심요(心要) 법문이 여기 있으니 이것을 늘 기억하여 외우면 온갖 악귀를 물리치고 안전히 다녀올 수 있으리라."고 하였는데, 그 노스님이 가르쳐준 것이 바로 범어로 된『반야심경』이었다고 합니다.

지금도 인도대륙을 종단하는 일은 지극히 고통스럽고 힘든 여정이 아닐 수 없겠거니와 1,400년 전의 인도 구법의 여행길이란 험난하고 황량함 그 자체였을 것입니다. 어떤 생명체도 살지 못하는 타클라마칸 사막을 지나고, 길도 없는 분지와 눈 덮인 설산을 횡단하고 넘으며, 얼마가 걸릴지도 모르는 고난의 길을 가는 현장법사에게 외로움과 두려움이 끊임없이 밀려왔을 것입니다.

이 현장법사의 인도 구법 여행은 훗날 명나라의 오승은이 손오공과 저팔계, 사오정 등을 등장시키면서『서유기』를 창작했고『삼국지연의』,『수호전』,『금병매』와 더불어 중국의 4대 기서(奇書)가 되는 소재가 되기도 했지요.

밤이면 날짐승의 포효와 악령에 시달리며, 무수히 길을 잃고 방황할 때마다 이 반야심경을 지극한 발심으로 염송하였더니 그때마다 악귀는 물러나고 길이 열리면서 도움을 주는 사람들이 나타나곤 했다고 전하는군요. 실제로 현장법사는 트루판국(고창국 : 지금의 신장 위구르 자치구)의 왕으로부터 호위병사와 물품을 보급받는 등 여러 곳의 도움을 받은 것으로 기록은 전합니다.

천신만고 끝에 현장법사는 인도의 마가다국 나란타사에 도착했고, 그곳에서 뜻밖에도 쓰촨성 공혜사에서 자신에게『반야심경』을 가르쳐준 노스님을 만나게 됩니다. 현장법사를 본 그 노스님은 "네가 이곳에 무사히 도착한 것은 삼세제불의 심요법문을 수지 독송한 덕이니라. 내가 바로 관세음보살이다."라는 말을 남기고 홀연히 하늘 높이 사라져 버립니다.

그 뒤 현장법사는 귀국하여 관세음보살이 친히 하교한 『반야심경』을 번역하고 유포하여 오늘에 이르게 되었다고 전하고 있습니다. 그리고 현장법사는 자신의 인도여행기를 『대당서역기』라는 책으로도 저술하였으니, 이 책에는 아프가니스탄, 파키스탄, 인도 등 138개국의 풍토, 풍속, 자연, 인문 및 사찰, 불탑, 승려 등에 대한 직·간접의 체험을 알리고 있지요.

경전은 일반적으로 '여시아문(如是我聞)' 즉, '나는 이렇게 들었다.'로 시작하여 경전을 설한 장소와 임석한 대중의 무리가 누구였다는 등의 서론에 해당하는 서분(序分)이 나오고, 본론에 해당하는 설법의 본 내용이 담긴 정종분(正宗分) 그리고 결론에 해당하는 부분에서는 이렇게 하여, 누가 어떻게 찬탄하였다는 등의 유통분(流通分)으로 구성되는데, 『소본 반야심경』은 서분과 유통분이 생략되고 바로 정종분으로 경전이 시작되는 특징을 지니고 있습니다. 물론 『대본반야심경』에서는 서분과 유통분이 첨가되어 있지만, 내용은 큰 차이가 없습니다.

『반야심경』에서 가장 많이 언급되는 키워드는 단연 '무(無)'로서 21자(字)나 등장하고 있고, 다음이 '불(不)'로서 8자(字), '공(空)' 7회, '색(色)'이 6자(字) 인용되고 있습니다. 이들 '무불공색(無不空色)' 단어가 도합 42회나 인용되니 본문 260글자의 16%가 넘는 빈도를 차지하고 있군요.

없는 것과 아닌 것. 텅 비어 나타나지 않는 것과 의식으로 표상되는 색깔의 인식이란 것이 결국은 상대적인 조건에 따라 생멸할 뿐, 원래 그 실체가 비어서 없다는 '공' 사상이 『반야심경』의 주제라 할 수 있겠습니다. 다시 말해 철저한 부정 속에서 대 긍정을 이끌어내는 반야의 지혜를 지극히 짧은 경문에 함축했다고 보면 되겠군요.

간혹 『반야심경』이 공과 무, 실체의 부정을 강조한 부분만을 두고 단순히 부정적인 허무 사상이라고 주장하는 이가 있는데, 이는 주체와 객체라는 관념적 이원론에 입각한 고착된 견해에 집착한 때문일 것입니다. 우리가 절대적이라고 믿고 있는 현상계의 진리라는 것도 끊임없는 조건에 의해서 무시로 변하는 것이므로 변하지 않는 실체란 있을 수 없고, 변하기 때문에 중생이 느낄 수 있는 존재가 되는 것이 아니겠습니까?

『반야심경』의 전개형식은 사리불이 관자재보살 즉 관세음보살에게 공사상에 대해 질문을 하고, 관세음보살은 선정에 든 부처님의 위신력을 빌어 답을 하는 형식을 취하고 있습니다. 따라서 관세음보살의 답변은 부처님이 말한 것과 같은 효력을 지니며, 『대본반야심경』에서는 부처님이 관세음보살의 설법을 증명하는 유통분인 결론 부분이 기록되고 있습니다.

'바라밀다'란 뜻은 저 언덕에 이른다는 뜻으로 곧, 괴로움의 차원인 무명의 차안(此岸)에서 깨달음의 언덕인 저 강 너머의 피안(彼岸)에 이른다는 것인데, 그 가는 방편이 뗏목에 해당하는 육바라밀이라 하겠습니다. 근본불교에서는 팔정도가 방편으로 등장하였지만, 우뚝 깨달은 자에게 방편은 강을 건너면 버려야 하는 뗏목과 같다고 보아야겠지요? 『반야심경』 본문의 해제와 내용에 대하여서는 다음 장에서 일일이 살펴보겠습니다만 큰 내용의 흐름은 다음과 같은 세 단락의 구성으로 전개되고 있습니다.

반야심경의 구성 ───◇

경전의 단락	본문 부분	주된 내용
전반부	"관자재보살 ~ 부증불감"	대승의 핵심요지 설파
중반부	"시고 공중무색무 ~ 진실불허"	부처님의 가르침만이 진리라고 집착하는 즉, 법집에 경도됨을 경계
후반부	"고설반야바라밀다주 ~ 모지사바하"	대승의 위대함 강조

『반야심경』의 핵심은 "관자재보살에서~부증불감"까지에 해당하는 전반부에 이미 모든 핵심이 다 나온 것으로 볼 수 있겠습니다. 색과 공, 생과 멸이 모두 공하여 실체 없음이 나온 이상 대승불교의 핵심 사상은 더 이상의 다른 수식이 필요 없을 것 같지 않습니까?

중반부는 고집멸도 같은 사성제 등 부처님의 가르침 자체에 집착하는 법집을 경계하는 내용이 보이는군요. 소승의 자세일 수도 있겠습니다만, 전술한 것처럼 가르침이나 수행법 등은 강을 건너는 뗏목일 뿐이라서 강을 건너는 자는 부처가 아니고 자신이기 때문에 경전이나 의식에 얽매이는 것 자체가 진리가 아니라는 것입니다.

부처님 한잔해요

본 장에서는 우리가 수지 독송하는 『반야심경』이 현장법사의 고난의 구도여행 결과에 얻어진 고귀한 번역본이라는 것과 경전의 특징 그리고 어떤 단락의 내용으로 구성되어 있는가에 대하여서만 짚어 보았고, 제2부로 넘어가 반야심경의 각론 해설 및 시인의 전원일기를 전개해 나가도록 하겠습니다.

반야심경과 함께 하는
시인의 전원일기

부처님
한잔해요

우리가 바닷물이 짠맛임을 아는데 바닷물 전체를 마셔 볼 필요가 없듯이, 불법의 바다를 모두 헤엄쳐 다니지 않더라도 불법의 진수를 맛볼 수 있는 경전이 바로 반야심경입니다. 그래서 반야심경 글자 하나하나에 담긴 의미를 새겨 가다 보면 경전 전체에 흐르는 사상의 큰 물줄기를 파악하게 될 것이고, 그 일은 곧 철저한 공으로 승화된 자아를 참구(參究)하는 수행의 길로도 이어질 것입니다. 심경 원문의 해설에 이은 저의 전원일기와 함께하시면서 여러분의 생각과 신심도 정리해 보는 장이 되었으면 하는 바람입니다.

제2부

반야심경과
함께하는
시인의 전원일기

摩訶般若波羅蜜多心經
마하반야바라밀다심경

觀自在菩薩 行深般若波羅密多時 照見五蘊皆空 度一切苦厄
관자재보살 행심반야바라밀다시 조견오온개공 도일체고액

舍利子 色不異空 空不異色 色卽是空 空卽是色 受想行識 亦復如是
사리자 색불이공 공불이색 색즉시공 공즉시색 수상행식 역부여시

舍利子 是諸法空相 不生不滅 不垢不淨 不增不減 是故 空中無色
사리자 시제법공상 불생불멸 불구부정 부증불감 시고 공중무색

無受想行識 無眼耳鼻舌身意 無色聲香味觸法 無眼界 乃至 無意識界
무수상행식 무안이비설신의 무색성향미촉법 무안계 내지 무의식계

無無明 亦無無明盡 乃至 無老死 亦無老死盡
무무명 역무무명진 내지 무노사 역무노사진

無苦集滅道 無智 亦無得 以無所得故 菩提薩陀 依般若波羅密多
무고집멸도 무지 역무득 이무소득고 보리살타 의반야바라밀다

故心無罣碍 無罣碍故 無有恐怖 遠離顚倒夢想 究竟涅槃

고심무가애 무가애고 무유공포 원리전도몽상 구경열반

三世諸佛依般若波羅密多 故得阿耨多羅三藐三菩提 故知般若波羅密多

삼세제불의반야바라밀다 고득아뇩다라삼먁삼보리 고지반야바라밀다

是大神呪 是大明呪 是無上呪 是無等等呪 能除一切苦 眞實不虛

시대신주 시대명주 시무상주 시무등등주 능제일체고 진실불허

故說般若波羅密多呪 卽說呪曰,

고설반야바라밀다주 즉설주왈,

揭諦揭諦 波羅揭諦 波羅僧揭諦 菩提 娑婆訶

아제아제 바라아제 바라승아제 모지 사바하   (3번)

마하반야바라밀다심경

(摩訶般若波羅蜜多心經)

————

마하(摩訶)   ◆   『반야심경』의 제목에 해당하는 열 글자 중 첫 어휘 마하(mahā)는 한자로는 '摩訶'로 표기하지만, 음을 차용한 표기기 때문에 한자의 뜻은 없습니다. '마하'로 읽지만, 한자음을 우리말로 발음하면 '마가'가 되고 뜻은 꾸짖을 '가(訶)'가 되니 전혀 음만 빌려온 표기임을 알 수 있습니다. 원래 현장본 『반야심경』에는 마하라는 어휘가 없고, 구마라집(구마라습으로 표기하기도 합니다.)이 번역한 『반야심경』에 나오는데 그 뜻은 크다는 의미를 담고 있습니다. 크고 작은 물질의 계량으로서의 큰 것이 아닌 절대적인 큰 것을 의미하며, 비교가 불가한 위대함 또는 완전함을 의미하지요.

　　사람이나 사물도 그 이름으로 대표성이 표상되듯 『반야심경』은 이름의 첫 글자부터가 범상치 않음을 알 수 있습니다. 산스크리트어

원전에는 제목이 없었던 것을 현장이 한문으로 번역하는 과정에서 『반야바라밀다심경』이란 제목을 붙인 것으로 보고 있습니다.

꽃을 꽃이라고 부를 때 비로소 꽃이 되듯, 『반야심경』을 『반야바라밀다심경』으로 부를 때 비로소 우리가 심경으로 표상하는 경전이 되는 것이 아닐까요? 아무튼, 마하는 완전하고 절대적인 큰 것이기 때문에 현상적 실재를 넘어서는 초월적인 것이라고 알아두시면 되겠습니다.

반야(般若) ◈ 그러면 반야는 무슨 뜻일까요? 이 어휘도 한자로는 '般若'로 표기하는데, 산스크리트어의 프라즈냐(prajñā), 팔리어로는 판냐(panna)를 소리 나는 대로 한자 표기를 한 것으로, 한마디로 해석하면 지혜라는 뜻입니다. 이 지혜는 사물과 현상을 판별하고 인식하여 기억에 저장해 둔 지식 차원의 알음알이가 아닌 근원적 불심의 완전한 절대적 지혜를 말합니다. 그러므로 반야는 존재의 근원이면서 불심을 일으키는 본래심의 직관적 지혜를 이르는 것이지요.

우리는 곧잘 반야지혜를 운운하는데 이때의 지혜는 중생심의 번뇌 망상을 완전하게 비우는 '공' 차원에서 이루어지는 지혜이기 때문에 분별하고, 사량하여 얻어진 '앎'과는 차원을 달리한다고 보는 것입니다. 이 지혜야말로 자비와 법과 더불어 불교의 삼각 축을 담당하는 주제어가 아닐 수 없습니다. 현상적 실재를 넘어선 절대적 근원이 마하이고, 번뇌 망상을 완전히 비운 본래심의 '공'이 지혜라니 결국 이 두 어휘는 글자만 다를 뿐 같은 뜻임을 알 수 있겠습니다.

바라밀다(波羅蜜多 : pâramitâ) ◆ 산스크리트어의 '파라미타'를 한자음으로 표기하니 '바라밀다'가 되었습니다. 이렇게 고대어를 한자어로 표기하는 방법에는 소리 나는 음을 그대로 한자로 빌려 쓰는 음차(音借)와 뜻을 빌려 쓰는 훈차(訓借)의 방법이 있습니다. 한글이 창제되기 전 우리의 말과 소리를 한자로 표기하는 데에도 이두(吏讀)와 향가(鄕歌)에서처럼, 한자의 차자표기(借字表記)에 의존할 수밖에 없었지요. 우리나라에 전래된 불교경전이 한자를 통한 북방전래이고 보면 불경의 편찬에 이러한 한자식 차자표기를 많이 만나게 됩니다.

바라밀다는 실천적 덕목을 나타냅니다. 지혜의 작용으로 편재화된 진리를 실천으로 승화시켜 완전한 깨달음의 경지에 도달하는 완성의 의미를 담고 있는 것이지요. 번뇌와 망념이 뒤엉킨 고뇌의 땅인 강 이쪽의 차안(此岸)에서 삼독(三毒 : 貪. 瞋. 癡)을 맑혀, 완전 해탈의 진여의 땅인 강 저편의 피안(彼岸)에 닿는 도피안(到彼岸) 즉, 대해탈의 경지에 이름이라 하겠습니다. 그 강을 건너는 방편이 초기불교에서는 팔정도로 나타나고, 대승불교에서는 육바라밀 수행으로 나타나고 있습니다.

[마하+반야+바라밀다]는 연결되어, 마하의 지혜는 어디에도 머물지 않고 멈추지 않는 것이라는 뜻으로, 존재에 걸리지 않는 자유자재의 활동이며 실천을 의미합니다. 이때의 자유는 인간감정에 연유한 자유가 아니라 어디에도 걸리지 않는 대해탈의 큰 자유를 말하는 것이지요. 그래서 이 바라밀다의 완성은 불교의 궁극적 이상을 실현하는 것이며, 최고의 실천덕목 그 자체를 말하는 것이기도 합니다.

깨달음은 말과 글로 이룰 수 없는 것이긴 하지만 강을 건너는 데는 뗏목과 노(櫓)라는 방편이 있어야 하듯, 저 진여의 세계로 들어가기 위해서는 보시, 지계, 인욕, 정진, 반야, 선정 같은 육바라밀 수행이 전제되어야 하고, 강을 건너면 뗏목이라는 방편을 버리는 것처럼, 수행 자체에 얽매여서도 안 될 것입니다. 이 바라밀다는 『반야심경』에서 여섯 번이나 표현되는데 피안에 도달하다, 깨달음의 언덕으로 건너간다는 뜻으로 성취, 최상, 완성의 의미가 있다는 것도 기억해 두시기 바랍니다.

심경(心經)　◈　글자 그대로 마음의 경전이란 뜻입니다. 지식과 기억작용으로 알게 되는 경전이 아니라 마음으로 깨닫고 실천하는 경전이란 뜻이지요. 마음은 만유의 근본이며, 모든 유·무형으로 표상되는 존재의 핵심입니다. 『반야심경』에서는 진리의 핵심을 마음으로 깊이 새겨서 깨달음에 이르게 하는 부처님의 말씀이라는 뜻에서 '심경'이란 제목을 붙인 것이군요. 원래 마음은 인간의 육체적 요인의 대극적 요소로 '정신'이라는 말과 같은 뜻으로 쓰이기는 하지만, '마음'은 '정신'에 비해 훨씬 더 개인적이고 주관적인 뜻으로 쓰이는 말입니다.

마음은 사전적 정의로도 인간이 본래부터 지닌 성격이나 품성을 이르는 것으로, 주관적 개성을 전제로 하는 잠재된 욕망의 의식형태이기 때문에 많은 선지식께서는 마음을 마귀의 소리 즉 마음(魔音)이라고도 표현하지요. 그러나 마음은 결국 주체인 인간의 의지로 인해 마

부처님 한잔해요

귀의 소리인 마음(魔音)을, 갈고 다듬는 마음(摩音)으로 승화시킬 수 있기에 일체유심조가 될 수 있는 것입니다.

『반야심경』의 핵심 주제는 모든 법이 본래 텅 비어 '공' 하다는 '제법개공(諸法皆空)'이므로, 큰 지혜작용으로 실천적 바라밀다를 수행하여 현실적 중생의 삶인 '나'를 넘어서서 열반과 깨달음의 세계에 이르게 하는 진리의 말씀이 곧 『마하반야바라밀다심경(摩訶般若波羅蜜多心經)』이라는 것입니다. 이 열 글자에 이미 『반야심경』의 모든 내용이 녹아 있다 해도 과언이 아닐 것 같습니다. 우리는 흔히 작가 자신의 필체로 직접 쓴 글을 육필원고라 하는 것처럼, 큰 지혜작용의 완성으로 가는 길을 제시한 부처님의 대반야심을 나타낸 경전을 심경이라 부르는 것입니다.

인생 이순(耳順)이 넘어서야 꿈으로 그려 온 전원으로 들어왔습니다. 초라한 성적표로 남겨진 지난 삶에 대해서는 아무리 자기합리화를 해보려 해도 마땅한 변명의 눌변(訥辯)조차도 떠오르지 않습니다. 이 시대, 이 땅에 태어난 보편적 필부가 살아가는 일생의 서사구조는 {출생 ⇨ 부모에 의한 피 양육 ⇨ 학창시절 ⇨ 군대 ⇨ 사회 출사 및 자신의 분야에 열정을 다하는 젊음 ⇨ 결혼과 2세 출산·양육 ⇨ 사회적 명예와 부의 축적 ⇨ 자녀의 출가와 득 손자 ⇨ 은퇴 ⇨ 노년의 창조적 삶 ⇨ 노쇠 ⇨ 죽음} 이러한 대략적 열두 단계의 얼개로 사회적 삶이 이루어질 것입니다.

스님이나 성직자, 특수한 정신·육체의 장애인이 아니라면 당연히 이러한 생애주기의 전개과정을 거쳐 가는 것이 국가사회에 대한 보편적 남자의 사명이면서 권리이기도 할 터이지요. 그런데 저의 경우에는 군대까지의 피동적 선택에 의한 생애주기를 제외하면 어느 과정 하나도 능동적으로, 창조적 결말을 이룬 단계는 없어 보이는군요.

하고 싶은 일을 열정적으로 하면서, 가정에서의 안식과 행복을 찾고, 자기계발과 국가사회에 대한 봉사라는 절대 명제 중 어느 것 하나도 이루어 낸 것이 없으니 말입니다. 그러나 우리 사회적 동물인 인간의 삶은 어차피 불완전하고, 가질수록 더 집착한다는 진실을 발견하게 된 것은 다행히도 불법과의 인연 만남 때문이었습니다.

『금강경』에서 과거심도 불가득, 현재심도 불가득, 미래심도 불가득이라고 하셨지만 그래도 '끝이 좋으면 모든 게 좋다.'라는 말 한 가닥을 스스로 찾아내어 희망으로 삼고, 은퇴 후 후반부의 창조적 삶을 전원생활에서 찾아보기로 한 것입니다. 이 책을 집필하고 있는 일도 그러한 저의 지난 삶에 대한 자기 위무와 이모작 인생의 창조적 삶에 대한 진정성의 일환으로 봐 주시면 고맙겠습니다.

인간이 불행한 것은 지혜롭지 못하기 때문인 걸 뒤늦게나마 알았으니 반야의 지혜심으로 바라밀 수행을 해 나가는 나머지 삶을 살아볼 작정입니다. 새소리, 바람 소리, 물소리를 스승으로 삼고 조금씩 삶의 진리에 가까이 가 보는, 언필칭 무위자연의 삶을 살아보는 거지요. 선무당이 마당 탓을 한다지만 불자 수행이야 도심이나, 일상의 삶 속 어디에서는 못할 일이겠습니까? 그러나 곤고한 지난 삶 속에서 메시아처럼 고대했던 일이 세속의 짐을 내려놓는 대로 인간의 부대낌 없는 탈속의 자연으로 들어가는 것이었습니다. 가사염의를 걸치고 토굴로 들어가지는 못하더라도 아비규환의 권모술수가 난무하는 세상살이와는 좀은 초연해지고 싶었습니다.

그래서 십수 년 전부터 직장의 쉬는 날이면 전국의 산천을 떠다니며, 그런 전원 속의 공간을 찾는 데 다리품을 팔았지요. 제주도와 다도해의 섬에서부터 산중 오지는 물론 골짝의 폐교부지까지 전 방위적으로 찾아다녔습니다만, 미니 셀러리에 생명줄을 걸고 살아가는 미관말직의 공직자인 저의 경제여건에 맞는 땅은 좀체 인연이 닿지 않았습니다. 이미 전국의 강토는 투기꾼들이나, 돈 많은 도시의 부재지주들이 한탕을 휩쓴 뒤였고 한동안 전원주택 붐이 일어나기도 한 때여서 아예 그런 조건을 갖춘 땅 자체가 귀한 때였었지요. 그러다 시절 인연이란 말도 있습니다만 지금 제가 사는 이 땅이 우여곡절을 겪으며 저와 인연을 맺게 된 것입니다.

이재(理財)와 세상 물정에 어두운 저로서는 거간꾼의 농간에 비싼 대가를 치르긴 했습니다만, 그때부터 유실수도 몇 그루 심고 산야초 뿌리도 캐다 심으며, 전원생활의 터전을 닦아 온 셈이군요. 그리고 이모작 인생의 시작과 더불어 작은 오두막집도 한 채 지어 제법 산중 거사의 흉내를 내기에 이른 것입니다. 그때 심은 매실나무와 복숭아나무에서 작년에 벌써 자급할 만한 수확을 보았고, 효소를 걸러 한 잔씩 마시며 자연의 고마움에 자족할 줄 아니 이미 반은 성공한 자연인의 삶이 아니겠습니까?

　무엇보다 이들 나무에 고마운 것은 짧고 짧은 기간이지만 나무의 영혼이고, 영속의 자궁이라 할 수 있는 꽃술을 열어 줄 때입니다. 천지에 아직도 늦겨울 바람이 살갗을 훑고 지나가는 3월의 이른 봄날, 소녀의 젖가슴처럼 탱탱 부풀어 터지려는 콩알 같은 꽃눈을 보면 모두가 부처님이 화한 콩알 보살로 보이기 때문이지요.

　오늘은 더구나 봄을 재촉하는 비가 내립니다. 그래서 꽃눈에 매달린 수정 같은 물방울이 볼록렌즈 구실을 하여, 콩알만 한 꽃눈이 물방울 다이아몬드라도 된 듯 저의 눈에는 신비의 왕국에 와 있는 착각에 젖게도 하는군요. 이 나무를 심던 날에도 겨울을 떠나보내려는 심사였던지 봄을 재촉하는 비가 내렸었습니다.

　천지가 고요한 이 밤, 가끔 창문을 열고 빗소리에 귀 기울여 봅니다. 빗방울 한 가닥, 한 가닥이 개체의 삶이며, 우주 속에 유일한 고유명사일 거라는 생각이 듭니다. 걱정인 것은 이 빗속에 어젯밤까지도 밤늦도록 울던 휘파람새는 어디로 갔는지 고요한 정적만이 빗소리에 묻힙니다. 휘파람새는 사랑을 구하는 자신의 존재를 알리기 위해 그토록 대책 없이 밤을 새워 우는 것일 테지요.

　그래서 오늘은 이리도 부처님이 보고 싶습니다. 부처님과 제가 동시대의 사람이었다면 저는 오늘 밤 기필코 부처님을 찾아갔을 것입니다. 공양 올릴 것이 변변치 않아 표주박에 막걸리 한 통 담아 왔다고 고백 드린 뒤, 오늘 저녁 반찬으로 만들어 따로 한 보시기 담아 둔 냉이 무침 안주에 탁주 한잔 올리면 건배사를 설해 주실 것 같은

165

밤이기도 합니다.

혼자 마시는 술은 더디 취하나 봅니다. 술은 내가 마시는데 취하는 건 계곡 물인지, 오늘따라 물소리가 더 크게 들리는군요. 가만히 귀 기울이면 귀에 익은 염불 소리로 전해져 옴을 느낍니다. '마하반야 바라밀다심경 관자재보살 행심반야바라 밀다시조견...'

관자재보살

(觀自在菩薩)

———

　관자재보살은 관세음보살 즉, 관음을 일컫는 말입니다. 관자재와 관세음의 차이가 나는 것은 번역 시기의 차이이고 그 뜻은 전혀 같습니다. 현장보다 250년 앞서 구마라습이 관세음이라 번역한 바 있는데, 현장이 다시 관자재로 고친 것으로 봅니다. 자유자재로 관찰한다는 뜻의 '관자재'이기도 하며, 세상의 소리를 살펴서 관(觀)한다는 뜻의 '관세음(觀世音)'으로도 읽습니다. 산스크리트어로는 '아바로키테슈바라(Avalokiteśvara)'이며, 한자로 표기하는 과정에서 뜻으로 훈차(訓借)하여, 광세음(光世音)·관세음(觀世音)·관자재(觀自在)·관세자재(觀世自在)·관세음자재(觀世音自在) 등으로 썼는데 우리는 줄여서 통상 관음(觀音)이라 하지요.

　이 관세음보살은 대자대비(大慈大悲)의 마음으로 중생을 구제하고,

167

특히 현세 이익 보살이라 하여 중생의 염원하는 소리를 듣고 즉시 그를 구제해주는 보살입니다. 그러므로 관세음보살은 귀로 일체중생의 소리를 들어 원만한 깨달음의 신통력을 지닌다고 하여 '원통(圓通)'이라는 별칭으로도 불리지요. 절에서 원통전 또는 원통보전 등의 전각을 쉽게 만난 기억이 있을 겁니다.

80권 본『화엄경』에는 관세음보살이 보타락산(補陀落山)에 머문다고 알려져 있는데, 보타락산은 팔각형의 산으로, 산에서 자라는 꽃과 흐르는 물은 빛과 향기를 낸다고 알려져 있습니다. 그래서 관음도량 등에서는 보타전 또는 보타락전의 전각을 두기도 합니다.

우리가 법당에서 친견할 수 있는 관세음보살상은 머리에 보관을 쓰고 연꽃, 정병 등의 지물(持物)을 지니기도 하고, 천수천안 또는 아미타불의 협시보살이나, 지장보살과 함께 모셔지기도 하지요.『화엄경』에는 관세음보살에 관한 전생 설화가 나옵니다. 즉, 조리(早離)와 즉리(卽離)라는 어린 형제가 있었는데, 일찍이 부모를 잃고 슬픔 속에서 살아가는 처지였습니다. 이들에게 나쁜 사람이 다가와 부모에게 데려다줄 테니 자신의 배를 타라고 하여 어린 형제는 기쁜 마음으로 배를 타게 됩니다. 그러나 어느 작은 이름도 없는 무인도에 다다르자 어린 형제를 내려놓고 그 배는 멀리 떠나 버리고 맙니다. 형제는 온 섬을 헤매며 부모를 찾았지만 결국은 굶주림과 피로에 지친 어린 형제는 가엾은 죽음을 맞이하게 되지요. 죽음에 임하여 아우인 즉리는 기막힌 운명을 원망하지만, 형인 조리는 아우를 위로하며 다음과 같은 서원을 세웁니다.

"나도 처음엔 세상을 원망하고 저주했지만, 고통받을 수밖에 없었던 업이었던 만큼, 다음 세상에 태어날 때는 이 고통을 인연 삼아 우리와 같은 처지의 슬픈 운명에 처한 사람들을 구원해 주자. 다른 사람을 위로해 주는 것이 바로 우리가 위로받는 길이 아니냐?"

형의 말에 동생도 밝은 얼굴의 온화한 표정으로 숨을 거두었는데, 형이 관세음보살이고 아우가 세지보살(勢至菩薩)이었다는 것입니다. 이 설화는 매우 우화적이고 교훈적인 의미를 담고 있습니다. 조리와 즉리, 일찍 헤어지고 곧 헤어진다는 뜻이지요. 고통과 원망에 찬 사바 중생계를 상징적으로 표현하면서, 고통의 체험을 통해 타인의 아픔을 긍휼히 여기게 되는 보살심의 발로가 나타나 있음을 알 수 있습니다.

불교에서는 삼세(三世)에 각 천불(千佛)이 있어 삼천 제불이라 일컬을 만큼 많은 보살이 있습니다만, 관세음보살도 물론 실존했던 인물은 아닙니다. 불보살마다 지닌 실존적 의미는 곧 인간 본성에 내재된 부처의 마음을 형상화한 것이라 보면 되겠습니다.

어느 스님이 얼음이 언 강을 반쯤 건넜을 때 얼음이 갈라지며 쩡하는 소리를 내자 외마디 비명을 지르며 재빨리 강을 건너 겨우 물에 빠지는 위기는 넘겼는데, 그때의 비명이 '아이쿠! 하느님 아버지!'였다고 하네요. 기독교인들의 단골 메뉴인 하느님 아버지를 스님이 외쳤다니 의외이고, 유머러스한 분위기도 느껴집니다만 스님이나, 우리 중생이나, 인간 본연에 잠재적으로 각인된 사상은 아마도 경천사상(敬天思想)임을 부정할 수 없을 것 같습니다.

하늘과 땅, 태양과 달이라는 음양의 생생력(生生力)이 생명 창조의 질서 속에 에너지 원천으로 편재되어 있기 때문에 우리는 계생적(繼生的) 삶을 이어갈 수 있는 것일 테지요. 하늘을 우러를 수 있는 것은 인간이 직립하는 동물인 때문입니다. 고개를 들어 하늘을 평행으로 쳐다볼 때 무한 공간의 하늘에 대한 외경심이 생기는 것인데, 돼지가 하늘을 우러를 수 없는 건 당연한 게 아니겠습니까?

땅에 뿌려지는 한 톨의 밀알은 농부의 손을 거치지만 그 싹을 틔우는 일은 하늘의 성스러운 창조심의 영역에 해당합니다. 그래서 '천부 지모신 신앙(天父 地母神 信仰)'은 모든 종교를 초월하여 인류의 영원한 존재 윤리이며, 윤회 반복의 에너지 메커니즘이라 할 수 있겠습니다. 그 하늘과 땅을 교통하는 질매가 바람과 우레라고 동양사상에서는 생각해 왔습니다. 바람은 에너지를 전달하고, 우레는 그 기운을 섞어 준다는 것이지요.

어젯밤에는 바람이 몹시 불었습니다. 바람이 할 일은 바람 부는 일일 테지만 아랫마을, 윗마을과는 동떨어져 계곡을 끼고 있는 이곳은 바람이 스스로 나들이 다니는 길을 만들어 놓고 무시로 기웃대는 곳이기도 합니다. 옛 어른들의 말씀을 빌리자면 '아이들과 바람은 밤이 되면 잔다.'고 하는데 봄바람은 이렇듯 기습방문을 즐기는가 봅니다. 어찌 보면 모든 생명체를 향해 깨어나라는, 바람의 자기표현인지도 모르겠군요.

주역의 괘사에도 '뇌풍항(雷風恒)'이라는 괘가 있는데 우레가 위에 있고 바람이 밑에 있는 형상입니다. 이 항(恒)괘는 연애관계에서 발전하여 혼인하게 된 성숙한 남녀의 관계를 나타내고 있으니 성숙한 남녀의 만남은 곧 새 생명의 잉태를 전제하는 것으로, 바람과 우레가 있어야 대지의 태(胎) 안에서 겨울잠을 자고 있던 생명이 비로소 잠을 깨어 파동 운동을 시작한다는 것이지요.

어젯밤에는 봄바람 소리를 안주 삼아 막걸릿잔을 비우면서도, 막 꽃술을 연 매화꽃이 바람에 다쳐서 연두색 피를 흘리고 있지나 않을까 걱정을 했었습니다. 그래서 아침에 일어나자마자 계곡을 따라 심어 놓은 청매실 나무에게 꽃 마중을 갔더랬지요. 놀라울레라. 꽃들은 더 튼실한 생명력의 미소로 아침 햇살 속에서 화답하는 게 아니겠습니까? '관세음보살' 절로 관세음보살님을 연호하였습니다.

게을러서인지 김매고 거름 주며, 나무 가꾸기를 잘할 줄 몰라 늘 나무에게 미안한 마음이었는데, 저 꽃봉오리 속에 그리고 관세음보살님의 마음속에 우주가 들어 앉아 있었나 봅니다. 계곡으로 내려가 아직은 얼음장같이 차가운 물에 손을 담급니다. 백두대간이 민주지산에서 대덕산으로 달려가는 길목에 해발 일천 미터 이상의 백수리산의 고개를 들게 한 이 골짜기는 깊을 대로 깊어, 수정 같은 맑은 물이 가뭄에도 마르지 않고 산천을 적셔 줍니다.

주민 10여 호가 사는 윗마을을 지나 조금만 깊이 산으로 들어가면 아직도 원시림에 해당하는 울창한 숲이 사람의 접근을 어렵게 하

부처님 한잔해요

는 곳이기도 하지요. 젊은 사람들은 대부분 도시로 떠나고, 아이의 울음소리 들리지 않는 노회한 이 마을의 어른들은 평생을 그래 왔듯이 이 깊은 산중을 약초며, 더덕, 산나물, 버섯 등을 한 포대씩 채취하여 걸머지고 용케도 길을 잃지 않고 산을 내려옵니다. 인심 좋은 이웃 어른 덕에 이름도 몰랐던 산나물이며, 약초 따위를 맛보는 일도 전원생활의 재미라 할 수 있겠군요.

뿐만 아니라 농사짓는 일이며, 유실수 가꾸는 요령을 배우기도 하는데, 한 가지에 꽃눈을 너무 많이 달아 두면 열매도 힘이 약해 결실이 어려우니 적당한 간격으로 따 주라는 것입니다. 열매의 수확보다 꽃이 더 좋다고 고집하다가, 꽃에는 미안한 일이지만 훗날 열매에는 즐거운 일이 아닐까 하여 청매실 꽃봉오리 몇 개를 따서 찻잔에 넣고 더운물을 부어 줍니다.

세상에……. 미처 열리지 못했던 꽃술이 찻잔 속에서 침묵의 개화를 하는 정경을 보셨는지요? 부처님이 영산설법에서 연꽃 한 송이를 들어 보이자, 가섭존자만이 그 뜻을 알고 미소로 답했다는 염화미소가 생각나는 날입니다. 실로 은은한 향기를 우리며 제 몸을 푸는 청매의 자태에 졸시 한 수를 부치며 오늘을 마감하렵니다.

⋮

청매화 꺾어 두고

연두색 혈관 벽을 쉼 없이 달려와서
관음의 미소로 꽃이 된 삶의 정령(精靈)
오늘은 별빛을 닮아 향기로도 피었구나

찻잔에 반짝이는 살아가는 젖은 세월
두고 갈 이 땅 위의 허무를 예약하듯
버리면 비로소 얻는
길 위의 길 같은 것

피었다 지는 날이 무시로 이어져도
무엇을 보았으며 무엇을 들었는지
난분분 떨어진 낙화
꿈속의 밀담일 뿐

부처님 한잔해요

행심반야바라밀다시

(行深般若波羅蜜多時)

___

　　문자 그대로 깊은 반야 지혜를 완전하게 실행할 때라는 뜻입니다. 구체적 실행을 의미하는 것이지요. 즉, 관자재보살이 차별심과 분별심을 모두 비운 공의 상태로 불심의 지혜작용을 실천하는 것을 말합니다. 여기서 '행(行)'은 매우 중요한 뜻을 지닙니다. 이 책 전반부에 기술하였습니다만, 철학이 앎에 다가가는 로고스적 지성이라면, 불교는 거기서 나아가 적극적이고, 실천적인 이타행과 자비행이 더하여지는 것이라 하였습니다.

　　아무리 팔만사천의 보석 같은 법문이 있다 한들 실천이 없는 종교가 무슨 의미가 있겠습니까? 지행합일이란 적절한 표현이 있군요. 열반의 세계로 걸어가기 위해서는 길을 볼 줄 아는 지혜의 눈과 몸을 움직이게 할 수 있는 발이 있어야겠지요. 따라서 행심반야바라밀다시는 관자재보살이 행하는 깊고 심오한 바라밀다야말로, 불성의 직관적 지혜작용이 완전한 실천을 보여주는 때라 하겠습니다.

여기서 깊다는 뜻은 『반야심경』의 제목에 있는 마하(摩訶)가 단순히 크고 작음을 분별하는 것이 아닌 것처럼, 심(深)이란 글자도 얕고 깊음을 말하는 것이 아니고, 철저한 공의 상태에서 보살이 터득한 지혜의 심오함을 강조하기 위한 것으로 볼 수 있겠습니다. 지혜를 불교도의 입장에서 사전적으로 정의한다면, 제법(諸法)에 환하여, 생멸과 색공(色空)을 초월하는 마음의 작용으로서, 미혹을 소멸하고 보리(菩提)를 성취하는 것이라 하겠습니다. 이때의 성취가 실천적 지혜 바라밀이 되는 것이지요.

온갖 범죄를 저질러 사형집행을 앞둔 사형수가 거울을 보고서는, 인간은 결코 신이 창조한 피조물이 아니라, 악마가 만든 복제품이라 항변해 봐도 인간은 육화(肉化)된 신이란 말은 정답인 것 같습니다. 우주의 가장 착한 에너지 그룹들만 간추리고 뽑아서 하늘과 흡사한 존재로 재창조된 것이 인간이며, 우주의 창조심이 사랑의 본질이듯, 사랑 없이는 단 일 초도 살아갈 수 없는 존재가 우리 인간이기 때문이지요. 물론 이때의 사랑이란 중생들의 애정이 담보된 사랑의 의미와는 그 본질을 달리하는 사랑을 뜻합니다.

『구약성서』 창세기에 나오는 태초의 빛과 말씀은 이미 인간에게

부처님 한잔해요

익숙해져 있던 흑암과 혼돈의 다른 이름일 뿐이었습니다. 신이 인간을 창조한 것이 아니라, 인간에게 절실히 필요한 존재였던 신을, 하늘을 닮은 인간의 창조심이 만들어 낸 것이라 저는 믿고 있습니다.

『구약성서』의 최초 원저자가 만든 하느님이 아닌, 애초에 이 우주에는 생명을 탄생시킬 수밖에 없었던 창조적 에너지원이 있었다는 것입니다. 그것이 바로 우리 인간에게 내재된 하느님이고 그렇기 때문에 부처님은 중생의 마음 자락에는 이 같은 불성 즉, 천심이 깃들어 있으며, 붓다의 생각으로 세상을 보려는 본성의 눈이 있다고 하였습니다. 이를 '일체중생 실유불성(一切衆生 悉有佛性)' 또는 '여래장성(如來藏性)'이라고도 표현합니다.

우리가 사는 이 허황한 욕망의 세계는 사바의 진흙탕 세계라 해도, 남의 아픔을 긍휼히 여기고, 가난한 이웃을 위해 자비의 등불을 밝히는 사람은 의외로 많습니다. 이들이 바로 여래의 심성이 내재된 연꽃이고 현생의 생불이라 하겠습니다. 그래서 사람이 꽃보다 아름다운 것이며, 아무리 삶이 힘들고 괴로워도 포기할 수 없는 이유가 되는 것이지요.

꽃도 절망의 끝에서 비로소 꽃술을 연다고 하였습니다. 꽃의 개화가 어찌 꽃만의 일이겠습니까? 삼라만상의 일체 현상이 서로 관계 지어 실존하는 것임에 그래서 우연한 생명의 탄생은 없는 것이며, 고통 없는 탄생도 존재할 수 없는 것일 테지요.

생로병사의 네 가지 고통 중에 가장 큰 고통은 단연 탄생의 고통이 아닐까요? 한 송이 국화꽃을 피우기 위해 봄부터 소쩍새가 피 울음을 토했듯, 우리가 고통의 탄생을 반복해야 하는 것은 우리 인간들의 무명에 기인한 집착 탓에 삶의 끈을 놓치지 않으려는 맹목적 욕망 때문일 것입니다.

불생불멸은 문자로서의 불생불멸이 아니라 무명에서 태어나지 않는 불생과 미망인 상태에서 죽지 않는 불멸을 의미하는 것인 만큼 현상적 존재로서의 생사를 초월하여, 자신의 DNA에 알알이 충만해 있는 여래의 창조 세포를 찾아내어 더 높은 다음 단계로의 능동적 진화를 해 가는 과정이 우리의 일생이어야 한다고 믿어 봅니다.

"신은 죽었다."고 말한 니체도 54세에 정신분열로 죽었습니다. 어떤 형태로든 죽어야 다시 삽니다. 성경에도 '주 예수를 믿는 자는 죽지 아니하고 또한 믿는 자는 죽어도 살리라.'라는 구절이 있었군요. 그렇습니다. 그 죽음이란 현존재로서의 죽음이 아니라 창조적 재생으로의 죽음을 의미하는 것입니다. 꽃잎은 지지만 꽃은 영원히 지지 않는 것처럼 말입니다.

우리 인간을 분석적 차원에서 지식의 눈으로만 보면 탄소, 질소, 산소와 미량원소들이 복합된 단백질과 지방, 탄수화물의 덩어리일 수밖에 없습니다만, 궁극적 차원에서는 깨우칠 수 있는 여래의 불성이 내장되어 있기 때문에 우리는 꽃잎은 떨어져도 꽃은 다시 피듯, 33천위에 우뚝 태어날 때까지 우리의 삶은 진보적 윤회를 할 수 있는 것입니다.

우리네 중생의 삶이 고통의 바다라 해도, 삶의 길이 사막을 가는 고통의 행로라 해도, 그 삶 속에는 여래의 불성이 내재되어 있고, 그

부처님 한잔해요

사막에는 어딘가에 샘물이 숨겨져 있기 때문에 우리들 삶은 그 자체로 아름답고 숭고한 것이 아니겠습니까?

생텍쥐페리는 『어린 왕자』에서 사막이 아름다운 건 어딘가에 샘물을 숨기고 있기 때문이라고 하였습니다. 우리 인생이란 실로 사막을 횡단하는 고행의 여정일 지도 모르겠군요. 때로는 거친 모래바람이 불어와도, 붉은 사막의 지평선에 나오는 신기루의 환상을 뜯어먹다가 끝내 유골로 남은 대상(隊商)과 낙타의 처참한 몰골을 만난다 해도, 어딘가에는 시간이 멈춰 버린 듯한 오아시스가 우리들 고행의 부르튼 상처를 씻어 줄 것입니다. 저는 그 감춰진 샘물이 여래이고, 그 여래를 만나러 가는 여정이 불법의 보살도(菩薩道)라 굳게 믿고 있습니다.

작년 봄에 지인으로부터 분양받은 홍련과 백련이 올해에도 그 아름다운 진여의 꽃대를 내밀어 잠자리들이 무시로 앉았다 가는 숨막히는 절정의 꽃술을 열었습니다. 수반에 흙을 담아 뿌리를 지긋이 묻어 주고 물을 부었더니, 기포를 내며 바닥까지 한참을 물이 내려가는 것이 보였더랬지요. 이순을 넘어 생애 처음으로 피운 연꽃이라니, 아마도 연꽃의 개화는 미욱하고, 용렬한 저의 마음의 문을 열라는 무언의 시위일 거란 생각을 해 봅니다.

그리고 또 언제부턴가 연 수반에 작은 청개구리가 살기 시작하더니 올해는 두 마리의 청개구리가 찾아왔습니다. 그 녀석에게도 반드시 불심이 깃들어 견고할 터, 청개구리 '청(靑)'자(字)에, 불심의 '심(心)'자(字)를 따서 청심(靑心)이라는 이름을 지어 주었습니다. 제가 옆에

다가가도 전혀 도망가거나 경계하는 눈빛도 없이 저의 독백을 훌륭히 받아 주는 말벗이 되었네요. 지난겨울엔 연이 얼까 봐 방안에 수반을 옮겨 두었는데, 청심이는 어딘가에서 겨울잠을 실컷 자고 온 것일 테지요.

오늘은 불연의 깊이를 더해 준 연꽃과 벗이 된 청심이랑 셋이서 막걸리 한잔 하렵니다. 지난봄 담아 둔 뽕잎 절임과 마늘종 장아찌가 맛나게 익었습니다. 마늘은 오신채(五辛菜)의 하나라 하여 스님들께서는 금기시하는 소채류지만 다른 양념을 더하지 않아도 훌륭한 막걸리 안주가 됩니다. 오늘은 또 보름이라 수반에도 달이 뜰까 벌써부터 마음이 설렙니다. 막걸릿잔 속에 빠진 휘영청 밝은 보름달을 가만히 안아 보고 싶습니다.

부처님 한잔해요

조견오온개공 도일체고액

(照見五蘊皆空 度一切苦厄)

───────

　　오온이 모두 공한 것임을 비쳐 보고 일체의 고통과 괴로움을 제도했다. 라는 뜻인데, 관자재보살이 이러한 경지를 체득한 상황을 말하고 있습니다. 여기서 드디어 오온과 공이 등장합니다. 오온(五蘊 : panca khandha)이란 곧 '색수상행식(色受相行識)'으로, 인간을 구성하는 물질적 요소인 색온과 정신적 요소인 수상행식의 4온을 합쳐 부르는 말임은 이미 살펴보았습니다만, 우주 현상계 전체를 의미하는 것이라 볼 수도 있겠습니다.

　　'온(蘊)'이란 글자의 뜻은 쌓아 모은다는 의미를 지닙니다. 그러니 쌓은 것은 반드시 무너진다는 불교적 진리인 무상을 전제로 하고 있군요. 오온이 인간을 구성하는 요소로 '색(色)'은 물질적 요소로서의 육체를 가리키면서, 형체가 있어 부서지고 변화하는 것을 뜻합니다. 우리 인간의 생로병사나, 우주가 생장 소멸하는 긴 시간인 성주괴공(成住壞空)도 색의 굴레일 수밖엔 없겠지요. 색이라고해서 빨강, 노랑 또는 남녀 간의 성을 말하는 것이 아니라, 형태가 있는 일체물질이라 알아두시면 되겠습니다.

'수상행식'은 색인 물질에 대한 마음으로써, '수(受)'는 고통·쾌락 등 외부로부터의 자극을 받아들이는 감수(感受)작용을 의미하며, '상(相)'은 심상(心像)을 취하는 표상작용으로서, 우리가 사물의 형체나 존재를 생각할 때 눈앞에 없어도 머리에 떠오르는 것 같은 표상·개념 등의 작용을 의미합니다. 예를 들어 전원주택이라는 단어를 떠올리면 푸른 초원 위의 그림 같은 집이 의식에 그려지는 것과 같은 것이지요.

'행(行)'은 수·상·식 이외의 모든 마음의 작용을 총칭하는 것으로, 그중에서도 특히 의지와 행동의 작용을 의미하며, '식(識)'은 사물을 인식하고 판단하는 작용, 또는 인식주관으로서의 올바르게 판단하고 분별하는 주체적인 마음을 가리키는 것입니다. 좀은 어려운 이론이지만 불교에서는 주관이나, 객관 또는 일체의 사물이 모두 오온의 집합에 의해서 생겨난 것인바, 현상적 존재는 끊임없이 생멸변화하기 때문에, 상주(常住) 불변하는 실체는 존재하지 않는다는 것만 기억해 두시면 되겠습니다.

그러면 공에 대해 짚어 볼 차례군요. 공!!! 정말 공하고 심오하여, 어디에서부터 어떻게 접근해야 할지 막연한 설렘을 주는 짧은 단어가 아닐 수 없습니다. 우선 공을 아라비아 숫자 '0'으로 생각해 보

부처님 한잔해요

렵니다. 헤아릴 수 있는 실수(實數)는 아니지만 +1도 아니고, −1도 아니어서 어디에도 포함되지 않고도 모두에 포함되는, 음양을 초월한 중용의 숫자가 바로 0이란 숫자이니까요.

100에 0을 더하여도 100이고, −1,000에 0을 더하여도 −1,000 이지 않습니까? 그러니 근본불교 차원에서의 공은 모든 경계가 끊어진 상태 즉, 공간과 평면 또는 있음과 없음 같은 대립적 분별 개념을 텅 비우고, 자유롭게 융화되어 일체의 번뇌 망상을 여윈 무상(無相)의 상태라 할 수 있겠습니다. 그래서 공은 중생의 의식작용이 만들어 낸 차별, 분별, 고정관념 등의 모든 아상을 해소하여 원융무애하게 되면 궁극적으로는 니르바나에 도달할 수 있다고 보는 중심사상이라 할 것입니다.

상전벽해란 고사가 있습니다만 느림과 정체를 인정하지 않는 지금의 세태는 오늘의 빅뉴스도 며칠만 지나면 역사 속의 과거가 되어 버립니다. 실시간으로 전달되는 정보와 영상, 아침의 유행어가 오후에는 한물간 구 버전의 문자로 전락하는 소셜 미디어 사회에 우리는 살고 있습니다. 지나친 약자와 간자(簡字)가 난무하여, 한글 문자이기는 한데 그 뜻을 도무지 알 수 없는 국어국자 해체의 시대에 인생 후반부를 맞아, 어쩌다 보니 시대에 뒤떨어진 세대로 살아가게 되었습니다.

숨도 대신 쉬어 줄 듯한 스마트폰의 다양한 기능은, 설령 만든 사람도 다 알 수 없을 만큼 진화되어 가고, 최근에는 인공 지능과 바둑 명인의 대결이 인간의 참패로 끝나면서 인간성 패배를 우려하는 목소리가 높아져 가고 있습니다.

이 골짜기에도 스마트폰만 있으면 지구 반대편과 통화는 물론 실시간 영상과 정보를 주고받을 수 있으니, 시외통화를 위해 읍내 우체국에 가서 몇 시간을 기다려 서울의 아들딸과 어렵게 통화를 했던 지난 세월을 생각하면 전파의 상전벽해가 아닐 수 없습니다.

그런데 이 문명의 이기가 가족해체의 주범이고, 온갖 불륜과 범죄의 온상이 된다니 세상사에는 어디든 양면성이 존재하는가 봅니다. 꼭 그러한 부정적 양면성 때문은 아니지만 제가 이곳으로 들어오면서는 TV, 인터넷 등 일체의 전파 매체와는 결별을 하였습니다. 유선 TV와 위성안테나 업체에서 가입을 수없이 권유받았지만, TV나 인터넷 몇 날 며칠 안 보고, 하지 않아도 살아가는데 아무런 불편을 느끼지 못하는 게 지금의 저의 생활이라 아예 관심을 두지 않다 보니 이제는 업체에서도 포기한 모양입니다.

다만 이곳에서 외부 세상과의 유일한 소통의 매체로, 전화를 걸고 받는 것만 가능한 올드 폰이 있는데, 어쩌다 지인이 방문하여 저의 전화기를 보면 곧 박물관에서 고가로 매입해 갈 거라는 등의 농담을 듣곤 하지요.

이 세상 어디를 가나, 이를테면 무인도든 산속의 동굴이든 또는 바다의 한가운데를 가더라도 그곳도 세상의 일부인 만큼 시대의 흐

부처님 한잔해요

름과 문명을 거스르고야 살 수 있겠습니까만, 기다림의 순수와 연모의 마음으로 사람을 그리워하던, 아날로그 시대의 정서적 유전자들은 모두 멸종한 채 이렇듯 전자와 전파의 거미줄에 걸려 일생을 살아야 하는 이 시대가 과연 행복의 신세기일까요?

또 다른 상전벽해. 이곳은 댐을 지나 7km쯤 상류에 있는데, 몇 년 전까지만 해도 환경단체나 수몰민 연대 같은 곳에서 '댐 건설 결사반대! 갈 데까지 가 보자!' 등의 살벌한 구호 현수막이 난무하던 곳이었습니다. 지난날에는 학생이 500명에 달하던 초등학교도 있었고 우체국, 식당에, 수백 여 가구나 되는 큰 마을들이 산재해 있었던 땅이었지요. 그런데 지금은 수심 수백 미터의 용궁의 전설이 되어 버렸으니, 댐을 지날 때마다 그때를 기억하는 저로서는 아련한 감회의 추억에 젖게 됩니다.

세상에 변하지 않는 게 어디 있겠습니까 만 급변하는 세상에 던져진 사람들은 어쩌면 불운한 시대를 살아가는 건지도 모르겠습니다. 그만큼 인간의 냄새와 공동체 사회에서의 기다림과 온기 같은 정서를 잃고 살아갈 수밖에 없기 때문일 테지요. 아무튼, 이러한 상전벽해의 시대 질서 속에 이모작 인생의 전원생활 터전을 내린 곳이 이 땅이고, 저의 인생에서 그리 흔치 않던 능동적 선택의 하나가 이곳 생활의 시작이었습니다.

선녀탕 같은 용소(龍沼)가 내려다보이는 위치에 원두막 한 채를 앉혀 놓고, 때마침 초벌 순이 야들야들한 화살나무 싹을 데쳐서 참기름 묻혀 나물로 만들면, 달밤과 물소리가 또 막걸리 사발을 찾게 하지

요. 일찌감치 이 원두막에 제 나름대로 붙여 준 이름이 '수연정(隨然亭)'
이었으니 따를 '수(隨)'에, 자연 '연(然)' 즉 자연을 따라 마음을 내려놓겠
다는 당찬 욕심의 발로이기도 하였답니다. 옛시조 한 구절이 떠오르
네요.

평생을 경영하여 초옥을 지어내니
반간은 청풍이요 반간은 명월이라
나머지 산수는 둘 곳 없으니 둘러보고 보노라

초옥 하나지만 평생을 경영했다는 구절에서는 존경심과 동지애
를 느꼈다고나 할까요. 저도 이 원두막에 이름을 지어 주고 스스로
대취하여 남긴 졸시가 아래의 시 '수연하심(隨然下心)'입니다.

수연하심 隨然下心

평생은 아니라도 십수 년을 경영하여
비바람 적당히 가릴 집 한 채를 지어 놓고
이름을 지어야겠기에 수연정(隨然亭)이라 붙이네

부처님 한잔해요

따를 수(隨)에 자연 연(然)이니 자연 따라 살아가며

요상한 마음 자락 내려놓고 싶은 터라

어눌한 내 생각으로 수연하심 새겨 두고

아무리 돌아봐도 내세울 것 없는 삶에

이제라 자작이지만 수연(隨然)의 마음으로

나머지 못다 한 덕을 이곳에서 닦으려네

　　졸시이긴 하지만 어눌한 세상의 아웃사이더로 살아온 저의 심정과 앞날에 대한 삶의 각오가 담긴 솔직한 심경의 발로라 여겼던지, 서각(書刻)을 하는 후배 시인이 있어 벚나무 목판에 글을 새겨 준 덕에 지금은 이 글이 수연정 정자에 걸려 사계절의 바람을 맞이하고 있지요.

사리자 색불이공 공불이색

(舍利子 色不異空 空不異色)

사리자(舍利子) ◆ 부처님의 10대 제자 중 지혜제일 사리불존
자를 이름입니다. 『반야심경』에는 두 분 고유명사가 나오는데, 앞의
관자재보살과 사리불입니다. 잘 아시다시피 『반야심경』은 관자재보살
이 선정에 든 부처님의 위신력을 빌어 설하고 사리불은 듣는 형식을
취하는데, 사리불은 관자재보살과는 달리 역사적 실존인물입니다.

그렇다면 여기서 혼란이 오는군요. 비 실재 인물이 실존인물에
게 법을 설했다? 전개의 정황이 모순이라는 생각이 들 수도 있겠습니
다. 그런데 이 심경에 나오는 관자재보살의 설법은 부처님이 현현(顯
現)하여 설한 것과 같은 효력을 지니는 것으로, 이때의 관자재보살은
부처님의 법신(法身)으로서의 관자재보살로 볼 수 있겠습니다.

『대품반야심경』의 유통분에는 관자재보살의 설법이 옳고도 옳다

부처님 한잔해요

는 부처님의 증명 부분도 나오지요. 일찍이 부처님께서는 "삼천대천
세계의 일체중생의 모든 지혜를 모으더라도 사리자의 지혜에 16분의
1에도 미치지 못한다."고 칭찬한 바 있습니다. 과연 지혜 제일의 제
자였군요. 그런 만큼 초월적 반야지혜가 필요한 '행심반야바라밀다'
를 위해서는 지혜 제일인 사리불조차도 부처님께 여쭈어 보아야 한
다는 대승 경전 편집자들의 깊은 원모심려(遠謀深慮)가 느껴지는 부분
입니다.

색불이공(色不異空) 공불이색(空不異色) ◆ 이제『반야심경』의 진
수를 향해 점입가경의 황금 같은 어휘들이 쏟아집니다. 불교 신자가
아니라 해도 이 '색불이공'과 '색즉시공' 등『반야심경』의 키워드는 누
구나 몇 번은 들어본 말들일 것입니다. 문자적 해석으로는 **'색이 공과
다르지 않고, 공이 색과 다르지 않다.'**라는 말이로군요. 정말 한글 해
석도 편한 어휘란 생각이 듭니다. 그러나 색과 공의 불이(不異)함을 어
떻게 설명할 수 있을까요?

우선 앞의 '오온' 각론에서 살펴본 것처럼 색은 좁게는 인간으로
부터 넓게는 우주 현상계 전체의 물질적 요소를 가리키는 것인데, 물
질의 본성이 원래 텅 비어서 공한 것임을 관찰하고, 마음이나 의식이
분별의 벽을 허물어 집착함과 걸림이 없는 대 자유를 실천하라는 가
르침이라 기억해 두시기 바랍니다.

그러니 물질(色)이 곧 공이요, 공이 곧 물질이니, 결코 분별하거
나 차별하여 보지 말고, 근원적 불이(不異)로 보게 되면 본래심에서 우

러나오는 진정한 진리를 깨우칠 수 있을 것입니다. 원래 색이란 글자의 원문자는 '절(節)' 즉, 마디에서 유래된 것입니다. 다시 말해 계절, 철을 말하는 것이지요. 제철을 만나면 세상은 색을 달리하는 것이 자연의 법칙이기도 합니다. 그래서 여름인지, 겨울인지도 모르는 어린 아이같이 계절도 모르는 아류를 '철부지(節不知)'라 하지 않습니까?

그리고 공은 구멍 혈(穴)이란 글자에 장인 공(工)이란 글자가 더해져 눈에 보이는 계절의 색을 빚어내고, 설계하는 보이지 않는 작용력이라 보면 되겠습니다. 밝음과 어둠 또는 음과 양은 분리된 대극적 이원(二元)의 세계가 아니고, 태극의 형상이 마치 서로를 껴안고 돌아가는 것처럼, 상호 포용하는 본체와 작용의 관계에 있는 것입니다.

어둠을 물러가게 하는 작용력인 지구의 자전에 의해 우리는 밝은 태양을 볼 수 있는 것처럼 말입니다. 지구의 자전력은 볼 수 없는 공이고, 아침이 오는 밝음은 색이 됩니다. 어렵게 생각지 말고 실증적 예를 하나 들어보도록 하지요. 태양 빛에 볼록렌즈의 초점을 맞추면 눈에 보이지 않던 태양열 에너지인 공이 초점 부분에서 연기와 불의 '색'으로 화생(化生)하는 걸 볼 수 있습니다. 그러나 불을 끄고 나면 색으로 표상되었던 열에너지는 다시 태양계의 빛으로 환원되어 공으로 돌아갑니다.

인간은 보이는 것은 신뢰하고 보이지 않는 것은 믿지 못하는 속성이 있습니다. 우리는 꽃만을 볼 뿐 꽃을 피워 내게 하는 불변의 창조 에너지는 보려고 하지 않잖습니까? 그러나 보이는 것은 반드시 보이지 않는 것이 창조하는 것임을 알면 색과 공이 다르지 않고, 색이

부처님 한잔해요

곧 공이라는 색즉시공의 초월적 대반야를 얻게 되겠지요. 그것에 어찌 인위적 조작이 가능하겠습니까?

어젯밤에는 웬일로 혼자서는 즐겨 마시지 않던 녹차 맛 삼매에 빠져 홀짝홀짝 찻잔을 마주하며 노자의 『도덕경』을 읽었습니다. 역시 오래전 읽었던 느낌과 깊이와는 다른 새로운 노자사상의 진수를 느낄 수 있더군요. 흔히들 노자의 사상을 '무위자연'이라 압축하면서 비현실적 '도(道)'에 치우친 신선적 도가 사상이라는 견해가 있지만 제가 느낀 노자는, 자연이라는 절대 명제에서 진리를 보았던 사람이란 생각이 들었습니다.

이때의 진리는 깨달음의 진리였던 것이지요. 깨달음이라는 총체적 현상은 실로 다양한 상징으로 표현되거니와 불교의 선사들이 부처를 '똥 작대기' 또는 '뜰 앞의 잣나무'라고 부르는 것과 같이 사람이 대상을 어떻게 보든 그것들은 자신의 본분에 충실할 뿐이기 때문에 거기에 다른 망상이 개입될 수 없는 진실이 되는 것이지요.

똥 작대기는 똥을 저을 때 아름다운 자신의 본분을 다하는 것이고, 뜰 앞의 잣나무는 뜰 앞을 지키기 때문에 자신의 본분을 다하는 것입니다. 마치 부처님이 깨달은 후 중생을 제도하는 본분의 역할을 다 하셨던 것과 같이 말입니다. 노자는 『도덕경』 제36장에서는 이렇게 말하고 있습니다.

將欲歙之，必固張之
(장욕흡지． 필고장지)

將欲弱之，必固強之
(장욕약지． 필고강지)

將欲廢之，必固興之
(장욕폐지． 필고흥지)

將欲取之，必固與之
(장욕취지． 필고여지)

是謂微明，柔弱昇剛强
(시위미명． 유약승강강)

魚不可脫於淵，國之利器不可以示人
(어불가탈어연． 국지리기불기이시인)

이 36장의 뜻은 대충 다음과 같이 정리할 수 있겠습니다. "웅크
리고자 함은 반드시 펼쳐짐에 기인하고, 약하고자 한다는 것은 이전
강했던 것이 있었다는 것이다. 장차 무너뜨리고자 한다면 반드시 세
워야 하고, 장차 가지려고 하면 반드시 주어야 한다. 이를 일러 보이
지 않는 빛이라 하니, 부드럽고 약한 것이 단단하고 강한 것을 이긴
다. 물고기는 연못을 벗어날 수 없으며, 나라의 이로운 인물을 함부
로 내돌려서는 안 된다."
　여기서 물고기는 백성을 의미하고, 연못은 나라를 뜻한다 하겠

습니다. 나라의 '이기'인 법과 무기 등을 옳은 목적에 쓰면 훌륭한 제도와 도구가 되지만, 옳지 않으면 흉기가 되므로, 백성은 힘이 없어도 잘못된 권력을 이길 수 있다는 메시지를 담고 있기도 합니다. 주나라의 말기현상을 질타한 정치학적 고찰이라고도 보여 집니다.

무엇보다 압권인 것은 '시위미명, 유약승강강(是謂微明, 柔弱昇剛强)'으로, 이것이 보이지 않는 빛이며, 약한 것이 강한 것을 이긴다는 진리란 주장입니다. 이 진리는 그대로 『반야심경』의 '색불이공 공불이색'에 닿아 있음을 봅니다. 그리고 곧 『도덕경』 40장에는 다음과 같은 절대 진리를 피력하고 있습니다.

> 反者道之動
> (반 자 도 지 동)
>
> 弱者道之用。
> (약 자 도 지 용)
>
> 天下万物生於有,
> (천 하 만 물 생 어 유)
>
> 有生於無。
> (유 생 어 무)

도덕경 중 가장 짧은 문장으로 이뤄진 40장은 의역이 필요한 부분입니다. "무위자연으로 돌아가려는 것이 곧 도의 움직임이고, 약한 것은 도의 작용력이다. 천하 만물은 있음에서 나고, 있음은 없음에서

난다."

　기가 막힌 대목이 아닐 수 없습니다. 한 방울씩 떨어지는 낙숫물이 바위를 뚫듯, 약하고 없는 것이 강하고 있는 것의 근원이라는 말은 곧, '색즉시공 공즉시색'에 닿아 있음을 알 수 있습니다. 우리의 눈에 가공할 위력을 지닌 거대한 핵분열 에너지도 애초에 공허한 인간의 상상에너지 즉, 보이지 않는 무에서부터 출발하지 않았습니까? 그리고 그 에너지도 우주 공간에 실재함이 없이 보이지 않는 무형의 기로 환원하게 됩니다. 우리는 항존 하는 현상계가 존재한다고 믿는 것에 길들어 있지만 불변하는 실재(實在)는 아무것도 없습니다.

　원시반본. 그래서 보이는 것이 보이지 않는 것이요, 없는 것이 있는 것이기 때문에 그래서 선지식께서 '방하착(放下着)' 곧 집착을 내려놓으라 하신 것일 테지요. 전설에 의하면 노자는 어머니 뱃속에 62년간을 임신상태로 있다가 태어날 때 이미 머리가 하얗게 세어, 늙었다는 '노(老)'의 노자(老子), 하늘의 아들이라는 뜻으로 불렸다고 하지요.

　자연의 도(道) 속에서 인간과 우주를 관조하며, 정치권력의 일선에는 나가지 않고 홀연히 주나라를 떠나 신선이 되었다고 전하는 노자. 오염된 한국의 정치 현실에서 되새겨 볼 성인이 아닐 수 없습니다. 우리 주변에는 강한 것이 영원한 것인 줄 알고 권력의 칼날 위에서 군림하며, 그것이 지옥과 천국의 분수령임을 망각한 채, 야비한 탐욕의 노예로 헛된 일생을 마감하는 경우를 적잖게 보게 됩니다.

　때는 바야흐로 선거철인가 봅니다. 고작 윗마을 어르신들을 위한 이동 만물 생필품 차량과 노부모를 찾아오는 자식들의 뜸한 차량 또는 산불예방 구호를 앵무새처럼 외고 다니는 산림감시 차량이 전부인 인적 드문 이 골짜기에 까지 평소에는 그림자조차도 볼 수 없던 자칭 선량들이 찾아와 한 표를 호소합니다.

　　표를 위해서라면 산에다 다리를 놓아준다는 공약도 서슴지 않고, 권력을 위해서라면 처자식도 파는 것이 이 바닥의 현실일진데 누구를 탓하겠습니까? 아무튼, 세상과 동떨어진 산중 필부의 한 표도 필요했던지, 권력과 명예를 향한 신기루 무개차를 타고 지역과 국가를 위해 헌신하겠다는 위대한 착각으로 자신을 포장한 채, 김매기로 범벅이 된 저의 흙손을 덥석 잡아 주는 감동적(?) 파격을 보여주었습니다. 이들에게 꼭 들려주고 싶은 것이 바로 어젯밤 다시 읽은 『도덕경』이었습니다.

색즉시공 공즉시색

(色卽是空 空卽是色)

　색이 곧 공이요, 공이 곧 색이다. 앞의 '불이(不異)'가 '즉시(卽是)'로 바뀌었습니다. 이제는 색과 공을 눈에 보이는 공간인 색과 보이지 않는 공간인 시간의 차원에서 살펴볼 과제가 남았군요. 먼저 시간이란 무엇일까요? 참 답답한 질문이 되나 봅니다. 시간이 무엇이라니⋯⋯. "지구가 태양 궤도를 자전하면서 공전하니 하루가 생기고 4계절이 생겨 1년이 되며, 그것이 반복하여 10년, 100년, 1,000년의 세월이 생기기 때문에 시간은 계속되는 것이지 뭐." 틀린 말은 아닙니다만 색즉시공을 설명하기 위한 시간개념으로는 뭔가 부족한 느낌이 들지 않습니까?

　우선 시간과 공간의 문자적 정의를 해 보도록 하겠습니다. '시(時)'를 분해하면 [日+土+寸]이 됩니다. 즉, 태양과 흙과 마디라는 뜻입

부처님 한잔해요

니다. 태양이 흙 토(土 : 지구)를 만나 마디를 이룬다는 것은 아무래도 천동설의 입장에서 시간을 바라본 것으로 볼 수 있는데, 태양이 천구 운동을 하다가 지구를 만나 마디(정지)를 이루었다는 것이 됩니다. 그러나 실제로 태양이 멈출 수는 없으므로, '시(時)'란 모든 운행과정 속의 불연속점을 말하고, 시간이란 이러한 불연속점을 이루는 시(時)와 시(時) 사이를 말하는 것이지요. 시간의 사전적 정의도 "어떤 시각에서 어떤 시각까지의 사이(間)"로 밝히고 있습니다.

여기서 시간에 대한 『나선비구경(那先比丘經)』에 나오는 나가세나 비구와 메난드로스 왕과의 대화를 잠시 살펴보도록 하겠습니다. 『나선비구경』은 『밀린다왕문경(彌蘭陀王問經)』이라고도 하는데, 메난드로스 왕은 밀린다 왕을 지칭하며, 기원전 2세기 후반 서북 인도를 침입하여 통치했던 그리스인 왕으로 나가세나 비구와의 토론에서 보는 것처럼 매우 깊은 불교 지식에 경도되어 있었음을 알 수 있습니다.

"나가세나 존사여, 당신은 '긴 동안'이라고 하셨는데 이 시간이란 무엇입니까?"

"대왕이시여, 그것은 과거의 시간과 현재의 시간 그리고 미래의 시간을 말합니다."

"존사여, 시간은 존재합니까?"

"대왕이시여, 어떤 시간은 존재하고, 어떤 시간은 존재하지 않습니다."

"존사여, 그러면 어떤 시간은 존재하고, 어떤 시간은 존재하지 않습니까?"

"대왕이시여, 형성력으로 이루어진 것은 지나가고 떨어지고, 소멸하고 있으므로 여기에는 시간이 존재하지 않습니다. 또 사람에게는 성숙한 사상으로 다시 태어나는 일이 있고, 다시 다른 곳에 태어나는 상태가 있는 곳에서는 시간이 존재합니다. 완전한 열반에 든 사람에게는 시간이 존재하지 않습니다. 왜냐하면, 그런 사람들은 완전한 평화로움을 체득하고 있기 때문입니다."

그러니까 모든 에너지장을 초월한 절대 적멸로서의 완전한 시공 합일을 의미하는 것인데, 나가세나는 시간의 최초의 기점은 인식되지 않는다고 전제하고 땅에 원을 그립니다. 그런 다음 대왕에게 묻습니다.

"대왕이시여, 이 원에는 끝이 있겠습니까?"

"존사여 끝이 없습니다."

"대왕이시여, 붓다께서는 이런 원의 순환 이치를 설하신 바 있습니다. 눈과 빛깔과 형태에서 식별작용이 일어나 접촉이 이루어지며, 접촉을 연(緣)으로 하여 감수가 일어나고, 감수를 연으로 하여 애착이 일어나며, 애착을 연으로 하여 업이 일어나고, 업에서 다시 눈이 생기게 된다고 하셨습니다. 그렇다면 이런 연속이 끝이 있겠습니까?"

"존사여, 끝은 있을 수 없습니다."

"대왕이시여, 그것과 마찬가지로 시간의 최초의 기점도 인식할

부처님 한잔해요

수 없는 것입니다. 그래서 부처님께서는 무시무종(無始無終)이라고 하셨습니다.

　그렇습니다. 차원 우주에서 3차원의 궤도를 벗어나면 분별과 시공이 없어지게 됩니다. 우리가 인식하는 3차원에서의 공간개념은 4차원에 들어가면 결국 공(0)으로 돌아가게 된다는 것을 부처님은 설하셨던 것입니다. 우리의 민족 경전 『천부경(天符經)』에서도 '일시무시일(一始無始一) 석삼극 무진본(析三極 無盡本)'을 밝히고 있습니다. 즉, "우주는 시작됨이 없이 시작되었으며, 천지인 3재로 나뉘어도 근본이 다함이 없다."는 것인데, 이는 곧 색즉시공 공즉시색에 닿아 있음을 알 수 있습니다. 대우주의 차원에서는 시공이 본래 존재하지 않았으며, 이 지상인 3차원이 만들어지면서 존재하게 된 것을 말합니다.

　고전물리학에서 시간은 고정불변의 완전한 것으로 받아들여졌었습니다. 그래서 시간은 불가역적 절대치를 지니며 미래를 향해 가기 때문에 미래의 실상은 시간의 지배를 받는 예정된 조화라는 입장이었으나, 아인슈타인의 상대성이론 이후 시간은 에너지와 질량 그리고 광속에 의해 결정된다는 가변적 입장으로 바뀌게 됩니다. 운동하고 있는 우주 공간 속에서는 고정된 위치도 없다고 본 것이지요.

　우리가 빛의 속도로 달리는 비행기 속에 타고 복도를 통해 앞으로 걸어가면 걸어간 시간만큼 미래로 앞서가게 될 것입니다. 그와 반대로 과거로도 돌아갈 수 있겠지만, 무한대로 높아진 에너지장을 통과할 수 있는 공간이 있어야 한다는 전제가 붙지요. 서울서 부산 가는 시속 300km의 KTX 열차에 올라탄 파리가 부산 방향으로 시속 20km로 날면 관찰 시점에서 보는 파리의 상대속도는 시속 320km가 되는 것처럼 말입니다.

아인슈타인이 $E=mc^2$에서 에너지가 곧 질량이니, 무형의 에너지가 유형의 질량이 되고 또 그 반대로 유형의 질량에서 무형의 에너지로, 시간에 의해 가변되는 색즉시공을 세계 최초로 밝혀냈다고 난리를 친 것이 고작 20세기 초였으니, 부처님께서는 2,500여 년 전 이미 이 이론을 설하고 계셨다는 말씀이 되는군요.

공간이란 [빌 공(空)+사이 간(間)]으로, 비어 있는 사이와 사이란 뜻인데, 언뜻 이해가 안 되는 부분이기도 하네요. 다시 말해 우리는 색으로 표상되는 사물의 허상을 보고, 그것이 무엇이라는 실체로 인식하는데, 눈에 보인 허상 속에는 허상을 있게 한 실상 즉, 공이 존재하고 있습니다. 보이는 것과 보이지 않는 것의 실상과 실상의 사이를 공간이라 합니다. 공간이라는 개념은 직접적인 경험에 의한 상식적인 인식으로서 철학, 수학, 물리학, 심리학 등의 모든 학문에서 다양한 학문적 특성에 따라 다르게 인식될 수밖에 없는 특성을 지닙니다.

시간과 공간에 있어 공간을 색이라 하면, 시간은 공이라 할 수 있겠지요. 그러니 시간이 곧 공간이고, 공간이 곧 시간이란 말은, 보이는 것이 보이지 않는 것이요, 보이지 않는 것이 보이는 것이란 말이 됩니다. 이 색즉시공 공즉시색은 『반야심경』의 전체, 아니 대승불교의 모든 원리를 아우르는 핵심 가르침임을 새겨 두시기 바라며, 이처럼 불교는 고정관념의 틀에서 벗어나 어디에도 거침없는 참 진리

부처님 한잔해요

를 바라보는 마음의 문을 열 것을 주문하고 있음도 기억해 두시기 바랍니다.

'춘래불사춘', 봄은 왔으되 봄 같지 않은 날들입니다. 예로부터 꽃샘추위는 있었으나 도무지 계절의 질서가 걷잡을 수 없을 만큼 뒤죽박죽인 것이 지금의 지구촌 현실입니다. 지구 온난화와 온실가스, 오존층의 붕괴 등으로 지구 종말 시계는 5분 전을 가리키고 있다는데, 우리는 늘 있어 온 계절 변화의 매너리즘에 빠져 있고, 각국의 이해관계가 맞물려 항구적 지구의 미래계획은 수립 자체가 불가능한 난제로 백년하청을 기다리고 있지요.

정말로 가련한 철부지 중생이 아니고 무엇이겠습니까? 우리나라도 아열대화가 진행되어 전에는 볼 수 없던 생물 생태계가 대변이를 일으키고 있습니다. 인류가 착취한 자연은 혹독한 대가가 되어 지구촌의 미래를 어둡게 만들고, 부메랑이 되어 인류의 삶을 옥죄어 올 것입니다.

가뭄과 홍수 같은 기상이변은 새삼스러운 단어가 아닙니다만, 이곳 산속 시골에도 계절의 사이클이 해마다 다르게 나타남을 느낍니다. 따뜻했던 지난겨울의 영향인지 예년 같으면 아직 움도 트지 않았을 목련 꽃술이 부푼 성기처럼 때 이른 개화를 하였다가 뒤늦게 찾아온 매서운 꽃샘추위와 바람에 알몸으로 떨고 있는 모습이 애처롭습니다. 3월도 다 지나가는 하순인데 아침에 일어나 세수를 하려고 보니 계곡 물을 끌어올리는 펌프가 얼어 물이 잘 나오질 않는 것입니다.

산수유는 벌써 지난주에 피었고, 황매도 꽃술을 열려고 하는데 도무지 마음이 편치 않습니다. 인고의 겨울을 지나와 저에게 기쁨을 선사하듯 개화한 꽃들이 제대로 피어보지도 못하고 낙화를 하는 게 아닌가 걱정이 앞섭니다. 전원생활을 시작하면서 유실수와 조경수 등 50여 그루에 이르는 나무와 여러해살이 야생화를 심어 놓고, 해마다 자라고 변화해 가며 저에게 꽃과 향기, 열매로 아낌없는 애교를 보이는 수목과 꽃들에게 나의 탓이 아닌 계절의 탓이라고 변명을 해도 통할 것 같지가 않습니다.

이 시대에 태어난 나무들도 전생 인연이 윤회한 업장의 결과물일까요? 부처님의 가르침대로라면 이 땅의 티끌이나 미물 하나까지도 우연은 없으니 필유인과에 기인하는 것일 테지만, 갈수록 혹독해질 환경에서 살아가야 할 이 시대의 자연이나 우리 인간 모두는 그래서라도 생명의 참된 바른 소리인 불법을 구하지 않을 수 없겠습니다.

갓 부화한 병아리 새끼 같은 색깔의 산수유 꽃술에 흰 구름이 머물다 갑니다. 봄꽃 중 개화의 서두를 장식하는 산수유 꽃에는 저 나름의 가슴 아린 추억의 회한이 서려 있습니다. 저의 전생에 얼마나 많은 사람을 이별로 마음 아프게 했기에, 한 세상 필부로 살아가면서 이처럼 수많은 헤어짐의 아픔을 겪어야 하는지 그저 아득한 마음에 가슴 저려 옵니다.

할아버지, 할머니, 부모님과 형님 누나, 형수와 매부 그리고 서로를 이해하고 살아오면서 정을 쌓은, 적잖은 친구와 친지의 죽음, 그것도 모자라 하나뿐인 아들마저 죽음으로 이별한 상처를 가슴에 묻고 살아가는 것이 저의 업장이랍니다. 그에 더하여 한때 사랑하며 부부의 연을 맺었던 세 명의 아내와 생이별을 하였고, 서로 사랑하면서도 무슨 운명의 작란이기에 이별할 수밖에 없었던 여인도 양 손가락을 꼽아야 할 모양입니다.

생로병사가 무상한 우리네 삶에 어찌 죽음과 이별이 난무하지 않을 수 있겠습니까만, 한때는 왜 저여야만 하는지, 운명과 신을 향해 강한 반발과 자책을 해 보기도 했었습니다. 저를 제외한 모든 사람이 행복해 보이고, 불행을 위해 태어난 존재가 저 자신이라는 절망감에 빠져 생사의 기로를 자학 속에서 헤매기도 했으니까요. 죽음이 때로는 살아 있는 것보다 훨씬 아름다운 진실일 것이라는 연약한 분별심에 침몰되어, 살아 있다는 것이 너무나 거추장스럽게 느껴지기도 했었습니다.

"God is fair and justice! 신은 공명정대하시다!"는 진리의 말씀을 애써 찾아내어 스스로를 위로해 보려고 해도 아무런 도움이 되지 않던 절망의 시절이었으니까요.

부처님께서도, 죽은 어린 아들을 살려 달라고 울부짖으며 찾아온 여인 키사 고타미에게 죽음이 없는 집집마다에서 겨자씨 열 톨만 얻어 오면 아들을 살려주겠다고 하셨지요. 그러나 그 여인은 한 톨의 겨자씨도 구할 수 없었고, 그 인연으로 출가하여 큰 깨달음을 얻게 됩니다. 그렇습니다. 생사가 일여할 것인바, 이쪽 방에서의 퇴장은 저쪽 방에서는 입장을 의미하는 것처럼, 태어나는 것은 반드시 죽음을 필연으로 맞을 수밖에 없는 허무의 예약인 것을 어찌 잠시라도 잊을 수 있겠습니까? 우리에게 잘 알려진 루시 M 몽고메리의 고전동화『빨강머리 앤』에서 읽었던 한 구절이 생각나는군요. '인생은 뜻대로 되지 않지만, 뜻밖의 인연을 만날 수 있는 것도 인생이다.'

죽음도, 사랑도 사람의 일이라 세월이 가면 인간성에 내재된 망각의 법칙이 작용하여, 아득한 기억의 저편으로 아지랑이 보듯 과거 완료형이 될 법도 한데, 저에겐 유독 이별의 기억세포만이 발달하여, 스스로 허물지 못하는 견고한 성채를 지어 놓고, 그 안에 갇힌 채 과거를 향해 구출해 달라고 아우성인가 봅니다. 시름겨운 이 봄의 심상을 한 편 졸시로 남겨 봅니다.

⋮

산수유

봄이라 이런저런
꽃 피는 무리 속에
산수유 꽃술에 절로
눈이 머물데
불현듯
떠난 사람이
그 꽃 위에 얹혀 있어

노란색 심장 같은

촉촉한 서러움이

내 혈관 구석구석에

피딱지로 남아 있데

못할 짓

이런 발광도

봄날엔 말아야지

적당히 늙어 가며

편한 것에 젖은 내가

보낸 사람 떠난 사람

잊고 산 줄 알았는데

아닐세

사랑이란 건

미래완료 형이더군

　　우리 인간의 삶이 아무리 메마르고, 삭막한 황무지의 세상을 연출해 가더라도 산수유 꽃은 또 가을이면 빨간 산수유 열매로 자기부활을 하여 영생의 삶을 이어갈 것입니다. 그것은 누가 시켜서가 아니라 엄숙한 우주의 절대적 창조심에 기인하는 것인 만큼 인간의 지배 영역 밖임을 다시 한 번 깨달으며 하루의 장을 덮습니다.

수상행식 역부여시

(受想行識 亦復如是)

———

직역하면 수상행식 또한 이와 같다. 다시 말해 느끼는 감각과 생각하고, 행하는 의지와 의식의 모든 작용이 이처럼 공이라는 결론을 내리시는 말씀이군요. 그러니 색과 공, 시간은 물론 오온이 모두 공하니 인연으로부터 생기는 일체의 법이 모두가 공하다는 가르침입니다. 앞 장 색즉시공에서, 보이는 것은 보이지 않는 실상에 의해 존재함으로 색과 공은 같은 것이라 살펴본 것처럼, 우리의 일상에도 이 진리는 엄연한 실상으로 존재하고 있습니다.

쉬운 예로 계절의 변화를 얘기해 볼 수 있겠군요. 여름의 무더위에 사람들은 지치고 열대야로 잠 못 이루면서 시원하고 차가운 것을 찾습니다. 그러나 오히려 사람들의 몸속은 냉(冷)이 주인으로 몸을 지배하게 됩니다. 더위를 있게 하는 실상은 서(暑)가 아니라 한(寒)이 주

부처님 한잔해요

인인 셈이지요. 그래서 선조들은 복더위에 뜨거운 삼계탕과 보신탕을 먹었던 것입니다. 냉한 속을 인삼과 개고기의 열성(개고기는 지지 속에 丁火를 간직하고 있습니다.)으로 한랭의 조화를 맞췄던 것이지요.

우리는 일 년 중 가장 더운 때를 삼복 더위라고 합니다. 하지가 지나면 오행상 화기가 극성하게 되는데, 하지가 지나 일진으로 세 번째 맞는 '경(庚)'의 날이 초복이 되고, 열흘 후에는 중복, 다시 열흘 후인 같은 '경(庚)'의 날이 말복이 되지요. 그런데 중복에서 말복까지의 열흘 중에 입추가 들어오지 않으면 20일 후의 '경(庚)'의 날이 말복이 되는 해도 있게 됩니다. 그런 해에는 복더위도 오래 이어지고 늦더위가 기승을 부리니 선조들은 절기의 조화를 꾀고 있었나 봅니다. 이 '경(庚)'의 오행이 금으로 서방의 서늘함을 상징하고, 맹렬한 화기가 화극금이 되어 시원함을 직접 극을 하니 그날을 복날로 보는 것입니다.

그러면 냉면의 제철은 언제일까요? 원래 냉면은 겨울이 제 철입니다. 현상적으로 나타난 표면의 추위는 객이 되고, 추위의 주인은 열이 되기 때문에 겨울에 먹는 냉면과 차가운 동치미 국물은 환상의 계절식품이 되는 것이지요.

봄을 장식하며 그토록 아름다운 꽃을 피웠던 나무도 겨울이면 앙상한 가지만 남게 됩니다. 화려한 봄꽃을 있게 한 실상은 인고의 겨울을 보낸 보이지 않는 생명력이지 않습니까? 따라서 봄꽃은 색이며, 겨울의 생명력은 공이 되어 색즉시공이 되는 것이니 수상행식 또한 이와 같다는 가르침 앞에 숙연한 옷깃을 여미게 됩니다. 그러니 진리의 핵심을 모르고 분별심에 길든 많은 중생이 눈에 보이는 육신과 물질에 집착하여, 그것이 허공에 쌓은 환란의 공(恐)인 줄도 모르고 죽음에 이르기까지 싫어함이 없는 것은 이들 실상의 작용력을 모르는 철부지인 때문이겠지요.

한 곳에 정착하지 못하고 부평초처럼 떠도는 사람을 역마살이 끼었다고 하지요. 나름대로 역학과 운명학을 짧지 않은 세월 공부한 저로서도 역마살이 끼는 사주 구조가 이러한 상징성과 어떤 연관이 있는지의 필연 관계는 확인하지 못했습니다만, 분명한 것은 지나치리만치 여행과 방랑을 좋아하고 끊임없이 나다녀야만 직성이 풀리며 성취감을 느끼는 사람이 있다는 것입니다. 이런 사람들은 종일 사무실이나 매장 같은 데서 일하는 게 여간 고역이 아닐 수 없으니 국내외를 떠돌아다니며 사업을 하거나, 출장이 주 업무인 직장 같은 데 근무하는 것이 제격일 것 같습니다.

저의 사주에는 역마살이 구성되지는 않았지만 삶 자체가 방랑이고 뿌리 없는 미정착의 세월이었습니다. 이처럼 산중의 전원생활로 들어왔으나 이곳도 저를 항구적으로 붙잡아 두지는 못할 것이라는 당찬 신념은 놓지 않은 채 여유만 되면 남미와 아프리카, 중국 등 지금도 문명과 단절된 삶을 고집하는 원시 소수민족들이 사는 오지 여행을 꿈꾸고 있습니다.

제임스 힐튼의 소설 『잃어버린 지평선』에 나오는 히말라야의 샹그

부처님 한잔해요

릴라와 삼장법사가 걸었던 타클라마칸 사막을 걸으며, 속도가 미덕이 된 이 시대의 철학에 맞서 진정으로 길 위에서 길을 만나는 구도의 여정을 그려보는 일은 저에게 깨소금 같은 상상의 날개를 달아 줍니다.

이 나이에는 걸맞지 않은 무모한 상상일 수도 있겠습니다만 정말로 세상은 넓고 갈 곳은 많기만 하군요. 해외여행이 일상의 문화로 자리한 것은 불과 20년 남짓으로 생각됩니다. 앞만 보고 달려온 지난 시대의 세월에서는 즐기는 여행이란 특권층의 사치일 뿐, 밥 먹고 사는 것 외에 보통 사람들이 기댈 언덕은 없었으니까요. 지금의 젊은이들은 자유 배낭 여행이 일상으로 정착되었지만, 초로를 바라보는 저 같은 세대에서는 그런 자유여행이 체력적으로나 정신력으로나, 지난한 일임은 당연하겠고, 지도 한 장에 의지하여 무조건 떠나는 배낭여행족들이 부러울 따름입니다.

그런데 지난여름에는 저도 내몽골과 구소련국경인 소만 국경까지를 자유여행을 하고 왔습니다. 물론 지금의 이 오두막집을 지어 준 중국 국적의 조선족 지인과 동행한 여정이었지만, 늘 다니는 패키지 여행과는 달리 자유로운 일정으로 계획한 여행이라 더욱 소중한 추억으로 남게 되었지요. 안중근 의사의 의거 현장인 하얼빈 역에서 열차를 갈아타고, 내몽골의 광활한 내륙을 20시간 가까이 달리며 넘었던 흥안령 산맥과 우리의 선조와 독립투사들이 말을 달렸을 만주의 끝없는 초원 그리고 양 떼와 유목민들의 게르 같은 삶의 애틋한 정경은 생생한 키워드로 남아 지난 여정을 추억게 해 줍니다. 게르 안에도 들어가 그들의 생활상을 일일이 체험해 보았고, 코리안 드림을 꿈꾸며 한국에 왔다가 꿈을 접고 지금은 헤이룽장성 시골에서 근근이 농사지으며 살아가는 조선족의 집에도 방문했었지요.

그들과는 읍내의 흔한 길거리 식당에서 독한 중국 고량주에 대취하여, 발음이 엉망인 채로 그들이 부르는 한류 노래에 박수를 쳐주기도 하였습니다. 아직도 초가집에서 난방은 아궁이에 불을 지피는 온돌 집 구조는 우리의 지난 생활을 그대로 옮겨 놓은 듯하더군요. 급속도로 발전해 가는 중국이라는 거대한 국가의 변방에서 많은 것이 변하고는 있지만, 우리의 지난 농경시대의 공동체 문화를 반추해 보는 것 같은 향수에 젖었던 여정이었습니다.

우리 세대들에겐 소련으로 더 잘 알려진 러시아와 만주의 접경인 소만 국경에서의 중국령 전망대에서 러시아 땅을 바라보는 이국 정서는 무어라 표현하기 어려운 이방인의 감정을 자아내게 하더군요. 사방을 둘러봐도 지평선만 보이는 초원, 파란 하늘과 흰 구름 아래 평화롭게 풀을 뜯는 양 떼를 모는 목부들, 지금은 말 대신 오토바이로 양을 모는 그들 틈에 섞여 저도 오토바이를 운전하여 초원을 달려 본 기억은 잊지 못할 내몽골 여행의 백미로, 두고두고 기억될 추억이 아닐 수 없습니다.

그리고 흔하지 않은 내몽골의 정통사찰 대각정사에서는 석가여래상이며, 관음보살상과 지장보살상 등이 우리나라 사찰의 여느 불상과 매우 흡사하다는 데 놀랐지요. 아무래도 우리나라의 불교 전래는 대륙 전래설이 맞는가 봅니다. 일부 학설은 우리나라의 불교가 동남아시아를 경유한 해양 전래설을 주장하기도 합니다. 전남 해남 미황

부처님 한잔해요

사 사적비에는 신라 경덕왕 8년(749년) 8월에 "금빛 사람이 아름다운 범패 소리를 울리며 노를 저어 땅끝 마을 사자포 앞바다에 나타나 경전과 불상 및 탱화를 의조화상(義照和尙)에게 건네주었다."고 하여, 불교의 해양 전래설을 뒷받침하고는 있지만, 이미 수 세기 전 우리나라에 전래된 불교의 대륙 전래설을 뒤집을 수 있는 증거는 되지 못합니다.

아무튼, 개인적으로 여행하기에는 험난한 여정일 수밖에 없는 내몽골의 광활한 내륙을 여행하면서 정말 세계는 넓고, 인간이라는 가치는 국적과 인문, 환경을 초월하는 고귀한 것임을 다시 한 번 느낄 수 있었습니다. 흥안령 산맥을 지나며 젖었던 시심을 졸시로 남겨 둡니다.

⋮

흥안령 지나며

고인돌의 시간 같은 내몽골의 깊숙한 땅
이 땅에도 길은 있어 새가 날아오는구나
이순의 여창(旅窓) 밖으로 밤이 잘게 따라오고
쏟아지는 별빛만큼 게으른 초원 위를
겁라면 수증기로 움직이는 밤 기차가
흥안령 달려온 산맥을 낙타처럼 가고 있다

* 흥안령 : 몽골고원과 중국 동북 평원의 경계를 이루는 산맥.

사리자 시제법공상

(舍利子 是諸法空相)

사리자야, 일체의 모든 법은 공한 모습이란 뜻이군요. 불교에서 말하는 '제법(諸法)'이라는 용어는 모든 존재의 총칭을 일컫는 것으로, 인과 연의 결합으로 생겨난 존재의 결과물이라는 뜻이 담겨 있습니다. 여기에서 공상(空相)이란 마음으로 생각하고, 의식으로 감각화 하는 모든 존재를 일체의 차별과 분별심이 없는 텅 빈 본래심의 상태에서 진실한 모습으로 보는 것을 이르는 것이라 하겠습니다. 인과 연의 조건결합으로 생겨난 모든 존재의 상은 실체가 없는 것이므로 진리에는 모양이 없다는 뜻으로 해석할 수 있겠군요.

예를 들어봅니다. 사랑에는 어떤 형상이나 바탕, 모양이 존재하지 않습니다. 어떤 상(相)으로 표현될 수 있는 사랑은 참사랑이 아닌 것과 같지요. 사랑에 조건이 전제되거나 아상(我相)이 개입되면 진정한

부처님 한잔해요/

사랑의 의미는 존재할 수 없게 됩니다. 그래서 불교에서는 사랑을 부정하고 있습니다. 그것은 사랑에는 필연적으로 자기애(自己愛)가 개입되기 마련이고 구속하고 소유하려는 배타적 욕망이 뿌리내리기 때문이지요.

중생이 사랑한다는 것은 자아 욕구의 충족 또는 자기만족의 실현에 불과한 것이 됩니다. 인간적 사랑의 순수성을 너무 폄훼한 것이 되나요? 그러나 사랑을 느끼는 발심 자체가 오온의 지배를 받는 인간의 감각작용일 뿐이라는 진실은 외면할 수가 없겠습니다. 따라서 사랑은 대상에 대한 집착을 일으키는 근본이 되어 갈애(渴愛)를 낳고 결국에는 사랑의 민낯인 미움으로 귀결된다고 보는 것입니다.

사랑의 존재론적 근본을 불교는 이렇듯 명쾌하게 경계하고 있군요. 그래서 불교는 사랑의 자리에 자비(慈悲)를 대신 앉히고, 주고받는 소유가 아니라 남을 이해하고 공감하여, 조건 없이 베푸는 이타행을 신행의 근본으로 삼게 된 것이지요. 모양이 있는 것은 반드시 멸하여 없어지기 때문에, 공상(空相)이란 걸림 없는 상태의 진리의 자리를 말하고, 일체의 번뇌 망념이 사라진 진공묘유(眞空妙有)의 청정한 불심의 경지를 이르는 것이라 하겠습니다.

6월 중순인데, 벌써 날씨는 오뉴월 삼복을 무색게 합니다. 이곳 산골은 시내보다는 평균기온이 3~4도 정도나 차이가 나지만 계곡의 찬물이 싫지 않은 걸 보니 이제 초여름에 진입하는가 봅니다. 계곡의 다슬기가 검지 한 마디 만큼 자라는 때이기도 하지요. 왕매실 나무에 탁구공만한 황매실이 익어 가고, 3년 전 묘목으로 심었던 보릿동 나무에서는 새빨간 열매를 따 먹으려는 새들이 날아듭니다. 6월의 많은 일조량에 익은 이 보릿동 열매는 비타민과 베타카로틴 같은 미량성분이 풍부하고 술로 담그면 천식에 특효를 볼 수 있답니다.

　나물 반찬으로 봄철 밥상에 자주 오르던 쑥갓 대에서는 이제 노란 꽃이 피어 이대로 더 익으면 씨앗을 받을 수 있겠군요. 그런데 날씨가 더워질수록 그만큼 뜨거운 태양을 받고 자라나는 잡초의 성장 속도는 가히 살인적이라 해야 할지, 힘들게 일궈서 심어 놓은 가지며, 오이, 고추 같은 여름 채전을 거의 초토화하고 있군요.

　이 핑계, 저 핑계로 스스로의 게으름에 면죄부를 부여하다가 오늘은 더 이상 미룰 수 없다는 판단 아래, 일찌감치 호미를 들고 밭으로 갔더랬지요. 정말 밭고랑을 따라 풀을 뽑으며 뒤를 돌아보면 그사이에 풀이 다시 자랐다 할 만큼 잡초의 생명력은 처연한 것이더군요. 윗마을에 사시는 어른께서 저의 외로운 풀과의 전쟁이 딱해 보였든지 땅 속에는 흙이 반이고, 풀씨가 반이라며, 풀은 뽑아서는 안 되니 제초제를 뿌릴 것을 권유하셨지만 아무래도 그 일은 생태계에 좋지 않은 영향을 미칠 것이라는 판단 아래 진도도 나가지 않는 김매기를 계속해 봅니다.

　땀은 눈으로 흘러들고 아픈 무릎을 펼 겸 자리에서 일어서면 하늘이 빙글빙글 도는 듯한 현기증도 일어납니다. 농사일에 이력이 차

부처님 한잔해요

지 않은 저는 뽑아도, 뽑아도 감당할 수 없는 채전 김매기에 두 손을 들어 항복하며, 에고고……. 잡초는 뽑아서는 이길 수 없다는 자기최면을 걸어 체념하면서, 풀도 이 땅에 살려고 태어난 생명인데, 라며 엉뚱하게도 거기에 보살심을 붙여 봅니다.

'천불생 무록지인(天不生 無祿之人)이요, 지불출 무명지초(地不出 無名之草)라.' 즉, "하늘은 록이 없는 사람을 탄생시키지 않고, 땅은 이름 없는 풀을 내보내지 않는다."고 하였으니 여름 채소를 못 먹는 한이 있다 해도 풀 뽑기는 저의 체질이 아닌가 봅니다. 사람이 하고 싶은 일을 하면 방법과 열정이 보이고, 하기 싫은 일을 하면 핑계가 보인다더니 하나의 진리를 실증적으로 체험하는 순간인 만큼 헛된 일만은 아니겠지요?

잡초라는 주제어는 저에게 문득 사회의 첫 직장에 발을 들여놓던 당시 퇴근길에 한잔 술을 마시며, 자취방으로의 귀가를 늦추던 서울의 변두리 단골 대폿집을 떠올리게 하는군요. 먹고 살려고 서울로, 서울로 밀려들던 대열에는 대폿집 작부라는, 지금은 한국직업분류사전에도 없는 직업이 있었지요. 월급이란 게 특별히 없고 그저 입이나 건사하며, 손님에게 술과 안주로 매상을 올리고 때에 따라서는 손님들의 잠자리 시중을 들면 그에 따른 미미한 사례 정도나 받았을 것 같은 그야말로 작부라는 직업이었는데, 그중에는 정말로 순정파 처녀도 많았던 것 같습니다.

:

잡초

뽑으면 뽑는 만큼을
모진 생명으로 자라는 너는
내 황당했던 지난날의
 휘청거리며 살아온 증거다

꼭
잊어야 할 것들
예를 들어
어쩌다 스친 인연
아스라한 별똥의 꼬리뼈 같은
그런 기억 속의 여인

그러니까 신당동 하숙집으로의
막 버스에서 하루를 내려
다음 날 아침의 버스비만 남겨 놓고
이유도 대책도 없이 퍼마시던
그야말로 대폿집

지금은 대한민국 직업분류 대사전에도 나오지 않는

부처님 한잔해요

작부란 직함을 가진 여인이 있었다

고향이 전라도 어디라든가
긴 목에 큰 눈망울이
공연히 미안한 생각이 들게 하는 여인이었나 보다

가끔씩 자신은 잡초처럼 살았노라며
요란한 세상을 향해
적막의 잔을 비우던
그 여인을 생각해낸다

그가 잡초라면
오늘의 나는 무슨 잡초란 말인가
이름 없는 풀꽃이 없다고 했건만
나를 기억하는
내 기억 속의 이름은 어디에도 없다

잡초를 뽑으며 문득
내가 되어 살아온 날들
세월의 헛발길이
풀잎 되어 쓰러지는
이슬을 본다

적당한 갈증이 부르는 귀소처는 어디일까요? 어제 시조를 쓰는 지역의 문인들이 수연정을 방문하면서 넉넉한 양의 막걸리병과 오이소박이 같은 계절 안주를 하치해 놓고 갔군요. 이렇게 날씨가 더워지기 시작하면 골짜기 저의 처소를 찾는 지인들의 발길 탓에 보급품의 답지가 이어지니 2~30리나 떨어진 소재지 장터엔 가지 않아도 되는 편리함도 있답니다.

혼자 마시는 소박한 막걸리 상에 격식이 어울리지 않을 터. 대충 작은 소반에 잔 하나 앉혀 계곡으로 내려가 땀범벅이 된 얼굴을 씻고 발을 담급니다. 버들치가 저 자신을 닥터 피시로 아는지 종아리에 입박치기를 하는군요. 옛시조 한 수를 읊어 보며 막걸리 한잔합니다.

⋮

청산도 절로절로 녹수도 절로절로

산절로 수절로 산수 간에 나도 절로

이 중에 절로 자란 몸이 늙기도 절로절로

* 하서 김인후의 소작인데 『청구영언』에 송시열의 작으로 알려져 왔음.

술맛이 괜찮습니다.

불생불멸 불구부정

(不生不滅 不垢不淨)

───────

생도 없고 멸도 없으며, 더러움도 깨끗함도 없다. 현상적 안목에서는 태어남과 죽음이 있고, 더러움과 깨끗함의 경계가 존재하지만 깨달음의 눈으로 본다면 제법이 공한 것인바 인과 연이 합쳐지면 생(生)이요, 인과 연이 떨어지면 멸이 된다는 것입니다.

삼라만상의 어떠한 존재론적 근본이든, 실상이든 모든 것은 스스로 태어남이 없고, 스스로 멸함도 없습니다. 우리가 이 땅에 태어나는 데는 부모님의 조건결합의 원인인 인(因)을 전제로, 수 억분의 일에 해당하는 수정(受精)의 관문을 통과하는 연(緣)을 인과로 하여 맺어지는 것이 아니겠습니까? 인(因)은 추상적이며, 관념적 근본이 되는 인자인 반면, 연(緣)은 보다 구체적이고 실체적 결과요인이라 알아두셔도 좋을 것 같군요.

주변의 사물이나 모든 현상을 확장하여 고찰해 보면 이처럼 인과로 짜인 인연의 굴레를 벗어난 것이 하나도 없음을 알게 됩니다. 그래서 불교의 문을 열고 들어가는 열쇠도 인연이고, 나오는 해탈의 문도 인연이란 두 글자가 아니겠습니까? 자신에게 주어진 업장인연에 순응하되 삶이라는 현상에 얽매이지 않고, 여래의 불성을 향해 나아가는 창조적 보리심의 일생을 살았다면 죽음마저도 축복이며, 축제로 승화될 수 있으리라 믿습니다.

애초에 태어남도 없고 스러짐도 없는 데, 더럽고 깨끗함의 경계는 존재할 수 없을 것입니다. 욕망의 세계에서는 더럽고 깨끗함이 존재하지만, 텅 비어 있어 모양이 없는 청정한 공의 세계에서는 마땅히 더럽고 깨끗함의 분별이 무의미할 테지요. 청아한 연꽃이 진흙탕 속에서 피어나듯 말입니다. 백 년 동안 때 묻은 옷도 하루 만에 깨끗이 세탁하여 새 옷으로 만들 수 있는 것처럼, 불성을 일으키는 본래의 순수한 마음으로 상(相)을 끊으면 더럽고 깨끗함의 분별심도 마땅히 사라질 것입니다.

4월에 들어서면서 낮 기온이 빠르게 올라가고 온갖 신록이 고개를 내미는 때를 같이 하여, 수연정의 고사리밭에서도 솜털 같은 고사리 대가 여기저기 고개를 내밀기 시작했습니다. 버섯의 갓처럼 앙증맞은 솜털 잎을 앞세우고 무거운 흙을 밀어내는 당찬 생명력을 관찰

부처님 한잔해요

하는 마음은 신비에 젖게 됩니다. 부드럽기만 한 고사리순이 어떻게 무거운 흙더미에 균열을 내며 지상으로 제 몸을 내밀 수 있는 것인지? 그리고 어떻게 정확히도 4월 첫 주 즈음에 스스로 지상 생명으로 부상하는 것인지, 그 작동의 섭리는 어디에 기인하는 것인지, 엄숙한 자연의 질서 앞에서 지나온 무절제했던 저의 삶을 반성해 봅니다.

동양학에서는 자신의 의지대로 몸을 움직여 생명활동을 유지할 수 있는 동물을 능동적 정신이 있는 생명물체라 하여 '신기지물(神氣之物)'이라 하고 태양, 습도, 온도 등의 환경 인자에 의하여 피동적 변화만 가능한 식물을 '기립지물(氣立之物)'로 표현하고 있습니다. 그러나 진화론적 근거로 현생 인류의 시원을 생각해 보면 이끼 식물이나, 양치류 같은 식물에 근원하고 있다는 데 생각이 미치고, 따라서 모든 생명체는 같은 우주적 질량을 갖는다는 결론에 도달하게 됩니다.

오늘은 햇고사리 순을 제법 많이 꺾었나 봅니다. 고사리는 초여름까지 계속해서 두 벌, 세 벌 채취가 가능하지만, 특히 올 고사리 즉 초벌 고사리가 맛과 풍미에서 단연 으뜸이지요. 고사리는 끓는 물에 10여 분 정도를 삶아서 그 물을 우린 다음 바람이 잘 통하는 곳에서 가급적 단시간에 건조시켜야만 맛과 향이 살아남게 됩니다. 스님들의 식사 공양과 제사상에 빠질 수 없는 고사리지만 요즘은 중국산이 대세인데, 백두대간의 원줄기 아래 붙어 있는 이곳의 고사리는 일품이라, 전에는 즐기지 않던 고사리 반찬을 즐겨 먹게 된 계기가 되었지요.

오후부터 짙은 구름이 몰려들더니 저녁 공양 시간 즈음이 되자

비가 내리기 시작합니다. 올봄에는 비가 잦습니다. 비가 내리고 나면 고사리들도 때를 만난 양 다투어 순을 내밀 테지요. 비가 내리기 시작한 저녁 시간인데, 무슨 영문인지 새 한 마리가 창문에 와서 자주 부딪칩니다. 몸집도 아주 작은 것이 배에는 노란 털로 뒤덮였더군요.

창문에 벌레 같은 먹이가 있나 싶어 살펴봐도 아무런 흔적도 없는데, 무슨 사연이 있기에 이 골짜기 저의 창문을 두드리는지, 조류 생태학에 대한 지식이 전혀 없는 저의 생각이 불현듯 미친 것은 애절할 사, 그 새의 전생이 저와 인연된 인과가 아닐까 하는 것이었습니다. 저에게서 못다 받은 사랑이나, 되돌려 받지 못한 빚이 있는 것이 아닐까? 참으로 많은 사람이 떠올랐습니다만, 한창 꽃다운 나이에 저의 가슴에 생사별의 통한을 남기고 떠난 이 땅 위의 하나뿐인 아들이 먼저였습니다.

오랜 세월을 거슬러 아이가 초등학교에 가기 전, 저의 직장 부근에 셋방을 얻어 놓고 부자간이 자취생활을 하던 때, 퇴근길 한잔 소주에 취해 귀가하면 아이는 저 스스로 식은 밥을 챙겨 먹고 잠이 들어 있었지요. 처연한 심경에 적어 두었던 시 한 편이 생각납니다.

⋮

아들

토끼 같은 자식
또는 애물단지
때로는 새벽잠 깨어
손 뻗어 쓰다듬는 것
퇴근길 한잔 소주에도
눈물처럼 씹히는
늙어 가는 애비
철들게 하는 것

　어차피 태어남은 죽음의 서약이고, 만남은 이별의 전치사이긴 하지만 우리 인간에게 돌아오지 못할 강이란 이렇듯 세월을 초월하여, 가슴에 골골이 무너지는 아픔을 남기는 물길인가 봅니다. 정말이지 인생의 행로는 뜻대로 되질 않았습니다. 가족과 사랑하는 사람의 죽음에 너무 연연하는 것을 경계하라 하셨던 부처님의 가르침을 어찌 모르겠습니까만, 필부의 어리석은 중생심은 진한 슬픔의 밀물에 망연자실 넋을 빼앗깁니다. 기록에 보면 조선의 3대 유학의 거두 남명(南冥) 조식(曺植) 선생도 아들을 잃고 그 애절한 심경을 시로 읊은 '상자(喪子)'가 전해집니다.

⋮

喪子

南冥 曺植

비실비아 승사아 (靡室靡兒 僧似我)
(집도 없고, 아들도 없으니 중 팔자 비슷하고)

무근무묘 아여운 (無根無苗 我如雲)
(뿌리도, 꼭지도 없는 이 내 신세 구름과 같구나)

송료일생 무가나 (送了一生 無可奈)
(한평생 보내자니 어쩔 수도 없는 일)

여년회수 설분분 (餘年回首 雪紛紛)
(돌아보는 남은 생이 눈발처럼 어지럽네)

    남명은 아들이 죽고 난 다음의 슬픈 심경을 집도, 절도 없는 중
의 팔자에 견주고 있습니다. 이때의 남명은 대 사상가로서가 아니라,
아들의 죽음 앞에 찢어지는 가슴이, 남은 인생 전체가 눈발처럼 분분
하다며 통한하는 한 애틋한 아버지로서의 남명으로 나타납니다. 한
조각 구름이 일어나는 것이 생이요, 한 조각 구름이 흩어지는 것이
곧 죽음임을 남명이 어찌 몰랐겠습니까만, 이렇듯 사랑하는 자식의
죽음이란 사상의 깊이와 종교적 철학을 초월하여, 가슴을 난도질하
는 아픔을 선사하는 것인가 봅니다.
    『숫타니파타』에서 악마 파피만을 반박하는 부처님의 게송이 생

부처님 한잔해요

각납니다. 악마 파피만이 "자녀가 있는 자는 자녀로 하여 즐겁고, 소가 있는 자는 소로 하여 즐거움을 얻는다." 하자, 이에 부처님께서 대답하셨습니다. "자녀가 있는 자 자녀로 인하여 근심하고, 소를 가진 자 소로 인하여 근심을 얻는다."

꽃 피고 떨어짐이 무상하듯, 생과 사의 길 또한 무상한 일이라며 혼미한 정신을 수습하고 향을 하나 피웁니다. 부처님께서도 꽃과 향 그리고 차 공양을 좋아하셨다지요? 오늘따라 부처님이 이렇듯 보고 싶습니다. 오늘은 한 잔 술 대신 은은한 녹차 향 담긴 찻잔을 부처님께 올리고 싶군요. 마침 지인이 중국여행에서 선물로 보낸 녹차의 일종인 '서호용정'이 있어 찻잎을 우려 봅니다. 너무나 엄격한 격식에 치우치는 것을 저어하여 다도에 대해서 아는 게 별로 없지만, 발효하지 않은 녹차는 물의 온도를 85도~95도 정도로 맞춰야 고유의 다향과 은은한 꽃향기 같은 여운을 즐길 수 있더군요.

여러 불자님께서도 잘 아실 테지만 육법공양 중에도 헌향은 해탈향(解脫香)이라고 해서 해탈을 의미하며, 자신을 태워 주위를 맑게 하므로 희생을 뜻하기도 하고, 화합과 공덕을 상징하기도 하지요. 헌다는 감로다(甘露茶)라고 해서 부처님의 법문이 만족스럽고 청량하다는 것을 상징하는 것임으로, 어리석은 저의 중생심에 한 줄기 꽃 비 같은 법문을 내려 주실 것을 기대해 봅니다.

부증불감 시고

(不增不減 是故)

———

늘어나거나 줄어드는 것이 없는바 즉, 텅 비어 존재의 상이 끊어진 공의 세계에 어찌 늘어나고 줄어드는 것이 개입할 수 있겠는가 하는 말씀이군요. 『반야심경』은 현상적으로는 대극적 요소이지만 궁극에는 무(無)와 불(不)로 만나 중도의 공(空)으로 통합되는 사유체계를 지니고 있습니다. 이 부증불감도 앞의 색과 공, 불생불멸, 불구부정과 논리 정연하게 사상적 통일을 기하고 있음을 봅니다.

일체 제법이 크게 공하여 상이 없는 경지에 이르게 되면 더하고, 덜 할 것들의 요소 자체가 사라지게 되겠지요. 우주 존재의 실상을 한번 살펴보도록 하겠습니다. 지금도 팽창을 계속하고 있는 우주의 절대 에너지값은 변화가 없는 항상수(恒常數)가 됩니다. 지구상의 물의 양만 보더라도 지구가 생성될 당시의 물의 양에서 한 방울도 줄거나

부처님 한잔해요

불어나지 않았다는 것이지요.

무수한 물줄기가 강물이 되어 바다로 흘러들지만, 바다는 차별 없이 모두를 받아들이고도, 바닷물의 절대량은 더하거나 모자람이 없는 것처럼 말입니다. 그래서 법이란 물이 흘러가는 것을 말하고, 모든 물은 바다로 모여지기 때문에 만법은 하나로 돌아간다고 하여 '만법귀일(萬法歸一)'이라 하지요.

에너지 불변의 원칙을 부처님께서는 수 천 년 전에 말씀하신 것입니다. 에너지는 질량과 속도의 상수(常數)에 의해 변화하지만, 질량과 속도의 제곱은 같은 에너지 값이 되어 절대치의 변화는 없게 됩니다. 우리가 장작에 불을 지피면 열에너지를 분출하면서 장작은 재가 되어 외형적 질량은 0이 됩니다. 그러나 그 열에너지는 열을 쪼인 사람에게 원적외선이나, 체온으로 흡수되어 고유의 열량은 우주에 동일한 값으로 저장되어 남게 되는 것이지요.

형태만 달리할 뿐 절대 에너지는 동일 값으로 항존하므로 만유의 본질 자체에는 증감이 없다고 보신 겁니다. 너와 나의 분별이 없고, 색과 공의 차별이 무너진, 공하여 또 공한 세계에서는 주체와 객체의 분별도 무의미하니 일체의 제법이 우주적 질량을 가진다는 초월적 세계를 인식할 때 거기에 무슨 더하고 덜함이 있을 것입니까?

저의 오두막집을 둘러싸고 있는 산과 계곡을 따라 진달래가 꽃대궐을 이루고 있습니다. 한국인의 정한(情恨)을 가장 한국답게 표현할 수 있는 꽃을 빌려오라면 아무래도 이 진달래가 압권이 아닐까 생각해 봅니다. 참꽃으로 더 잘 알려진 진달래는 쌍떡잎식물로 진달래목, 진달랫과에 속하는 낙엽관목입니다. 가난을 숙명으로 받들며 살아야 했던 지난 시절의 춘궁기에는 소나무 껍질과 이 진달래가 빈약한 영양소임에도 불구하고, 먹는 흉내라도 낼 수 있는 구휼의 먹거리가 되기도 했었지요.

　　이별의 정한을 가장 한국적으로 읊은 김소월의 진달래가 있고, 양반집 규수들이 일 년에 한 번 시를 읊으며 화전(花煎)을 부치던 문흥(文興)의 향유물이기도 했던 진달래가 있지만, 이처럼 생존의 보릿고개를 넘어야 하는 민중에게는 봄의 산천을 수놓던 진달래는 생사의 피 색깔로도 각인된 처절한 현실의 결과물일 수도 있었을 것입니다. 우리는 지금 인정의 보릿고개를 넘어야 하는 시대를 사는 건지도 모르겠습니다. 극단의 이기주의, 참 행복보다는 물질의 풍요만을 추구하는 삭막한 거리에는 그리움이라는 단어 자체가 실종되고 없잖습니까? 문둥이 시인으로 잘 알려진 한하운 시인의 시 〈보리피리〉를 떠올려 봅니다. 이 시에서 우리는 '봄-보리피리-그리움-눈물'로 이어지는 생명의 청각적 애절함을 느낄 수 있습니다.

부처님 한잔해요

:

보리피리 불며
봄 언덕
고향 그리워
피 - ㄹ 닐니리.

보리피리 불며
꽃 청산(靑山)
어린 때 그리워
피 - ㄹ 닐니리.

보리피리 불며
인환(人寰)의 거리
인간사(人間事)
그리워
피 - ㄹ 닐니리.

보리피리 불며
방랑의 기산하(幾山河)
눈물의 언덕을 지나
피 - ㄹ 닐니리.

한편 진달래가 필 즈음이면 어김없이 밤을 새워 우는 새가 소쩍새입니다. 솥이 작아 자신이 먹을 밥이 늘 부족하여 배가 고파 죽은 어느 며느리의 원혼이 솥 적다는 의성어로 부활하여 밤의 숲 속을 누비고 다닌다는 전설에서는 우리 민족의 한(恨)의 철학을 발견할 수 있겠습니다.

미당은 국화꽃과 소쩍새를 철학적 존재의 사유로 승화시키고 있지만, 저는 진달래가 소쩍새의 영혼을 초대한 인연의 매개체가 아닌가 생각해 봅니다. 또한, 진달래꽃을 술로 담근 것을 두견주라 하는데, 두견새는 곧 접동새를 말하지요. 김소월의 시 〈접동새〉는 의붓어미의 시샘에 억울하게 죽은 소녀를 주인공으로 한 진두강가의 접동새 설화를 모티프로 하고 있습니다. 여기서도 어김없이 죽음과 한이라는 한국적 정한이 등장하는군요.

이처럼 진달래는 봄의 산하를 아름답게 수놓는 자신의 선 기능에 걸맞은 대접보다는 절망, 이별, 배고픔, 한, 죽음 같은 허무의 실존으로서의 대우를 받아온 게 사실입니다. 하긴 어느 꽃인들 자신을 알아 달라고 피는 꽃이야 있겠습니까? 『마태복음』에 나오는 구절인데, "꽃은 수고하지 않고 길쌈도 하지 않지만, 온갖 영화를 누린 솔로몬도 이 꽃 한 송이만큼을 화려하게 차려입지는 못하는 법이라."고 했지요.

그렇습니다. 인간의 분석과학이 아무리 발전한다고 해도 진달래의 꽃 색깔을 화학적으로 분석하여서는 완벽한 진달래꽃 색깔을 재현할 수는 없을 것입니다. 물론 스펙트럼을 통과한 색세포의 굴절량

부처님 한잔해요

을 컴퓨터로 분석하면 진달래꽃 색깔과 일치하는 색 입자는 만들 수 있겠지만 진달래꽃 속에 내재된 이토록 아린 침묵의 색깔은 어찌 재현할 수 있겠습니까.

"꽃은 왜 아름다울까요?" 정말 어리석은 질문을 해 봅니다. 거기에는 꽃은 꽃으로 피어나지 않으면 안 될 필연의 인과가 있었음을 생각해 보아야겠습니다. 저 꽃이 저 꽃으로, 저곳에 피지 않으면 안 될 연기의 법칙을 말입니다. 모진 추위와 갖은 악조건을 모두 감내하고, 오로지 자신의 숙명통으로 피워 낸 그 숭고한 우주의 질량불변의 법칙인 부중불감의 절대 진리를 꽃은 침묵으로 외치고 있기 때문에 아름다운 것입니다.

부처님께서 왜 그토록 꽃을 사랑하셨는지, 왜 영산설법에서 침묵의 꽃 한 송이를 들어 보이셨는지를 이 골짜기의 흐드러진 진달래꽃에서 찾아보는 이 봄날도 꽃 보살님만큼 아름다운 시절 인연의 개화라 아니할 수 없겠습니다. 제가 오래전 청년기에 습작으로 쓴 졸시 〈꽃을 위한 연습〉을 올려 봅니다.

꽃을 위한 연습

꽃은 침묵이 넘칠 때

비로소 꽃이다

보내고 또 보내 놓고

돌아올 한 사람

기약도 없이

꽃은 잊혀진 언어일 때

비로소 꽃이다

사랑도 한 송이

꽃이라 치면

이별도 한 부분

사랑이라 할 때

꽃은 비로소 꽃이다

부처님 한잔해요

공중무색 무수상행식

(空中無色 無受想行識)

———

공 가운데는 색도 없고 수상행식도 없다. 이제까지 색과 공이 다르지 않고, 공과 색이 다르지 않으며, 색이 곧 공이요, 공이 곧 색이고, 수상행식도 또한 이와 같으며, 제법이 공하여 생멸도 없고, 더럽고 깨끗함도 없으며, 더하고 덜함도 없다는 진리를 더듬어 왔습니다. 지금까지의 표현된 으뜸 단어로는 '부(不)'가 8번, '공(空)' 6번, '색(色)' 4번으로 단연히 아니라는 부정의 '부(不)'가 으뜸이군요.

부정을 통해 대 긍정의 해탈을 향해 가는 진리의 과정임을 짐작할 수 있겠습니다. 지금부터는 존재의 실상을 밝히는 '무(無)'가 집중적으로 등장하게 됩니다. 『반야심경』에서의 '무'는 단순히 있고, 없음의 유무가 아니라 일체가 고요하여, 경계가 끊어진 적멸의 '무'로 승화되고 있음을 알아야겠군요.

공의 입장에서 보면 물질인 색이 없으니 느낌도, 생각도, 의식의 진행 또한 없을 것입니다. 오온 중에서 이 색을 따로 떼어 공 가운데 물리적 현상인 색이 없다고 강조하셨는데, 이는 중요한 의미를 지니고 있다 하겠습니다. 즉, 색이 무너지게 되면 수상행식은 종속적으로 무너지게 된다는 가르침으로 볼 수 있기 때문이지요. 이 다섯 가지 요소 때문에 인간은 인간의 굴레로 존재하게 됩니다.

물질(색)이 있어 인간은 감각으로 받아들이고 생각하며, 의식에 저장하거나 반응하게 되는바 이들 오온은 상호 인연의 구성 요소로 이어졌기 때문에 인연의 굴레를 벗은 공의 입장에서는 이것 또한 없다는 것입니다.

어젯밤에는 봄비치고는 많은 양의 비가 내렸습니다. 저녁때부터 계곡 물에 동심원을 그리며 소리 없이 내리던 비가 밤이 되니 후드득 후드득 추녀에 떨어지는 낙숫물 소리로 바뀌고, 그 소리에 잠을 깨니 불어난 계곡 물 소리가 베갯머리 맡에 어지럽습니다. 아직은 이른 새벽. 둥지가 외로웠든지, 밤늦게까지 구슬픈 울음을 토하던 두견이의 울음소리도 뚝 끊어진 채, 세상의 소리라고는 빗소리와 계곡 물소리뿐, 고적함을 넘어 호젓한 자유를 누립니다.

은밀한 시간대가 선사하는 명징한 사색의 즐거움 때문에 나이 따라 줄어드는 수면 부족의 영향은 정신 정화의 시간으로 대체할 수

부처님 한잔해요

있을 것 같습니다. 항상 깨어 있으라는 가르침은 맑은 지혜로 자아를 성찰하여 어디에도 걸리지 않는 탈 무명의 길을 가라는 가르침일 것입니다. 그래서 목탁에는 자나 깨나 눈을 뜨고 있는 물고기의 눈을 상징하는 홈을 조각해 놓고, 그 목탁을 두드림으로써 번뇌와 망상의 미망에서 벗어나라는 가르침을 상징적으로 표현하는 것이지요.

해인사 대적광전 뒤에 유명한 벽화가 있는데, 등에 나무가 자라난 물고기가, 배를 타고 있는 스님을 향해 울고 있는 벽화입니다. 어느 사찰의 비구가 스승의 가르침을 따르지 않고 온갖 계율을 어기다 병으로 세상을 떠났는데, 죽어서 물고기로 환생하는 업을 받았답니다. 그런데 등에 큰 나무가 자라나 이루 말할 수 없는 고통의 나날을 보내야 하는 업과를 받은 것이지요. 이에 스승인 노스님이 선정에 들어 제자를 관하니 그런 고통을 받고 있음을 알게 되었고, 물고기는 눈물로 참회하며 자신의 등에 자라난 나무로 목탁을 만들어 두들겨서 자신 같은 어리석은 중생이 깨달음의 길을 갈 수 있도록 서원을 비는 벽화인데, 다시 한 번 의미를 되새겨 음미해야 할 그림이 아닐까 생각되는군요.

조금씩 내리는 빗방울을 맞으며, 상추 씨앗이랑, 쑥갓, 열무, 등 봄 나물 씨앗을 뿌렸는데, 촉촉이 적셔진 땅을 뚫고 새싹도 잎을 잘 틔우리란 예감에 젖어 봅니다. 포은 정몽주 선생이 이른 봄날 대지를 적시는 봄비를 보며 조춘의 시심을 달래던 시 한 편이 떠오릅니다.

⋮

춘흥(春興)

춘우세부적 (春雨細不滴) :
봄비 가늘게 내려 방울지지 않더니

야중미유성 (夜中微有聲) :
밤이 되니 나지막이 빗소리 들리네

설진남계창 (雪盡南溪漲) :
눈 녹은 시냇물에 물도 불어났으리니

초아다소생 (草芽多少生) :
새싹도 파릇파릇 돋아나겠네

봄나물의 성장 속도는 얼마나 빠른지 상추나 쑥갓 잎은 아무리 솎아내어도 더욱 무성한 잎을 달아 줍니다. 그래서 좁은 땅에 씨앗을 뿌려도 이웃 친지와 얼마든지 나눠 먹을 수 있는 양이 되지요. 이곳 은 청정한 땅 기운에 농약을 사용하지 않으니 그야말로 무공해 채소 인 셈인데, 그래서 그런지 시중에서 사 먹는 야채와는 그 맛과 향이 월등히 차이가 남을 느낄 수 있습니다.

곰취나물은 작년에 산에서 몇 포기 캐어다 밭에 조금 심어 두었더니 해마다 봄이면 연녹색 새순을 밀어 올립니다. 무공해 봄나물은 데치거나 양념에 무쳐서 참기름에 깨소금을 조금 더하면 그 향이 독특한 게 막걸리 안주로는 그만인 궁합을 이루지요. 거기에 더하여 정자의 추녀에 낙숫물이라도 지는 날이면 왕의 밥상이 부럽잖은 저만의 주안상이 됩니다. 이렇게 부처님의 언저리를 맴돌며 막걸릿잔이나 비우고 사는 저의 생활을 나름대로 압축하여, 이 책의 제목을 『부처와 놀며 막걸리나 마시고』로 붙일까도 생각했더랬지요.

우리 인생의 덧없음을 비유하거나 권력과 명예의 끝을 조심하라는 경구로 "화무십일홍(花無十日紅)"이 곧잘 인구에 회자됩니다. 물론 백일홍, 산수유 같은 꽃은 근 한 달 또는 석 달씩을 피는 꽃이 있습니다만, 사실 우리 주변의 대부분의 꽃은 열흘 붉은 꽃이 잘 없음을 알 수 있습니다.

꽃술이 넓어 아름답고 화려한 꽃일수록 낙화의 모습이 지저분한 것은 상대성의 이치라 할 것인바, 그만큼 사람들의 눈에 각인되었던 화려함에 대한 실망의 분명한 분별심의 탓일 것입니다. 그런 꽃의 대표적인 예가 목련을 꼽을 수 있겠는데, 자목련의 경우보다 백목련이 더 낙화의 상흔이 큰 듯합니다.

백목련과 목련은 서로 다른 종(種)이라고 하지요. 그런데 이 백목련의 꽃봉오리는 북쪽을 향하고 있어 옛사람들은 '북향화(北向花)'라고 불렀으며, 임금이 있는 북쪽을 바라본다고 하여 '충성화'라고도 불렀다지요. 북향화라 부른 이유는, 봄 햇살을 잘 받을 수 있는 남쪽 방향 겨울눈의 생장점이 빨리 자라 벌어지게 되니 꽃봉오리는 자연히 북쪽을 향하게 된다는군요.

봄꽃은 매시간이 다르게 개화를 위한 분주한 신진대사를 펼쳐 나가는 것이 보입니다. 두 그루 목련이 화단의 양옆을 지킨 지가 올해로 수령 7년을 맞는 가 봅니다. 그제까지만 해도 북쪽을 향한 꽃술이 잎을 열지 않더니 오늘 오후 햇살 아래서는 옷을 벗은 비너스처럼 부끄러운 듯 꽃술을 활짝 열었습니다. 사진전문가들이 고속으로 촬영한 개화의 장면을 보면 시간의 불연속점이 보이는 것처럼 말입니다.

⋮

목련꽃 속에도 사람이 사는갑다
그 사람 지금은 얼굴조차 아득하여
흰 송이 목련을 닮은 그 꽃을 빗대 본다

올해도 소리소리 꽃잎들 터지는 소리
꽃 속에서 걸어 나온 수많은 얼굴들이
이제는 닿을 수 없는 허공으로 남아있어

또 한 장 달력을 찢듯 잊어야 할 이름이라
공연히 만난 인연 부처를 탓해야 할지
목련 꽃 이우는 밤에 적막을 안아 본다

졸시 _다시 목련에서

부처님 한잔해요

무안이비설신의

(無眼耳鼻舌身意)

직역하면 눈·귀·코·혀·몸·의식이 없다는 뜻이지만 이들 6근 (根)의 인식 대상과 경계를 차별하여 집착하지 말 것을 설하는 것입니다. 제1부 불교의 본질의 장에서 6근(根)과 6경(境), 6식(識)의 12처(處) 18계(界)에 대해서 살펴본 것처럼, 심신을 작용케 하는 여섯 가지 감각기관은 물론, 이들 기관이 감각의 대상으로 삼는 색(色)·성(聲)·향(香)·미(味)·촉(觸)·법(法)의 6경 및 감각이 인식하는 안식(眼識)·이식(耳識)·비식(鼻識)·설식(舌識)·신식(身識)·의식(意識)의 6식 또한 모든 것이 공하다는 뜻입니다.

인간이 어떤 사물이나 감각적 행위를 인식한다는 것은 6근, 6경, 6식의 경계가 화합하여 이루어지게 되는데, 이 6근도 오온을 토대로 분별하는 감각의 작용이기 때문에 오온이 사라져 공이 된 상태에서는 이도 마땅히 공으로 귀결될 것입니다. 좀은 용어 자체가 일상어가 아닌 탓에 경계가 모호하고, 이해가 어려운 부분이 있습니다만, 인간의 총괄적 감각을 지배하는 6가지 의식 위에 제7식인 말나식(末那識)과 더 깊은 마음의 심연에 제8식인 아뢰야식(阿賴耶識)이 있다고 상기해 두시기 바랍니다.

저의 오두막집의 2층 다락방을 서재로 꾸며 재활용 가구 더미에서 건진 책꽂이 몇 개에 그동안 읽었더라도 그 뜻을 다시 새기기 좋은 책들을 깨나 많이 진열해 두었습니다. 칼 세이건의『코스모스』, 다산 정약용의『유배지에서 보낸 편지』, 노자의『도덕경』, 제레드 다이아몬드의『제3의 침팬지』, 마티유 리카르·트린 주안 투안 공저『손바닥 안의 우주』, 스티븐 호킹의『시간의 역사』같은 책을 수시로 몇 쪽씩 읽는 재미도 이 산골짜기에서는 또 다른 즐거움이 아닐 수 없습니다.

책은 읽어서 자신의 지식으로 저장하려는 노력보다 작가의 인생관과 세계관을 음미해 보는 것이, 갈수록 기억장치에 문제가 있는 뇌를 혹사하지 않고, 그나마 그 책의 진가를 오래 간직할 수 있는 제대로 된 글 읽기의 자세가 아닐까 생각을 해 봅니다.

살아온 몰골이 청승맞은 홀아비의 삶을 오래 살아서인지, 남들이 출세를 위해 가정과 조직에 충성 내지는 아부를 하는 시간에 책 읽기와 졸편의 시를 쓰거나, 술 마시는 일로 시간을 매웠으니 딴에는 독서

부처님 한잔해요

량이 보통의 현대인들 보다는 많았을 것이라는 자부를 해 봅니다.

퇴근하고 이른 저녁을 먹은 뒤, 시내의 헌책방 골목의 집집마다에 들러 곰팡이 냄새나는 책더미 속을 마치 하이에나가 썩은 고기를 찾아내듯 헌책 사냥을 하곤 했지요. 어쩌다 읽고 싶었던 책이나, 절판된 명저를 헐값에 구한 날에는 하루의 색깔이 온통 보람으로 바뀌는 걸 경험했으니까요. 그런 날은 종일 꼴을 뜯고, 제 등의 꼴망태에도 풀을 가득 얹어 귀가하는 누렁이 황소처럼, 양손에 한 보따리 책꾸러미를 들고 자취방으로 양양한 귀가를 했었네요.

그저 습관적으로 출근하고, 하루에도 숱한 애증과 마주치면서 계절 따라 피는 꽃을 보는 일이 때로는 먹먹하고 울적하다가도, 책을 통해 세상의 몰랐던 지식을 하나씩 알아 가는 즐거움은 출세와 가정의 행복을 포기한 자기변명의 구실로 써먹기도 했지요. 마치 높은 곳의 포도를 포기하는 여우의 자기 위안처럼 말입니다.

책을 탐하면 평생 가난을 면치 못한다는 옛 어른들의 교훈은 진즉에 알았으면서도 책을 읽고 감동하고, 일희일비했던 저의 독서사(讀書史)는 내세울 것 없는 자신의 열등감을, 세상을 향해 우월감으로 채색고자 한 이불 속의 몸부림이었는지도 모르겠습니다.

그런데 지난날 읽었던 책들은 대부분 기억의 저장 창고에 갇혀 있는 데 비해 나이가 들어 특히 최근에 읽은 내용일수록 가물가물 기억의 언저리만 맴도는, 인정하지 않을 수 없는 전형적인 기억력 감퇴의 수순을 밟고 있는 걸 느끼니 촌음을 아껴 쓰지 못했던 지난날이 새삼 상실의 압박으로 다가옴을 느낍니다.

부처님께서는 일찍이 지식에 경도되어 진리의 핵심을 꿰뚫지 못하는 걸 경계하시면서 부디 지혜로워지라고 가리키셨지요. 문자적 지식에 집착하다 보면 현실에의 균형 감각이 떨어지거나, 실체의 접근이 어려워지는 등 백면서생의 맹꽁이가 되어 가는 걸 가끔 보게 됩니다. 조선조 유학의 폐단은 실사구시를 외면하고 명분에 의한, 명분을 위한 학문단계에 머물렀기 때문에 이용후생(利用厚生)이라는 궁극적 국리민복을 어렵게 하여 나라의 해를 잃는 역사의 오점을 남긴 것이 아닌가 생각합니다.

　　그리고 기득권 보호를 위해 가렴주구를 일삼던 조선의 집권 사대부층은 한문 위주의 영재 학문교육에만 치중하였을 뿐, 대중적 국민교육을 말살하였기 때문에 조선조 말, 낫 놓고 'ㄱ'자도 모른다는 국민의 문맹률이 90%에 달한 사실을 감안하면 국권의 침탈은 어쩌면 당연한 결과였는지도 모르겠군요. 배우지 못한 민초들에게는 누가 국권과 국체를 지니느냐 따위의 통치이념은 관심 밖의 일이었을 것이고, 일제에 수탈당하는 것이나, 양반 지주에게 수탈당하는 것의 개념차이도 정립되지 않았을 것입니다.

　　중국 당나라 때의 시성(詩聖) 두보의 시를 북송(北宋)의 왕수가 편찬한 시문집인 『두공부집(杜工部集)』에 '남아수독오거서(男兒須讀五車書)'라는 고사가 있듯이 남자라면 다섯 수레의 책은 읽어야 한다는 말은 곧, 국민적 교양은 국력의 지표가 된다는 말이라고도 하겠군요. 논지가 다소 핵심의 언저리를 벗어났습니다만, 세계 최고의 학력 수준을 가지고 있는 지금의 우리나라의 국민적 교양의 수준은 어떠한지 자문

부처님 한잔해요

해 보지 않을 수 없습니다.

인문학은 이미 설 자리를 잃었고, '데칸쇼'를 논할 상아탑이 취직을 위한 기능학원이 되어 버린 지 오래지 않습니까? 돈오돈수란 말처럼 깨닫고, 지혜로워지는데 꼭 지식과 독서가 필요한 건 아닐 테지만 보편적 교양은 지혜를 일깨우는 데 필요한 자양분이 아닐까 생각해 봅니다.

우리나라 국민의 1년 평균 독서량이 미국, 일본의 1/4에도 미치지 못하는 0.3권이라는 통계를 본 기억이 납니다만 버스나 지하철, 기차 안에서도 무참히 두들겨 대는 스마트폰의 미디어 검색에 도취한 젊은이들만 있을 뿐, 책 읽는 사람을 본 기억은 별로 떠오르지 않는군요.

배우지 못하고 무식한 사람이 신념을 갖게 되면 무서운 재앙이 된다는 걸 작금의 우리 사회의 이념과 갈등의 대립구조에서 여실히 느껴야 하는 심경은 착잡할 따름입니다. 갈등만 난무할 뿐 화해는 없고, 대립은 무성한데 관용이 없는 말초신경의 표피 위를 살아가는 우리에게 책 읽기와 수행이야말로 인간성 상실의 회복을 위한 이 시대의 화두와 같은 것이 아닐까 생각해 봅니다.

먹고 살기 바쁜데 책 읽을 시간이 어디 있느냐고 또는 책 읽는 시간에 주식과 부동산 따위의 정보검색을 하는 것이 미래의 안정되고 행복한 삶을 보장받는 길이라면 할 말이 없겠으나, 역사에서 배우지 못한 민족은 필히 패망한다는 교훈은 타산지석으로 삼아야겠습니다.

밤이 새벽 두 시를 지나고 있는 산골은 적막이란 말이 무감각할 만큼 소리를 보는 관음의 감각세포도 둔해지나 봅니다. 이런 날 밤 잠을 청하는 데는 음악과 한잔 술이 있어야겠군요. 음악은 지난 시절, 학사주점의 찌든 벽면을 타고 흐르던 올드 팝을 선택해 봅니다. 특히 비틀즈의 노래는 정말 좋아했습니다. 그들의 음악적 열정이 좋았고, 어려운 여건에도 굴하지 않고 음악으로 자신들의 삶을 승화시켰던 철학이 좋았고, 자연과 인간의 공존을 노래하며 팝 음악의 새로운 지평을 연 장르가 좋았습니다.

비틀즈의 음악 중에도 'Let it be.'는 그 가사의 내용과 음악적 운율이 단연 압권이란 생각이 드네요. 그 뜻은 지혜의 말씀으로 삶과 현실은 자연과 순리에 맡기고 결과에 집착지 말라는, 깊은 내공의 철학적 울림이 있는 한 편의 명상 시라고도 할 수 있겠습니다. 혼돈과 방황의 젊음이 끝없는 갈증으로 목이 마르던 학창시절, 궁색한 용돈들을 털어 학사주점의 구석진 자리에서 막걸리를 마시며 듣던 그때의 음악과 함께 과거로의 시간여행을 하면서 하루를 접습니다.

부처님 한잔해요

Let it be

♬♬

When I find myself in times of trouble
내가 힘든 시간 속에 있다고 느낄 때

Mother Mary comes to me
성모 마리아께서 내게 다가와

Speaking words of wisdom
지혜로운 말씀을 전해주시길

Let it be
순리에 따르거라 (내버려 두어라)

And in my hours of darkness
그리고 내 어둠의 시간 속에서

She is standing bright in front of me
그녀는 밝게 내 앞에 서 계시며

Speaking words of wisdom
지혜로운 말씀 건네주시길

Let it be
순리(자연)에 따르거라

♪ ♪ ♪

무색성향미촉법
(無色聲香味觸法)

───────

　색·성·향·미·촉·법도 없다. 여기서는 색성향미촉과 법을 나
누어서 살펴볼 필요가 있을 것 같습니다. 법(法)은 인간이 인식하는 주
체적 특성인 의지인 데 비해, 색성향미촉은 객체적 인식 대상의 특성
으로 파악한다는 것입니다. 사실 불교에서 제시하는 법은 포괄적이
고 다양한 개념으로 불려 지는데, 여기에서의 법은 의식의 인식 대상
으로서, 감각의 대상인 색성향미촉이 감지해낸 말초적 감정에 더하
여 기쁨과 슬픔, 번뇌·망념 등의 차별적 감정이 더하여진 현상이라
보면 되겠습니다.

　좀은 어려운 설명이 된 것 같습니다만, 우리가 '일체유심조(一切
唯心造)'라고 할 때의 일체가 곧 법으로, "일체의 모든 법은 마음이 만
든다."를 상기하면 좋을 듯하군요. 마음이 생하는 곳에 법이 생하고,

부처님 한잔해요

마음이 멸하는 곳에 법이 멸한다는 말은 많이 들어본 기억이 날 것입니다.

아름답다거나 추하다고 느끼는 감각작용도 결국은 의식에 저장된 분별과 차별심이 일으킨 망념일 뿐으로, 애초에 오온과 18계가 끊어진 공의 세계에서는 이들의 작용 또한 일어나지 않는다는 가르침이라 하겠습니다.

원효대사가 해골바가지의 물이 해골이 아니라고 느낄 때와 그것이 해골의 물인 것을 알았을 때의 분별작용이 그토록 감로수 같았던 원효대사의 6경에 망념으로 작용하여, 더럽다는 차별심이 일어났으니 그 현상이 일어나게 된 것이 심법(心法) 곧 법이 되는 것이지요.

눈에 넣어도 아깝지 않을 친구의 막내딸이 20대의 꽃다운 나이에 불치의 병으로 투병을 해오다가 올해 초 하늘나라로 갔다는 비보를 전언을 통해 오늘에야 알았습니다. 사랑하는 딸을 가슴에 묻어야 했을 친구의 쓰라린 심정이야 이미 자식을 잃어 본 저의 입장에서 너무나 잘 알고 있고, 주변의 위로의 말이 별로 위로가 되지 않으리란 것도 잘 알고 있어 무슨 말을 해야 할지 도무지 생각이 정리되질 않았습니다.

친구는 경황이 없는 상황에서 연락할 처지가 아니었을 것이고, 저 역시 친구에게 사경을 헤매고 있을 딸아이의 안부를 자주 묻는다는 것이 아비의 고통을 확인하는 것 같아 자제했었는데, 몇 달이 지나서야 생과 사의 사실을 확인하게 되니 새삼 덧없는 삶의 비애를 느낀 하루였습니다. 우선 전화로 의례적인 위로는 하였습니다만, 어쩔 수 없이 저의 지난날의 회한과 친구의 비극이 오버랩 되어 종일 아무 일도 할 수 없었습니다.

한 세상 살아가는 뜬구름 속의 일이 하루의 소풍이라 치더라도, 황혼이 되어 보람 있게 돌아가는 귀갓길에 오르지 못하고 소풍의 행렬에 끼지도 못한 안타까운 경우가 이런 어린 주검이 아닐는지요? 주변에 보면 이 세상에 덕은커녕 시제말로 귀신은 뭐하나? 싶은 사람들은 병에 걸리지도 않고, 오만 가지 악행을 저질러도 오히려 잘 살며, 자식들도 잘되는 경우를 허다히 봅니다. 오늘은 인과와 인연법으로 이러한 상황을 이해할 수 있을 것 같지가 않군요.

지금도 지구촌 각처에서는 이념과 인종차별, 정권욕의 야비한 탐욕이 일으킨 전쟁과 기아, 빈곤으로 인하여 7.5초마다 1명의 영아가 사망하고, 물과 식량이 없어 죽어 가는 어린이는 이보다 훨씬 더 많다는 뉴스가 있었지요. 악의 씨앗은 그림자가 형상을 따르듯 반드시 과보를 받는다고 부처님은 가리키셨지만, 이 죄 없는 어린이들이 왜 죽음의 과보를 받아야만 하는지, 이제껏 나름대로 불교의 사생관이며, 우주관 따위를 많은 지면을 할애하여 요설을 널어놓고는 갑자기 혼미해지는 자기 부정의 함정에 빠지는 기분이 드는군요.

현재 지구촌에서 생산되는 식량의 절대량은 세계인류가 먹고도 남을 양이거니와, 우리나라만 해도 음식물 쓰레기 처리비용이 연간 6

부처님 한잔해요

천억 원에 달하고, 경제적 낭비 요인은 20조에 가까운 반면, 지구촌에는 지금 30억 인류가 굶주리고 있고, 절대 기아자만도 10억 명이 넘는다고 하니 이 어리석은 인간들을 이처럼 방치해 놓고도 왜 빨리 새로운 부처님은 오시지 않는지 그저 안타까운 생각만 들 뿐입니다. 미륵불의 강림이 56억 7천만 년밖에 남지 않았으니 그때까지 기다려 보는 수밖엔 없을 것 같군요.

갑자기 외로워짐을 느낍니다. 오늘따라 새소리도 애절하게만 들리는군요. 새는 천상계와 지상을 연결하는 초월의 상징으로, 하늘과 소통코자 한 인간의 중간자로서의 매개물로 인식되어 왔지요. 그래서 우리 민족에게는 솟대 신앙이 고대사회에서부터 생겨난 것이라 봅니다. 신의 모습으로 피조된 인간의 능력을 스스로 부정하면 자신의 키만큼도 날 수 없는 사람의 무능이 크게 보이고 새를 부러워하게 됩니다.

저 역시 한낱 미물인 풀벌레가 부러운 때가 있었습니다. 십여 년 전 어느 무더운 여름날이었던가요? 이십 년 넘게 홀로 키워 온 하나뿐인 자식을 한 줌 재로 띄워 보낸 뒤, 망연자실 앉아 있던 대웅전 앞 섬돌 밑에서 풀벌레 한 마리가 울고 있었습니다. 혹시 저 녀석은 이리도 번민과 회한 가득한 인간이 되고 싶은 게 아닐까 하는 안타까운 생각이 들었었지요. 그때의 미혹한 내 혼백은 진실로 풀벌레 한 마리가 되고 싶었습니다.

사람 몸을 받는 것이 얼마나 어려운 인연임을 모르는 바 아니었으나, 오욕(五慾)의 번뇌 망상 그 마음 한 자락 벗어 놓으면 네 마음이 곧 극락이라는 부처님의 말씀조차, 예리한 면도날로 심장을 올올이 난도질하는 것 같은 아픔 앞에서는 위안이 되지 않던 날들이었지요. 그러나 어찌할 일이었겠습니까? 저는 다만 졸시 몇 줄이 죄 많은 아비의 속업(贖業)의 진혼곡이 되어, 망애자의 넋에 한 줄기 적멸의 빛이 되기를 바랄 뿐이었습니다.

⋮

풀벌레가 부럽다

5그램 몸무게라도
나보단 낫겠구나

기막힐 땐 기막힌 대로
네 색깔 다하여
그냥 울면 그뿐이겠구나

멀리 볼 때
삶이란 한 점 동심원에서
이승과 저승을 바꿔 앉기에는
버릴 것 하나 없어
가볍디가벼운 네가
얼마나 편리한 것이겠더냐

부처님 한잔해요

은하수보다도 깊은

이 시름의 골짝에서

불어오는 바람으로

한 몸 날려 버릴지니

지옥 鍾보다 무거운

이 육신보단

내 심사 알겠다는

네가 훨씬 좋겠구나

　　신은 결코 극복하지 못할 시련을 인간에게 주지 않는다고 하였습니다. 그리고 신이 인간을 땅에 쓰러뜨리는 것도 일어나는 법을 가르치기 위함이라고 하였습니다. 불교설화에도 하루 사이에 남편과 두 아들 그리고 친정 부모와 세 자매를 잃은 사밧티의 여인 파타차라에 대한 이야기가 나옵니다.

　　남편과 아들 함께 출산을 위해 친정으로 가다가 남편은 독사에 물려 죽고, 길 위에서 해산한 갓난아기는 독수리에게 빼앗기며, 큰아들은 불어난 강을 건너다 잃게 되는 너무나 처절한 비운의 여인이지요. 친정의 부모와 세 자매마저도 폭우에 집이 무너져 하루 사이에 몰살을 당하고 맙니다.

　　거의 실성하여 부처님이 계신 기원정사까지 오게 된 이 여인에게 부처님은 다음과 같은 설법을 들려주셨지요. "중생이 과거 생에 부모, 형제, 남편 처자식을 잃고 흘린 눈물을 다 모으면 이 땅 위의 모든 물보다 많나니, 이미 떠난 사람에 대하여는 지나치게 생각지 말라, 중생의 몸과 마음은 덧없고 고통스러우며 실체가 없으니 스스로 맑은 정신을 깨워 지혜를 닦아야 하느니라." 파타차라 여인도 부처님의 은혜로 비구니가 되어 깨달음을 얻게 되지요. 멀리 볼 때 짧은 삶과 긴 이별이란 것은, 차원을 달리하는 우주의 영역에서는 같은 찰나의 영점이 아니겠습니까?

⋮

반혼제 返魂祭

떠나거라 훨훨
한 줌 재의
남은 언어마저
새벽안개의 미혹한 초점이듯
기억도 하지 말고
훨훨 날아 떠나거라

가면 이내 와야 할 길
그때는 그때대로
이제는 저 불의 꽃그늘 넘어

흔적도 두지 말고
당당히 가려무나.

산산이 부서질 이름 앞에서
나는 엎디어 향을 사른다

길 위에서 길을 만든
부처의 지혜처럼
못다 할 것 하나 없는
네 삶의 혼불로

가거라
가거라
하늘에 닿아 가며
억겁도 순간인 듯
훨훨 날아 떠나거라

　　친구는 독실한 기독교 신자이기 때문에 신앙의 힘이 그를 지탱
시켜 주리라 믿습니다. 아무쪼록 슬픔의 늪에서 헤어나, 주님의 은총
이 늘 함께하고, 하늘나라로 간 따님은 천당에 다시 나실 것을 기원
해 봅니다.

무안계 내지 무의식계

(無眼界 乃至 無意識界)

———

　　인식세계인 **6식의** 안식(眼識)으로부터 의식세계까지가 **없다는 뜻**
입니다. 안식(眼識)과 의식까지만 표기하고 가운데 이식(耳識)·비식(鼻
識)·설식(舌識)·신식(身識)까지가 생략되었군요. 내지(乃至)란 무안계로부
터(from) 무의식계까지(to)를 이릅니다. 『반야심경』에서 처음으로 '계(界)'
라는 어휘가 나왔군요. '계=영역'이라 보면 되겠습니다. 그러니 보이
는 눈의 영역으로부터 마음의 영역인 의식에 이르기까지 6근, 6경, 6
식의 18 영역이 모두가 실체가 없으므로 철저하게 공으로 돌아가라
는 결론에 도달하게 됩니다. 역시나 『반야심경』의 열쇠는 '공(空)'에 있
음을 절감할 수 있군요.

　　우리는 눈으로 보고, 귀로 들은 사실은 절대 진실로 믿는 것에
주저하지 않습니다. 그러나 인간의 감각기관에 의존하는 현상의 파

부처님 한잔해요

악이란 장님이 코끼리를 만지는 것과 무엇이 다를까요? 눈병이 난 사람이나 난시가 있는 사람, 색안경을 낀 사람이 보는 꽃이나 색깔이 같을 수 없을 것이며, 제각각의 감각에 비친 형상으로 인식되는 것은 당연할 터이지요.

똑같은 달빛도 보는 사람의 마음의 상태에 따라 애달픈 빛으로 비치기도 하고, 황홀한 정서의 감응을 불러일으키는 빛이 되기도 합니다. 그러니 내 것이라고 애착했던 육신의 색(色)이란 얼마나 보잘것없는 것이란 말입니까? 그러나 사람들 스스로 그런 줄 모르고 자신이 맞고, 다른 것은 모두가 틀리다고 하면서 견해가 틀리면 적으로 돌려 버리지요. 그래서 『반야심경』에서는 아집과 편견을 날려 버리고 철저한 공의 상태에서 대 해탈의 자유를 누리라고 가르치는 것입니다.

4월도 막바지에서 며칠 남지 않은 달력이 가볍습니다. 1948년 노벨문학상을 받은 영국의 시인 T.S.엘리엇은 그의 시 〈황무지〉에서 황폐한 세상을 황무지에 비유하며, '4월은 가장 잔인한 달'이라고 읊었었지요.

⋮

4월은 가장 잔인한 달

죽은 땅에서 라일락을 피우며

추억과 욕망은 뒤섞이고

봄비로 무기력한 뿌리에 생명을 돋게 한다

　시인은 1차 대전으로 피폐하고, 황폐해진 인간의 대지 위에도 어김없이 새 생명이 움트고, 꽃들로 장엄해 가는 자연의 처연한 질서를 보게 됩니다. 전후의 암담한 상황에서 뒤섞인 추억과 욕망을 딛고, 무기력한 뿌리에 생명을 돋게 하는 경이로운 신비를 보는 시인의 감상(感傷)은 잔인함 그 자체였을 지도 모릅니다. 그러나 그 잔인함은 절망의 그늘에서 희망의 빛을 건져 올리는 환희로서의 잔인함이 아니었을까요?

　우리가 무심히 대하는 개화와 낙화 속에 이렇듯 숭고한 삶의 스승이 계셨던 것입니다. 산수유, 목련, 금낭화, 매화꽃이며, 이 골짜기의 산천을 붉게 물들이던 진달래의 행렬도 이제 아련한 잔상으로 남은 때, 고맙게도 지천으로 흐드러지게 설유화 꽃이 피어났습니다. '가는 잎 조팝나무'라고도 불리지만 설유화라는 발음이 이리도 정겨운 탓에 저는 설유화라고 즐겨 부른답니다.

　은밀한 사랑 또는 애교, 노력 등의 꽃말이 붙은 설유화는 잔인한 4월 하순을 장식해주면서 5월의 싱그러운 녹음을 연결해준 뒤 자신은 조용히 꽃술을 닫습니다. 꽃이 핀 모양이 마치 튀긴 좁쌀과 같다

부처님 한잔해요

하여 조팝이라고도 부르는데, 이 설유화는 달밤에 감상하면 꽃잎에 달빛이 묻어나는 듯하고, 눈 내린 설야와 같아서 봄밤의 시름을 달래기에는 그만이지요. 민간에서는 울타리 대용으로 심기도 했고, 뿌리는 해열제로도 쓰며, 어린 순은 나물로 먹기도 했으니 여기에도 가난한 우리의 지난 애환을 느껴 볼 수 있겠습니다.

4월 하순이 되니 여름 채소 파종을 위한 밭갈이며, 거름 나르기 같은 밭일이 방랑벽 많은 저를 붙잡은 채 놓아주질 않고, 가사적으로는 겨우내 입었던 털 점프도 세탁해서 장롱으로 보낼 일과 봄·여름 옷도 꺼내어 손질해야 하는 일상이 기다리고 있군요.

농민들에게는 밭 가는 관리기 구입비를 정부에서 반을 보조해 준다고는 하는데, 밭이라야 3백 평 정도인 농토에 기계 소리를 내는 것이 별로 아름다운 전원생활이 못 되는 것 같아 삽과 호미로 허리를 혹사하곤 하는데, 급기야 오늘은 덕지덕지 파스를 붙여야 하는 요통을 맞이하게 되었습니다. 몸이 고된 것보단 초로의 나이 탓인지, 마음이 일의 집착을 어렵게 만드는 것 같아 서럽도록 화창한 봄날의 햇살을 공연히 원망도 해 봅니다. '남자는 마음으로 늙고, 여자는 얼굴로 늙는다.'는 말이 있지만, 확실히 지난날 그토록 애착이 가던 분야의 키워드에도 식어 가는 열정을 느끼면서, 세월의 무게를 인정하게 하는 올해의 봄날이군요.

세상에서 가장 쉬운 일은 늙는 것이고, 가장 어려운 일은 아름답게 늙는 것이란 걸 제게 들려주신 분은 십수 년 전 세상을 떠나신 저의 은사 선생님이었습니다. 아동문학을 하신 선생님답게 평생을 동심으로 세상을 사셨고, 그만큼 현실적 사회생활은 어려움이 많아 사모님의 고생도 많았던 분이기도 합지요. 막걸리를 참 좋아하셨는데, 생전에 시장통 순댓국집에서 막걸리를 대접해 드리면, 맛나게 드시던 순수한 모습이 떠나질 않습니다.

이십 수년 전쯤 오늘 같은 화창한 봄날, 시인인 선배님과 은사님, 저 셋이서 봄나들이를 갔더랬지요. 그리 멀지 않은 시골 면 단위 소재지의 막걸리 집에서 기본 안주 봄나물에 봄 햇살 한 줌씩 섞어 대취하면서, 문학을 이야기하고 지난 과거의 살아왔던 이야기며, 황폐해 가는 세상의 인심을 개탄하는 이른바 문사철(文史哲)이 있던 그 날이 오늘은 이리도 그리워집니다.

그때의 시인 선배님도 병석에서 자리보전을 한 지 벌써 몇 해째이고 보니, 이 봄날 막걸리 한잔 대접해 올릴 분들도 잃어버린 채 혼자 낮술 한잔을 해야 할까 봅니다. 얼마 전 파종한 봄 열무며, 쑥갓, 상추 같은 채소들이 곰살맞은 새싹을 내밀고 있군요. 이런 날 시름을 곁들인 탁주 잔에 스스로 위로의 안주가 되어 줄 터이지요. 해묵은 시첩에서 오늘의 정서에 맞는 졸시 한 편 꺼내 봅니다.

⁂

4월 설유화 지는 밤

돌이켜 보면 만남과 헤어짐이
유독 4월에 많았던 것은

부처님 한잔해요

설유화 꽃 지는 일과 무관하지 않다

4월에 지는 꽃이 어디
설유화 꽃뿐일까 마는
이 꽃의 낙화로
비로소 4월이 떠난다는 사실을
기억해 낸다

흰 꽃술이 줄기를 만들어
산야의 색깔조차 눈 내린 밤과 같아
그립지 않고는 배길 수 없는
그 날의 사연을 어쩔 수 없음이다

이 하늘 밑 어딘가에 있을
길지 못한 내 인연의 사람이
오고 가는 봄마저
무심하여 불편턴지
설유화꽃 수놓아 잠시 달래 주는 것이
마음속 무슨
위로의 말이 될 수 있을까

밤새소리에 꽃술이 더 무거운

이 밤의 시름 잔잔히 밟으며
4월이 토(吐)해 놓은 그리움의 잔해 위에
설유화꽃 말없이
그대 속에 지고 있다

　꽃은 피기는 어렵더니 지는 건 금방이라고 탄한 시인의 시가 또 생각나는 밤입니다. 졸시 〈낙화주〉 한 편 더 올리고 아무래도 시름주 한잔 더해야겠습니다.

　⋮

낙화주

떨어진다고 꽃이 아니랴
잠시를 피었어도
진한 가슴 뜨겁게
타올랐을 영혼이네

무엇을 위해 누군가를 위해
붉은 가슴 한번 열어보지 못한 채
심방의 무화과로 퇴화한
내 생존의 딜레마보다는
경이로워라

　　　　　　　부처님 한잔해요 /

저 숭고한 낙화의 잔해

이쯤에서 난분분
술잔이나마 공중에 뿌리네
진다는 것도 피는 일 못지않게
뼈마디 마디 산화하는 통증의 터널 따라
너를 찾아 떠나는 예비 된 고해의 길

흩어져야 모이는 게
살아남은 자
비움의 법칙이라
술잔에 떨어진
한 잎 낙화에서
내밀한 우주의 속살을 보네

무무명 역무무명진 내지

(無無明 亦無無明盡 乃至)

————

무명도 없고 무명이 다함도 없다. 이 무명은 부처님께서 12단계 연기의 근본 고(苦)의 원인으로 꼽으셨던 어리석음의 총칭입니다. 무명이 일어나는 원인이 현상계의 일체 물상이 무상(無常)·무아(無我)함을 모른 채 갈애(渴愛)를 일으켜 윤회하기 때문이라고 진단하신 바 있지요. 이 무명이 없으면 12단계 연기가 발생하지 않으므로 불교에서는 이 무명을 가장 근본적인 번뇌로 본다는 것은 1부에서 이미 살펴본 바와 같습니다.

진리에 대한 바른 지혜가 없고, 사고와 행동의 도리가 뚜렷하지 못하면 윤회적 생존을 계속할 수밖에 없으므로, 윤회의 원인이 되는 무명을 멸하면 마땅히 번뇌와 생로병사의 고통에서 대 해탈을 얻을 수 있는 것임은 재론의 여지가 없을 테지요.

부처님 한잔해요

그러면 무명은 왜 일어나는 걸까요? 물론 어리석음이 무명의 실체적 원인이기는 하지만 보다 구체적 원인은 만법의 본질과 진실을 알지 못하는 무지(無知 : ignorance)에서 비롯되는 것이라 할 수 있겠습니다.

무명에 대해 『화엄경』에서는 "불법의 근본진리를 알지 못하기 때문에 무명이라 한다."고 하였고, 『잡아함경』에서는 "행위와 과보, 불법승 삼보, 선(善)·불선(不善), 사성제(四聖諦)를 알지 못하여 밝은 지혜가 없고 크게 어두운 것을 무명이라 한다."라고 밝히고 있습니다. 두 경전에서 밝히고 있는 것은 불법의 참 진리를 모르는 것이 무명이라는 공통점을 제시하고 있군요. 일체가 공한 청정의 자리에서는 무명도 없으며, 무명이 다함도 없을 테지요.

5월입니다. 계절의 여왕이라고 하기에 손색이 없을 만큼 아름다운 달이 5월인 것 같습니다. 어린이날과 어버이날, 스승의 날과 부부의 날이 있어 가정의 달이라고도 하는 5월은, 절기로는 입하절기에 들면서 본격적인 여름이 시작되는 달이기도 합니다.

하루가 다르게 수목들은 그 푸름을 더해 가고 보리 이삭이 패면서, 가난했던 지난날에는 처절한 보릿고개의 생사 고비를 넘겨야 했던 달이 바로 양력 5월이지요. 보리가 누렇게 익을 때쯤에는 많은 농가에서 비축했던 겨울 양식이 바닥이 나는 만큼, 민심마저 흉흉해져 동냥 오는 거지들이나 많은 문둥이들이 굶주림으로 죽음을 맞기도 했습니다. 그래서 "보리누름에 떼 문둥이 죽는다."는 말이 유행하기도 했답니다. 이러한 인간사의 애달픈 사연은 아랑곳없이 이때가 되면 보리 이랑을 따라 불어오는 바람에 꾀꼬리와 종달새의 지저귐이 유난히 크게 들리고, 뻐꾹새는 제 세상을 만난 양 더블로 뻐뻐꾹을 외쳐 댑니다.

너무나 향토적이고 시각적이며, 7.5조의 한국적 서정성을 간직한 노래 〈산 너머 남촌에는〉이란 가요가 떠오르는군요. 파인 김동환 님의 시에 곡을 붙여 가수 박재란이 불렀던 노래로 봄바람에 실려 오는 보리 내음 같은 아름다운 시어가 국민 가요로 자리매김해 주었던 노래였지요. 이때가 되면 농촌은 그 어느 때보다도 바빠지는데, 조선조 헌종 때 정학유가 지은 가사인 농가월령가 4월령에 보면 이 같은 계절 환경이 잘 나타나 있는 걸 알 수 있습니다.

⋮

사월이라 맹하 되니 입하 소만 절기로다
비 온 끝에 볕이 나니 일기도 청화하다
떡갈잎 펴질 때에 뻐꾹새 자로 울고
보리 이삭 패어 나니 꾀꼬리 소리 난다
농사도 한창이요 잠농도 방장이라
남녀노소 골몰하여 집에 있을 틈이 없어
적막한 대사립을 녹음에 닫았도다

263

요즘은 밀·보리농사를 거의 짓지 않고 보릿고개니 밀 서리, 양잠 같은 용어가 사라져 버렸지만, 제가 중고등학교 다닐 적에만 해도 밀밭과 보리밭이 온 들판을 푸르게 수놓곤 했습니다. 왕복 40리 길을 걸어서 통학했는데, 얇은 도시락 하나를 먹고 하굣길에 먼 길을 걸어서 집엘 가노라면 5월의 긴긴 해는 아직도 서산에 걸릴 듯 말 듯, 무척 배가 고팠더랬지요.

같은 마을에 사는 동급생들과 한마음이 되어 누가 먼저랄 것도 없이 남의 밀밭의 이삭을 한 주먹씩 꺾어다가 이것저것 급히 모은 땔감 위에 얹어 놓으면, 한 녀석은 냇가 방천 둑에 돌로 눌러 감춰 놓은 성냥을 찾아옵니다. 모두들 허겁지겁 밀 이삭을 손바닥으로 불어 가며 비벼서 탱글탱글한 밀알을 입으로 가져가기에 바빴었지요. 자신의 입이 그런 줄은 모르고 서로 상대방의 시꺼먼 입을 보며 우스워 깔깔대던 순수의 향수가 아련히 그리워 옵니다.

저의 시골집에서는 누에도 길렀는데, 누에가 뽕잎을 갉아먹을 때 내는 소리는 어떤 악기로도 표현할 수 없는 특이한 소리가 났었지요. 그러고 보니 사람이 들을 수 있는 소리는 들을 수 없는 소리보다 훨씬 적은 걸 알 수 있겠군요. 개미가 기어가는 소리며, 꽃잎이 터지는 소리 그리고 지구가 돌아가며 내고 있을 굉음도 우리 인간의 이식(耳識)으로는 듣지 못하니 말입니다.

학교에서 돌아오는 손자를 대견하게 바라보시며 인자한 미소를 짓던 할머니와 종갓집 대가족을 건사하시느라 젖은 손이 마를 날이 없던 어머니는 놋쇠 비녀도 다정하게 마치 모녀와 같은 고부 사이였었습니다. 그 어머니가 내민 장대를 들고 뒤란 담장을 따라 자라난 가중 순을 따 모으던 추억이 새롭습니다. 절대빈곤의 시절이었지만 저에게는 짧고 행복했던 기억의 꽃 피던 날들이 아닐 수 없군요.

가중 나무 두 벌 순

마리아의 가슴만치
길어진 5월 한낮
구름을 따듯
가중 순을 따 모았다
뒤란 장독대의
어머니 그림자가
소금 꽃처럼 바빠만 지고
조선의 맛이랄까
두 벌 가중 순이
햇 고추장 맛으로 익어 갈 때쯤
나는 무심히
쌀뒤주 긁는 어머니의
한숨 소리를 들었다

부처님 한잔해요

지난 장날 고추와 가지, 오이, 토마토 같은 여름 채소 모종을 사왔습니다. 따뜻한 지방에서는 4월이면 모종이 거의 끝나지만, 이곳은 아침저녁으로 쌀쌀한 일교차 때문에 찬 이슬을 맞은 어린 모종이 냉해를 입을까 시기를 늦춰서 5월 초순에야 이식합니다. 퇴비를 뿌려 땅을 잘 파 뒤집어야 거름과 흙이 발효되어 이차 피해를 없앨 수 있지요.

그리고 요즘은 밭이랑에 비닐을 덮지 않으면 웃자라는 잡초를 감당할 수 없기 때문에 농가마다 많은 비닐을 사용하여, 농사용 폐비닐 수거가 환경문제로 대두되곤 하는데요. 미처 수거하지 못한 폐비닐들이 바람에 날려 나무와 전선 등에 흉물스럽게 달라붙어 있는 광경은 아주 흔한 요즘의 겨울 농촌 풍경이기도 하답니다. 토양 속에서도 썩지 않는 비닐과 농약병, 각종 폐농자재 등이 농촌 환경오염의 주된 원인이 되고 있더군요.

날씨는 벌써 한낮에는 30도 가까이 올라가지만 더 이상 미룰 수 없는 일들이고 또 저와 지인들이 나눠 먹을 찬거리 마련을 위해서라도 오늘은 종일 바쁘게 움직였던 것 같습니다. 현미밥에 장아찌 반찬으로 점심을 해결하고 오전 일과의 피로도 풀 겸, 3단 의자에 비스듬히 몸을 누인 채 법정 스님의 수필집 "홀로 사는 즐거움"을 읽었습니다. 2004년도에 출간된 이 책은 저의 망애자 천도재 때 법공양으로도 올린 책이지만 되풀이 읽을수록 무소유 정신과 바른 삶을 관조하신 스님의 신선한 실천적 만행이 큰 울림으로 다가옴을 느낍니다.

스님의 글에서는 간결하면서도 품위를 잃지 않은 문체와 산속에 홀로 사는 출가자의 일상과 생각이 담백하게 서술되어 있어, 문학과 철학이 접목된 수필 문학의 정수를 보는 느낌입니다. 처자식이 있고 아무리 사랑하는 사람이 있다고 하나 이 땅을 떠날 때는 누구나 홀로 갈 수밖에 없는 것이 인생이고 누구도, 아무것도 함께 갈 수 없는 것이 우리네 보잘 것 없는 인생이 아니겠습니까? 세계의 휴대폰 시장을 석권하고 있는 재벌그룹의 총수도 그 흔한 휴대폰 하나 가지고 갈 수 없는 것이 저승세계의 냉엄한 현실이지요.

2010년에 법정 스님은 입멸하셨지만, 진정으로 구도의 길에서 무소유의 외길을 걸어가신 우리들의 정신적 큰 스승이셨습니다. 이 땅에 더 오래 사셔서 더 많은 중생제도와 심금을 울리는 글을 남겨 주시면 좋았을 텐데, 2009년도에는 천주교의 김수환 추기경님이 선종에 드셨고, 이어서 법정 스님께서 입적하셨으니 우리 국민의 큰 정신적 지주를 연이어 잃었나 봅니다.

농사일에 쉬운 일이 없다는 걸 아는 데는 귀농 후 불과 며칠이 걸리지 않았지만, 오전에 혼자 일 좀 한 것이 피곤했던지, 식곤증까지 겹쳐 책을 읽다 깜박 잠이 들었나 봅니다. 옛시조에 나물 먹고 물 마시고 팔을 베고 누웠으니 대장부 살림살이가 이만하면 족하다며, 느긋할 때는 아닌 것 같군요.

오후에는 남은 모종을 심은 뒤 물을 길어 골고루 뿌려 주어야 합니다. 채소 모종이 착근하기 전까지는 특히 세심한 물주기를 하지 않으면 그대로 말라서 헛수고하는 것은 고사하고라도, 식물도 주인 잘못 만나 이 땅에서의 역할도 마저 하지 못하고 떠나는 불상사가 연출

267

될 테니까요.

　화분에는 마치 시계를 닮은 시계꽃이 피었고, 화단에는 인동초 꽃이 정열의 색깔을 뽐내고 있습니다. 계곡 주변으로는 그 이름도 기발한 며느리밑씻개 꽃이 막 피어나고 있네요. 사광이아재비라는 다른 이름으로도 불리는 이 꽃은 며느리 밑을 씻는 못된 시어머니를 연상케 하지만 실은 부인병에 효과가 있어 며느리의 생식기를 튼튼하게 해서 다산을 빈 자상한 시어머니에 관한 이야기가 전해 오는 꽃이기도 하답니다.

　작은 꽃이 덩치 큰 우리 인간들에게 기쁨을 주는 것은 순수함으로 거짓을 여의었기 때문일 것입니다. 보이는 것은 아무것도 가져갈 수 없지만 아름다운 추억과 자비심의 공덕은 가져갈 수 있는 것이 우리들 삶이 아니겠습니까? 고운 5월의 하루를 이렇게 보내도 큰 후회는 없을 듯합니다.

무노사 역무노사진

(無老死 亦無老死盡)

———

늙음도 죽음도 없다. 늙음과 죽음이 다하는 일도 없다. 단순히
존재적 양상으로 늙고, 죽음이 없는 것이 아니라 태어나면 필히 늙
고, 죽는 인과의 그물에서 벗어날 수 없다는 뜻으로 해석할 수 있겠
습니다. 따지고 보면 생·노·사란 어휘는 글자만 다를 뿐 같은 뜻글
자임을 알 수 있습니다. 태어나는 순간 이미 늙음과 죽음의 문을 향
해 우주 자기장의 속도만큼 빠르게 달려가는 것이 허무한 인생의 존
재적 실체입니다.

늙고 죽음을 피하는 길은 유일하게 태어나지 않는 것뿐입니다.
여기에 정지된 자아의 실체란 있을 수 없겠지요. 인간이 인식하는 모
든 환경은 경험적으로는 존재할 수 있지만, 실체적으로는 있을 수 없
다는 걸 한번 생각해 보도록 하겠습니다.

부처님 한잔해요

물질에 대해 감각으로 받아들이고 생각하며, 인식작용이 진행되어 분별하고, 식별하는 '색수상행식' 오온의 실체 모습이 과연 저 광활한 우주 허공 어디쯤 존재할 것입니까? 감각, 느낌, 의지, 의식 따위는 애초에 있지도 않은, 헛것으로 지어진 인간의 망념이 만들어 낸 스크린에 투사된 허상일 뿐입니다. 그래서 이들 구성 요소는 모두 자성(自性)이 없으니 본래 텅 비어 공(空)하므로 '오온개공'이라 하셨지요.

우리의 살아 있는 육신을 버리라는 말씀이 아니라 반야의 지혜를 증득하여, 삶에 있으면서도 삶에 물들지 않고, 늙고 죽음에 대해 싫어하거나, 삶에 집착함이 없이 아지랑이처럼 세상을 보고, 뜬구름과 물거품처럼 세상을 보면 늙음도, 죽음도 없고, 늙음과 죽음이 다하는 일도 없을 것으로 생각해 봅니다.

부처님 오신 날입니다. 특별히 재적사찰이 없다시피 하는 저도 이날만은 가까운 가람을 찾아 불자님들의 틈에 섞여 봉축법요식에 참석하고, 헌다와 함께 아기 부처님께 관불(灌佛)을 시켜 드립니다. 격조 높은 한복과 법복을 차려 입은 불교 합창단의 영혼을 맑게 하는 찬불가에, 무르익는 5월의 싱그러움까지 더하여 더없는 행복감에 젖게 되더군요. 그야말로 불교 최고최대의 명절이 아닐 수 없습니다.

어저께 밤에는 시내에서 제등행렬을 참관하였지요. 손에, 손에 연등을 밝힌 대열, 코끼리와 탑, 부처님을 상징하는 각종 장엄물들이 등장하는, 한 마디로 장관을 연출하고 있었습니다. 역 광장에는 대형 탑등이 불을 밝혔고, 가로수를 따라 색색의 고운 연등이 어둠의 세상을 환하게 비추는 법등으로 끝없이 이어집니다.

부처님이 이 땅에 오신 출생담과 전생담은 이미 앞장에서 살펴보았습니다만, 김성동의 소설 『만다라』에는 부처님은 왜 태어나셔서 중을 이토록 고생시키는가 하는 장면이 나오지요. 작가는 진정한 불도는 계율과 피안에 있는 것이 아니라 오히려 세속에 있다는 걸 제시하고 싶었던 것으로 보입니다.

이 책의 첫머리에, 이 땅에 부처님이 오시지 않았다면 어떠했을까 하는 어리석은 가상을 해 본 바가 있었습니다. 그 많은 중생구제와 자비 광명의 횃불을 어느 누가 밝혔을 것이며, 이처럼 저와 독자 여러분들과의 문자 인연도 부처님이 아니었으면 누가 맺어 주었겠습니까? 그러니 불법을 만난 인연이 오늘따라 더욱 소중하고, 감사한 충정은 필설로 다하기가 어려울 듯합니다.

오늘은 또 어리석게도 저라는 필부가 어차피 이 땅에 태어날 거라면 2,600여 년 전 부처님의 나라에서 태어나 부처님을 모실 수 있는 영광이 주어졌으면 얼마나 좋았을까 하는 상상을 해 보았습니다. 참 바보 같은 생각을 다 하고 있지요? 부처님은 지금도 온 우주 공간에 편재되어 있는데 말입니다. 정말 우리 중생의 마음 한 자락 바꾸면 전쟁도, 미움도, 가난도, 질곡도 모두 물리칠 수 있을 터인데…….저 나름대로는 생각이 많았던 하루였습니다.

오늘 제가 들린 사찰은 사세(寺勢)와 신도 수에서는 근동에서도 손

부처님 한잔해요

에 꼽을 정도로 큰 사찰이었는데 인터넷 생중계를 통하여 회주 큰 스님의 법문이 중계되고 있었습니다. 성인도 시속을 따르라는 말처럼, IT 시대의 불교도 이러한 시류를 따르는가 싶어 변화하는 불교의 참모습을 본다고 생각하면서도, 한편으로는 사찰이 직급화 되고 서열화되어, 큰 스님을 우상화하는 게 아닌가 하는 어리석은 기우도 가졌더랬지요.

'회주'라는 직책이 어떤 자리인지는 잘 모르겠으나 주지스님 위의 직급임은 분명한 것 같고, 큰 기업체로 말하면 사장님 위의 회장님 같은 위치일 듯합니다. 또한, 산중 사찰인 전통 가람의 문화에 익숙해 있던 고정관념 탓인지는 몰라도, 도심의 사찰은 일주문이나 천왕문, 불이문 등을 거치지 않고, 승강기로 바로 법당 입구에 닿으므로, 번뇌 많은 세속을 버리고 일심으로 부처님을 의지한다는 정화의 통과의례에 해당하는 일주문조차 없으니 좀은 문화적 이질감을 느낄 수밖에 없더군요. 더구나 같은 건물 안에는 식당과 가게 등 잡다한 시설들이 있어 은은한 향 내음과 청아한 목탁소리에 익숙해져 있는 저의 사찰에 대한 개념도 작은 혼란이 오는 걸 느꼈습니다.

물론 재가 불교와 생활불교가 개종이념인 한국 불교 진각종은 거의 모든 사찰이 도심에 있듯이 불교가 꼭 접근하기 어려운 산중을 고집하는 것도 바람직 한 일은 아니라고 보여 집니다. 생업에 바쁜 수많은 도시 불자님들을 위해서나, 적극적 불교 포교를 위해서는 이러한 저만의 아쉬운 마음은 별로 연연할 문제는 아닌 것 같군요.

그런데 회주스님이 나오는 빔프로젝트 영상을 향해 합장 배례하는 신도님들을 보면서 저는 다음과 같은 생각이 들었습니다. 불법을 닦는 것이 아니라 스님을 믿는 것, 다시 말해 부처님이 즉, 스님이 자신을 위해 모든 것을 해 줄 것이라는 자기식 부처에 길들었기 때문일 거라고 말입니다. 기복신앙이지요. 특히 신앙에 있어서 단순하고 무지한 신념을 갖게 되면 무서울 정도로 집착하는 맹신을 보이게 됩니다. 이러한 자세는 개인의 신념은 될지 모르겠으나, 참된 불교신앙의 자세는 아니라는 판단에 도달하게 되더군요.

대승불교로 넘어오면서 부처님을 신격화하는 흐름은 이어져 왔지만 자신의 무의식에 〈부처=신〉이라는 아상을 심어 놓은 결과가 아닌지 모르겠습니다. 불교는 진리에 매달리는 종교이지, 부처에 매달리는 종교가 아닌데도 말입니다. 이러한 자기식 부처의 고정관념을 미리 설정해 놓고 10년, 20년 열심히 절에 다니며, 삼천 배 일만 배의 절을 올리고, 시간과 경비를 털어 사찰 운영에 매두몰신 한다고 해도 해탈을 하기는 어려울 거라는 생각을 가져 봅니다.

불교 수행의 용맹정진법 중에 '무문관 수행(無門關 修行)'이란 수행법이 있습니다. 그야말로 한번 들어가면 기도 기간이 끝나기 전에는 자신의 의지로는 문을 열고 나올 수 없게 밖에서 자물쇠로 문을 봉쇄하고, 시자승들이 작은 봉창을 통해 넣어 주는 공양물로만 최소한의 생명현상을 유지하면서, 뼈를 깎는 삼계초월의 선을 닦는 수행이지요. 1천일 동안을 무문관 수행을 한다고 하니 햇수로는 약 3년인데, 저의 천박한 중생심으로서는 과연 그 일이 가능할까를 떠나, 꼭 그렇게 해야만 해탈을 하는 불교라면 아예 믿지 않는 게 좋을 것이라는

부처님 한잔해요

생각이 드는군요.

우리나라 성인(成人) 3천만이 3년씩이면 9천 만 년이 걸려야 불국토가 될 터인데, 그때를 어떻게 기다리겠습니까? 무문관이라는 수행 방식에 얽매이면 수행이라는 또 다른 집착이, 인간일 수밖에 없는 스님의 무애행을 가로막는 장애가 될 수도 있겠다는 생각을 해 봅니다.

세상의 행복과 평화를 이끌지 못하는 소통 부재의 성불은 안 하는 것이 백번 나을 수 있겠다는 어리석은 저만의 업식(業識) 탓일 테지요. 불교 포교와 신도들에게 수범을 위해서 이러한 보여주기식 수행도 필요할지는 모르겠으나, 도는 처자식이 있는 가정에도 있고, 저잣거리의 막걸리 집에도 있는 것이란 생각을 해 봅니다.

불교가 인생문제를 해결하는 방법론을 제시하고는 있지만, 불교의 참 목적은 먹고, 자고, 자신과 가족의 행복을 추구하는 것 같은 일상의 문제를 다루는 것이 아니라 어디에도 매이지 않는 부처님을 능가하는 부처가 되는 것을 이상으로 삼는 종교라 스스로 확신해 봅니다.

부처님께서도 법에 의지하고, 스스로 자기 자신을 의지 처로 삼으라 하지 않았습니까? 그러니 설령 부처님이라고 해도 걸고넘어져서 더 원대한 발심으로 이겨야 하고, 더 훌륭한 부처가 되겠다는 서원을 세워야 하지 않을까요? 부처님도 그것을 원하시리라 저는 믿습니다. 부처님 오신 날. 부처님의 자비 광명이 충만한 불국토가 이 땅에 펼쳐지기를 기원하면서 하루를 마감합니다.

무고집멸도

(無苦集滅道)

———

고(苦)도 없고, 집(集)도 없으며, 멸(滅)과 도(道)도 없다는 뜻입니다.
부처님의 근본 가르침인 사성제가 나오는군요. 부처님이 녹야원에서
초전법륜을 설할 때의 내용이, 이 네 가지 진리인 사성제였습니다.
불교의 모든 진리는 이 사성제로부터 시작하고, 사성제로 인하여 완
성된다고 봅니다. 이 '제(諦)'는 한글로는 체로 발음하며, 무언가를 체
념한다는 뜻이 있으나 여기에서는 밝힌다는 뜻을 지닌 것으로써 사
물의 실체를 바르게 밝혀 진리에 이르게 한다는 뜻으로 써졌습니다.

앞에서 사성제의 사유방식에 대해 살펴보았습니다만, 부처님께
서는 먼저 인생에는 고통이라는 엄연한 진리가 존재한다고 진단하셨
지요. 왕의 침실처럼 잘 꾸며져 온갖 음식과 쾌락의 즐길 것들로 가
득한 이 세상이 어찌 보면 고통과는 거리가 먼 것으로 착각하는 중생

부처님 한잔해요

이 있을 수 있겠으나, 무명의 상태로 태어나는 순간부터 노병사로 가야만 하는 것이 우리네 인생인 만큼 '고(苦)'는 하늘이 쳐 놓은 그물과 같은 것이 아닐 수 없습니다.

태어나는 '인(因)' 때문에 '노병사(老病死)'의 '과(果)'가 따르는 것은 필연이지만, 그러면서도 태어난 결과 현재에 애착하려는 마음에 의해 일어나는 집착의 노예가 될 수밖에 없는 '집(集)'의 진리가 따르고, 그래서 깨달음의 밝은 이치로 무명과 집착을 멸해야 한다는 멸(滅)의 진리가 있어야 하거니와 그 멸을 위해서는 여덟 가지의 바른길인 팔정도를 수행해야 한다는 도제(道諦)를 제시하셨던 것입니다.

그런데도 고집멸도가 없다고 설하신 것은 철저한 공의 입장에서 보면, 사성제의 진리조차도 공하여 일체개공의 도에서 벗어날 수 없다는 뜻으로 보아야 할 것 같습니다. 정말 대승적 차원의 경지가 아닐 수 없습니다. 사성제의 진리라는 것도 피안에 도달한 해탈의 경지에서는 강을 건너온 쪽배와 같은 방편에 지나지 않을 것입니다.

한 여인이 있었습니다. 남도의 작은 어촌, 중농 어부의 6남매 막내딸로 태어나 부모와 동기간의 막내 사랑을 흠뻑 받으며, 시골의 실업고등학교를 졸업 후 상경, 형부의 주선으로 모 회사에 입사하여 직장생활을 몇 년 하게 됩니다. 70년대의 직장이란 게 지금처럼 4대 보험과 고용권익이 보장되는 게 아니었고, 특히 여직원들이란 결혼을 하게 되면 당연히 퇴직하는 것이 불문율로 정착되어 있던 때였지요.

당시의 결혼적령기는 여자의 경우 20대 초중반, 남자는 20대 중후반을 넘기지 않아야 노처녀, 노총각 소리를 면하던 시절이었습니다.(하긴 아리스토텔레스는 결혼 적령기를 여자는 18세, 남자는 37세라고 말한 적이 있지만요.) 따라서 이 여인도 24살이 되어 직장을 그만두고 결혼적령기의 신부 수업 겸 고향 부모님 밑에서 포구의 파도 소리를 들으며 생활하고 있었지요.

그러다가 지인의 중매로 서울에서 건설회사에 신입사원으로 근무하던 다섯 살 터울의 남자를 만나 두 달 가까운 교제 기간을 거쳐 결혼하게 됩니다. 그 당시 보통의 소시민들이 그러했듯이 서울의 변두리, 연탄부엌 하나에 방 한 칸을 전세로 얻어 신접살림을 시작했지요. 지금은 도심의 팽창으로 그곳도 번화한 곳이 되었지만 그때 만해도 가까운 곳에 논밭들이 듬성듬성 누워 있던 영락없는 시골이었습니다.

언니와 오빠들도 모두 서울에서 살았으나 그들은 사회적 연륜이 있었고, 어느 정도 직장에서 중견 또는 간부직원의 직위에 있던 터라, 당시 소시민들에게는 꿈의 로망이던 마이하우스를 지니고들 있었습니다. 그런 것에 대한 상대적 위축감과 현실생활의 곤궁함 같은 것이 그녀의 자존심을 자극했고 미래에 대한 불안감으로, 행복해야 할 신혼생활은 불만의 밑그림만 그려 주고 있었습니다. 그런데 이 여인의 남편 되는 사람은 현실적 감각이 떨어지고 친구와 술을 좋아했으며, 미래를 보장받을 만한 학벌이나 기술력 같은 것도 없이 사람

부처님 한잔해요

좋다는 소리만 들을 뿐 성격까지 우유부단하여, 한마디로 마누라 고생시키기에 딱 좋은 삼종 맞춤 세트였지요. 게다가 툭하면 직장을 그만두겠다는 말을 달고 살았고, 실제로 대책 없이 직장에 사표를 던지는 바람에 그나마 들어오던 미니월급마저 끊겨 전세금을 낮춰 가며 더욱더 변두리를 찾아가게 하는, 한마디로 싹수없는 미래를 향한 무대책의 행진을 해 나가는 그런 사람이었습니다.

그러면서 아들은 태어났고, 그럴수록 생활의 팍팍함은 도를 더해 가는 것과 동시에, 이 여인은 자신의 미래마저 이 남자에 의해 처절히 망가질 수 없다는 신념을 갖기에 이릅니다. 공공연하게 여인의 입에서 이혼이라는 말이 나왔고, 부부싸움의 강도와 횟수도 날로 더 심해 갔지요. 무일푼의 남편과 헤어지면서 자식까지 맡아 키울 수는 없는 일이었고, 끈질긴 이혼요구 끝에 이 여인은 남편과 헤어져 홀로 자신의 길을 갈 수 있게 되었습니다.

한동안은 살아야겠기에 여자들이 흔히 구할 수 있는 직업으로 외식업체의 카운터도 보며 이런저런 일을 했지만, 그 일이 항구적인 자활자립의 길은 되지 못했을 것입니다. 그러던 차 형부의 직장 부하 중에 상처(喪妻)하고 재취(再娶)자리를 찾던, 경제력도 비교적 안정된 남자와 결혼을 하여, 전처와의 사이에서 낳은 아들, 그러니까 본남편과의 사이에서 낳은 아들과 똑같은 또래의 4살 아이를 친어머니처럼 키우며, 이어서 딸을 하나 생산, 남매의 어머니로서 안정된 초로의 인생을 살아가고 있답니다.

그리고 한 남자가 있었습니다. 경상도 소도시의 시골 땅. 교육공

무원이던 아버지와 종갓집 종부로서 인내와 순종의 삶을 살아온 어머니 사이의 7남매 막내아들로 태어나, 부모님의 극진한 사랑과 형님, 누이의 보살핌 속에서 초·중고등학교를 졸업하게 됩니다. 이러한 피 보호는 이 남자를 의타적이고 우유부단한 성격으로 만드는 데 결정적 영향을 미쳤을 것으로 보입니다.

경제력은 많은 자식이 대학 또는 고등교육을 받을 수 있었고, 제사답이며 양식을 해결할 만한 농토가 있었으니 그런대로 시골의 중농 집안은 되었지요. 이미 반상의 법도가 무너진 지 까마득한 데도, 실리 없는 봉제사와 가문의 체통 같은 봉건적 유교 가풍의 가부장적 권위가 가정의 질서를 지배해 가던 환경이라, 이 남자의 성장의 유전인자도 명분과 체통을 우선시하며, 윤리와 도를 중시하는, 어찌 보면 현실개척과 현상적 삶을 꾸리는 데는 결정적 흠이 되는 이력을 은연 중 키워 가는 요인이 됩니다.

고등학교를 졸업할 때까지만 해도 이 남자는 외견상 불행과는 거리가 먼 안정된 유·청소년기를 보낼 수 있었습니다. 그런데 이 남자가 고등학교를 졸업한 이듬해, 아버지가 위암에 걸립니다. 지금 같으면 거의 완쾌될 수 있는 병이지만 당시로는 사형선고라고들 했었지요.

서울에서도 큰 병원이라는 곳이지만 지금의 의료시설과 수준에 비교한다면 말도 되지 않는 열악한 의료진에 의해 두 번의 큰 수술을 받았건만 남은 생존 기간은 2개월이라는, 무책임하면서도 일방적인 통보만 날아왔고, 얼마 되지 않는 농토며 땅 등을 병원비에 다 털리는 쓰라린 죽음의 유희를 이 남자는 19살 감수성 예민할 때 직면하게

부처님 한잔해요

되지요.

말기 암의 처절한 고통을 감내하면서도 생명의 의지를 놓지 못하는 아버지를 보며, 그토록 막내인 자신을 아꼈던 어버이에 대한 연민에 더하여 공허한 삶에 대해 분노하였을 것임은 쉽게 짐작할 수 있겠습니다. 치료와 생명 연장에 아무런 영향도 미치지 못했던 의료진이 내뱉은 잔여 생존 기간 2개월이라는 선고는 어쩌면 그리도 정확하게 맞던지, 정말로 2개월 후 이 남자의 아버지는 55세, 지금 같으면 청년이라 할 연세에 세상의 마지막 옷 한 벌을 갈아입으셨지요.

바로 위의 누이까지는 결혼하여 가정을 이루었으나, 졸지에 퇴직금 80여만 원과 고택 집 한 채만 달랑 남게 된 이 남자와 어머니, 게다가 아무런 수입도 없이 4남매를 둔 큰형님 내외의 생존의 무게까지 더하여 이루 말할 수 없는 곤고한 청년기를 보내게 됩니다.

이때부터 이 남자의 정신세계는 반항심과 무절제, 정주 공간의 상실과 폭음 등으로, 완전한 폐쇄적 허무주의에 빠져들면서 깊은 방황의 골짜기를 헤매게 됩니다. 당장 급한 생존을 위해 화장품 외판원과 그림가게 점원, 도안실 사환 같은 일에 잠시 머물기도 했으나, 어느 곳도 이 남자가 순응하고, 이 남자의 인간적 능력을 필요로 하는 곳은 없었습니다.

그러다 이대로는 파멸이겠다는 생각이 들어 일순간 생각을 바꾼 것이 지방 전문대학의 진학이었습니다. 아버지의 핏방울 같은 퇴직금으로 어렵게 졸업은 하였으나, 지방 전문대학의 스펙이 이 남자의 신분을 에스컬레이션 해 줄 수는 없었지요. 눈물 많고 유약했던 이 남자는 사회의 냉엄한 현실에 정면으로 맞서기보다는 피하고, 숨는 것에 길들여졌나 봅니다.

이어진 혼돈의 세월 그리고 피할 수 없는 입대와 제대. 중역이었던 큰 자형의 건설회사에 소위 빽(배경)으로 입사하게 됩니다. 지방 전문대학과 군필자였지만 급료는 여상을 나온 고졸 타자수와 같은 호봉이었고, 4년제 대학을 나온 동료들의 월급과는 딱 절반이었습니다. 명분과 체통 그리고 울컥하는 자존심은 있었던 이 남자에게 직장생활의 불만은 어쩔 수 없었지만, 그때쯤 앞에 소개한 여인과 중매로 만나 무일푼으로 결혼하게 되지요. 결혼 후 얼마 지나지 않아, 아내의 상대적 비교에서 오는 박탈감으로 인한 이어지는 채근과 직장에서의 자괴감 등으로 사직을 합니다.

그래서 좀 더 나은 돈벌이를 찾아 인쇄출판업체의 영업직에도 들어가 보고, 공원묘원의 영업과장, 수출 포장회사의 총무과장 등에 취직했었으나 하나같이 회사가 부도가 나 월급도 제대로 받아 보지 못하고 궁지에 몰립니다. 그럴 때 아들이 태어났고 구로동 공장의 현장 자재직으로 취직되었으나, 거기서는 체력이 달려 퇴사를 강요받고 실업자가 되었지요.

이 남자도 나름대로는 주어진 책무를 다하고자 한 흔적이 보입니다만, 아내의 끝 간데없는 이혼요구로 결국 이혼을 하고, 세 돌도 되지 않은 어린 아들을 데리고 낙향하여, 20여 년을 홀로 자식을 키우다가 그 자식이 먼저 세상의 소풍을 마치는 쓰라린 통한의 아픔을 맞이하게 됩니다. 이 두 남녀는 이혼 후 꼭 20년 만에 이들 두 남녀의

부처님 한잔해요

혈육인 자식의 주검 앞 영전에서 잠시 재회를 합니다.

좀은 통속한 일상의 사건 스토리이면서 어찌 보면 기구한 운명의 파란 많은 생애라고도 할 수 있겠습니다. 혹 감을 잡은 독자분들도 계시겠지만, 재미도 없는 이야기를 긴 원고지에 필설로 옮겨 본 것은 이 한 남자가 저의 과거이고, 앞의 여인은 저의 첫 번째 아내인 때문입니다. 혹시 가정파탄의 원인을 아내에게 돌리려는 의도가 아니냐는 의문은 가능하지만, 크게 사실에서 벗어난 기록은 아니라 밝히고 싶습니다.

저의 인간됨이 용렬하고 부덕하여 한 여인의 행복을 지켜 주지 못한 죄 무엇으로 참회하겠습니까? 불제자가 아니더라도 저의 전생이 필시 여인을 학대했거나, 업신여긴 과보라 쉬 짐작할 수 있을 것입니다. 이후로도 저는 더 많은 부부의 인연과 연인의 연을 맺어, 업에 업을 더하는 과보를 저지르고 말았습니다.

헤어지는 고통을 저어하여, 진정으로 저에게 가슴 열어 사랑을 보내 준 여인에게도 따듯한 애정의 말 한마디 잘 표현하지 못했습니다. 습관이 된, 여인에 대한 두려움 그리고 항상 잘못된 곳으로만 전개된 만남의 종착역이 지금도 제 마음의 문을 닫아 두고 있습니다. '진정 사랑하였으므로 행복하였네라.'라고 읊은 청마의 시가 아니더라도, 사랑 또한 실체가 없는 것. 까짓 버리고 갈 이 육신과 정신 좀 망가지면 어떠하다고 이리도 인색한 사랑의 수전노가 되었던지 아득할 따름입니다.

이제 초로의 이 나이에 무슨 사랑의 알고리즘이 필요하겠습니까? 이승에 못한 사랑의 짐은 다음 생이 과보로써 대신해 주겠지요. 오늘은 막걸리보다는 독한 술을 마셔야겠습니다. 한갓 주마등처럼 리플라이를 해 본 지난 생의 낙서를 지우는 데는 아무래도 독주가 즉효적 처방이니까요.

마침 선물로 받고 열어보지도 않았던 양주가 있군요. 치즈 한 장을 찾아 온더록스 잔에 술을 채우고 창문을 여니 작년에 화분에 심었던 치자꽃 향기가 온 방 안에 감돕니다. 올해는 탐스럽게 많이도 피었군요. 진하면서도 은은한 향기, 마치 흰 장미와 같은 고결함도 보이는 꽃이지요. 꽃말은 행복과 청순한 즐거움이니 저로 인하여 상처받은 이 땅의 여인들에게 졸시 한 편을 올리며, 위무의 내생을 약속해 봅니다.

⋮

치자 꽃

치자 꽃 속에서
치자 향보다 더 진한
당신의 살 냄새를 맡습니다

만남보다는
언제나 빠르던 이별이
당신의 붉은 유두 끝에

부처님 한잔해요

푸른 비로 내려와

치자열매 노랗게

하늘 아래 눕습니다

산새 소리도 아득하여

세상의 시름조차 옷깃 여미는 저녁

두고 갈 이 땅의 녹슨 무게를

치자 향 옷고름에 묶어 봅니다

당신이 뿌린 꽃이

당신을 닮아 피는

기다림의 끝

우화(羽化)의 계절

대숲을 지나는

바람 소리조차 숨죽이며

오늘은 한 송이

치자 꽃으로 나토얀 당신

살아서 혼자인

눈을 감아 봅니다

이렇듯 당신이 그립습니다.

무지 역무득 이무소득고

(無智 亦無得 以無所得故)

———

지(智)도 없고 또한 득(得)도 없다. 무소득인 때문이다. 지금까지 살펴본 심경에는 색도 없고, 오온도 없으며, 12처 18계는 물론, 무명도 없고, 무명이 다함도 없으며, 노사(老死)와 노사가 다함도 없다는 '무(無)'의 퍼레이드를 거쳐 왔습니다. 그렇다면 이쯤에서 한 가지 의문을 떠올리게 될 것입니다. 위대한 지혜를 완성하는 마음의 경전에서 어찌 지혜를 없는 것으로 설할 수 있느냐 하는 실재론적 의문 말이지요.

일반 문장이라면 막연한 문맥일 수밖엔 없겠습니다만 역시 일체개공을 전제로 하고 보면 지혜라는 것도, 지혜를 얻게 하는 것도, 공하여 없는 것이 되지 않겠습니까? 지혜는 아는 것과는 차원을 달리합니다. 그래서 사성제와 팔정도를 알았다 하는 집착을 버리고 참뜻을

부처님 한잔해요

알게 하려고 고집멸도가 없다고 설한 것처럼, 여기서도 참 지혜는 아는 것에 그치지 않고 그것에 얽매이는 관념의 속박에서 벗어나 완전한 공이 되어야 진정한 지혜를 얻는 것이라는 해석을 해 봅니다.

　　다시 말하면 '지혜를 얻기 위해 지혜를 버리는 지혜'를 이른다고 할 수 있겠군요. 『법화경』 「방편품」에 "얻음이 없는 것 즉, 미득(未得)이 얻음(得)이요, 깨달음이 없는 것을 깨달음의 증득(證得)이라고 한다."라는 가르침이 있습니다. 무릎을 치게 하는 가르침이 아닐 수 없군요. 지혜나 깨달음이 있다고 믿으면서 수행을 통해 얻을 게 있다고 생각한다면 깨달은 나에 대한 대상이 생겨나고, 새로운 집착을 낳게 되겠지요.

　　아는 것에 얽매이는 법집(法執) 만큼 무모한 어리석음도 없을 것입니다. 버리고 버려서, 버렸다고 하는 생각마저 버린, 적멸(寂滅)의 대자유를 얻지 못하고 지혜방편을 머리에 이고 피안의 길을 간다면 소가 웃을 일이 아니겠습니까? 『반야심경』은 이처럼 부정에서 긍정을, 무에서 유를 체증(體證) 시켜서 궁극에는 다시 공(0 : 圓)으로의 귀결을 위해 특수한 수사법(修辭法)이 동원되고 있음을 알아두시기 바랍니다.

　　농촌 현실의 팍팍함이야 어제, 오늘의 일은 아니지만, 앞으로도 그 바닥을 치고 올라올 희망의 빛이 잘 보이지 않는다는 게 더 큰 문제인 것 같습니다. 더러는 젊은 농업인이 기업형 농업경영 마인드와 새로운 아이템으로 크게 성공하여 농업의 경쟁력이 결코 약한 것이 아니라며 청사진을 제시하는 보도를 보기는 했습니다만, 제가 사는 이 산골의 현실에서는 아무리 생각해도 요원한 이상과 현실의 괴리일 뿐이라는 생각이 듭니다.

아랫마을과 윗마을을 통틀어 젊은이와 어린이라고는 동남아를 처가로 다문화 가정을 이루어, 많지 않은 농토에 삶의 동아줄을 붙잡고 사는 몇 가구뿐, 대부분 대처로 떠날 형편이 되지 않는 장·노년층만 남아 습관적 삶의 모습이 벽화처럼 퇴화한 산골농촌의 현실을 그대로 보여주고 있지요. 그런데 2015년 기준 통계가 밝힌 전국 농가 평균 소득은 3천7백21만5천 원이었습니다.

세상에는 세 가지 거짓말이 있다고 하지요. 즉, 그냥 거짓말, 새빨간 거짓말 그리고 통계라는 겁니다. 한 마을에 농가가 세 가구가 있는데, 한 집에는 소가 200마리가 있고, 다른 한 집에는 100마리, 나머지 한 집은 한 마리도 없으면 이 마을 농가의 평균 소 사육 두수는 100마리가 됩니다. 새빨간 거짓말보다도 더 과학적이며, 합법적으로 하는 새빨간 거짓말이 통계의 정체이기도 하지요.

정부의 지원과 보조 덕에 기계화되고, 재배 시설 확충 등으로 소득증대를 도모하여, 더러는 알부자 소리를 듣는 가구가 있기는 하지만 자칫하면 빚만 늘어나게 되고, 경영 차원의 농업을 운위한다는 것은 꿈속의 꿈인 것이 작금의 현실이기도 합니다. 따라서 농업기반 소득보다는 송이버섯 채취와 약초 같은 농외소득은 그대로 돈이 되기 때문에 이 고장 주민들은 그 일에 많이들 매달리고 있지요.

287

농촌이 물 좋고 공기 좋은 곳이라 공해와는 거리가 멀다는 관념도 바뀌어 가고 있습니다. 농약의 과다 사용과 폐농자재 등의 폐기물에서 나오는 독성물질이 토양을 오염시키고, 갈수록 생존력이 강해지는 해충의 방제를 위해서는 더 많고 강력한 농약을 살포할 수밖에 없지요. 노회한 연령층과 줄어드는 인구 탓에 저하된 노동력으로는 밭의 김을 매거나, 유기농 퇴비 같은 친환경적 거름을 생산할 엄두도 낼 수가 없기 때문에 모두 앞다투어 제초제며, 살충제와 복합비료 등에 의존하는 실정입니다.

실은 농약의 사용은 기원전 500년경에 이미 유황을 살충제로 사용한 기록이 있고, 오늘날 전 세계의 농민들이 해마다 250만 톤 이상의 화학 살충제를 사용하는 것으로 나타나고 있습니다. 제가 경작하는 얼마 되지 않는 작물들은 생계용이 아니어서 농약을 살포하지 않기로 작정을 하였더니, 인근의 밭에서 살포한 농약의 독성을 피해 모든 해충류가 저의 밭으로 몰려드는 문전성시(?)의 기현상을 해마다 목도하곤 합니다.

특히 힘들여 심은 고추는 탄저병에 줄줄이 녹아내리는 아픔을 감수해야 하고, 병충해의 온상이라고 하는 복숭아와 자두는 지난해에는 맛도 보질 못하고 낙과하는 걸 지켜보아야 했지요. 마을 어른의 말씀으로는 유기농이다, 무농약 재배다 하지만 단언컨대 시중에 나와 있는 때깔 좋은 농작물 중에 농약을 치지 않은 건 단 하나도 없을 것이라며, 요즘 사람들이 기생충이 없는 것도 모두 농약의 덕(?)이라고 하더군요.

글쎄요. 기생충이 그와 무슨 연관이 있겠습니까만, 들짐승류의 피해 또한 상상을 초월하는 것으로, 애써 가꾼 농작물이 하루 사이에 초토화되어 농민들의 가슴에 상처를 주는 일이 비일비재한 실정이지요. 저도 대낮에 계곡 건너에 고라니가 풀을 뜯는 광경을 몇 번이나 보았고, 실제로 저의 밭에 심어 놓은 고구마 잎을 뜯어먹고 가는 것도 보았답니다. 눈 덮인 겨울이라면 먹이를 찾아 민가로 내려올 법도 하지만, 지금은 온 산이 초식동물의 먹이 천지인데도 농작물을 노리는 것은 새로운 맛에 재미를 들인 까닭이라는군요.

숲 속의 먹이사슬의 최정상에 있는 멧돼지는 천적이 없어 왕성한 번식력으로 개체 수가 기하급수적으로 늘어 간다지요. 겨울 추위가 혹독할 때는 추위와 줄어든 먹이 탓에 새끼들이 월동을 못 하고 폐사하는 경우가 많이 생겨 자연적으로 개체 수가 조절되었다고 하는데, 지금은 온난화로 인해 그런 자연현상이 개체 수 조절에 아무런 영향을 미치지 못하는 실정이랍니다. 도심 한가운데에도 떼를 지어 출몰하는 멧돼지들이 뉴스에 자주 등장하고, 심지어 농민이 직접 공격을 받아 살상을 당한 사실 등이 이를 증명하는군요.

경광등이며 허수아비 같은 각종 방제기구들이 있지만, 요즘의 조수류들은 얼마나 영악한지 금방 거기에 적응하며, 심지어 길조로 불리던 까치라는 놈은 허수아비에 앉아 노는 녀석이 더 많은 실정이랍니다. 어쩌면 저의 살아온 역정이 허수아비의 일생을 살아온 것이 아닐까 하는 자아성찰의 계기가 되게 해 준 것이 요즈음의 허수아비인지도 모르겠습니다.

부처님 한잔해요

허수아비

무엇 때문에 태어난 것일까
본래가 헛것인 것을
나 스스로 허수아비 되어
어디에도 없는
나를 지키고 섰다

산짐승과 새가 살지 않는 숲은 이미 그 생명력을 다한 숲이라는 말에 익숙해 있던 것이 지난 세대들의 인식이었는데, 이쯤 되면 산의 생명력과 풍요로움의 상징인 산짐승과 새들이 재앙의 수준으로 봐야 할 것 같군요.

이제 6~7월이면 콩을 심은 농가는 그야말로 새들과의 전쟁을 치르게 됩니다. 콩 씨를 흙으로 덮어놓아도 용하게 알고 파먹는 바람에 아예 폐농하기 십상이어서 싹이 자라 키가 클 때까지는 농민들이 밭에 상주하며, 호루라기와 빈 깡통 등으로 소리를 내어 새를 쫓아야 하는 눈물겨운 작전을 펼치기도 하지요. 그렇게 무더운 날씨에 비지땀을 흘리며 밭 갈고 종자를 심어 가꾸어 놓은 농사를 폐농하게 되었을 때 농민의 허탈감과 망연자실함은 설명이 필요 없을 터이지요.

그래서 더 편하고 강력한 방법을 찾아낸 것이 자동으로 터지는 공포탄을 발사하는 것인데, 그 소리가 가히 박격포 소리는 저리가라

여서 조용한 물소리, 새소리, 바람 소리에 한껏 이모작 인생이 진작되었던 저로서는 아연 경기(驚氣)를 면할 수 없더군요. 온 산천을 뒤흔드는 굉음이 수 분 간격으로 터지기 때문에 또 언제 터질까 조마조마한 불안이 노이로제로 바뀌면서 책을 읽을 수도 없고, 식욕도 동하지 않는 게 정말 괴롭기 그지없는 날들이 이어지게 됩니다.

그런데 까치와 꿩 같은 녀석은 그 소리에도 금방 적응을 하는 탓에 갈수록 소리를 높여야 겨우 효과를 볼 수 있다는 것인데, 처음에 저는 사냥꾼의 총소리이거나, 인근에 포 사격장이 새로 생긴 줄 알고 관할 경찰에 질의하기도 했었지요. 결과, 진원지는 제가 있는 수연정과는 수 킬로미터나 떨어진 곳인데도 그러하였으니 가까이 사는 분들은 적응이 된 탓인지, 아니면 청력이 떨어진 노인분들이 많아 별로 들리지 않아서인지 크게 불평을 하는 사람은 없는 듯하더군요.

진동소음 관련 규제법에도 예외이고, 재미로 터뜨리는 것도 아니니 농사지어 생업에 임하겠다는 농민들의 고충을 어찌할 도리는 없겠기에 올해는 군인들이 포사격 훈련 시 끼는 방음 헤드폰을 구해 볼 요량입니다. 그러면 한동안 새소리, 물소리, 바람 소리는 들을 수 없겠지만, 무에서 유를 발견하는 진공묘유의 소리는 들을 수 있겠지요?

오늘은 로마의 철학자 키케로의 말이 생각나는군요. "확실한 소득이 보장되는 직업 가운데 가장 좋은 직업은 바로 농사다. 농사보다 더 생산적이면서 즐겁고 자유인에게 적합한 일은 없다."

부처님 한잔해요

보리살타 의반야바라밀다

(菩提薩陀 依般若波羅密多)

———

　　보리살타(보리살타 : bodhissattva)는 반야의 지혜를 완성하였다. 산스크리트어로 보디사뜨바(bodhissattva)의 음(音)을 빌어서 한자로 보리살타(菩提薩陀)로 표기하는데, 부처님과 같은 깨침을 얻으려고 수행하는 사람을 말합니다. 대승불교에 귀의하여 큰 서원을 세우고 육바라밀을 수행하며, 중생제도를 위하여 자리이타 행을 닦아 마침내 큰 깨달음을 얻은 사람으로 통상 보살로 호칭하지요. 보살의 용어와 개념이 처음 등장하는 것은 기원전 2세기경입니다.

　　대승불교에서 보살은 부처는 아니지만 다양한 부처의 모습으로 현현(顯現)하여 인간의 모습 또는 초월적인 존재의 모습으로 사람들의 신변에 나타나 중생들의 깨달음 성취와 이익을 위해 자신을 헌신하게 됩니다. '상구보리 하화중생(上求菩提 下化衆生)' 즉, 위로 보리(菩提 : 도

(道)·지(智)·각(覺)의 뜻. 불교에서 최상의 이상(理想)인 불타정각(佛陀正覺)의 지혜)를 구하고 보시, 애어(愛語), 이타행, 동사(同事) 등의 사섭법(四攝法)을 행하는 자를 보살이라고 하는데, 관세음보살과 지장보살 등 수많은 보살은 실존인물이 아니지만, 인도의 승려 '용수(龍樹)'와 '세친(世親)'은 실존 보살로 불립니다.

보살은 이처럼 중생구제의 이상적 모델이 되는 존재이지만 오늘날에 와서는 여자 불자님을 통칭하는 용어가 되어 버렸네요. 여러 스님께 연유를 여쭤 보았지만 확실한 유래는 알 길이 없군요. 일설에 의하면 스님과 절에 공양물도 올리고 살림을 보살펴 주는 여성신도님들을 보살핌의 품사 원형을 써서 '보살'이란 설이 있지만, 그보다 유력한 설로는 1950년대 이후 선학원에서 여성신도들의 역할을 높이 평가하여 절을 지키고 가꾼다는 뜻의 '보사님(保寺)'이라 불렸는데 그 말이 보살님이 되었다는 기록이 보이는 정도입니다.

회갑, 화갑 또는 주갑 등으로 불리는 인생 60주년 생일인 환갑연은 수연(壽宴)이라고 하여, 지난날에는 성대한 잔치를 베풀며, 이웃과 덕을 나누고 남은 생에 무병장수를 비는 기복의 뜻도 담긴 큰 행사였습니다. 인간의 사주팔자를 구성하는 십간 십이지가 모두 60개이니 태어난 해의 간지가 1회 하여 다시 돌아오는 해가 만60세가 되는 해이고 그해의 생일이 바로 회갑 일이 되는 것이지요.

부처님 한잔해요

지금은 100세 시대를 바라보며 평균수명이 늘어났고, 나이는 그 냥 숫자에 불과하다며 회갑을 대수롭지 않게 받아들이지만, 지난날에 는 동네에 회갑 어른이 있으면 온 동네가 잔치판이었고 축제의 도가 니에 빠져들곤 했었습니다. '인생 칠십 고래희'란 말처럼 마을에 70대 의 노인은 희소했으니 60세 분수령이 매우 중요한 장수의 문턱으로 여겨졌었지요. 그러니 당시에는 40대만 되어도 수염을 기르고 두루마 기에 곰방대를 물었으니 완전히 할아버지가 되었던 것 같습니다.

OECD가 발표한 우리나라 국민의 평균기대수명은 여자 85.1세, 남자 78.5세이니 요즘은 칠순이 되어도 동네잔치 같은 걸 베풀지 않 는가 봅니다. 1970년대와 비교하면 지난 40년 동안 평균수명이 20년 가까이 늘어났으니 1년에 0.5세 정도의 평균수명이 늘어난 것이 되는 군요. 영양과 의학의 발달 결과일 테지요. 실제로 이 골짜기에 제가 들어온 지가 벌써 몇 년이 지났는데, 그간 아이의 출생과 초상이 난 걸 한 번도 보질 못했습니다.

그만큼 우리나라는 세계의 역사에도 전무후무할 고령 인구의 초 고속 증가를 보이고 있는데, 2018년이면 노인 인구가 14%를 넘어 서는 고령사회로 접어들고, 2026년에는 20%를 넘어 초고령화 사회 가 되어 여러 가지 사회문제를 야기할 것으로 보고 있습니다. 나아가 2050년에는 전체 인구의 약 40% 가까이가 노인 인구로 채워져 마치 키 작은 소인들만 사는 소인국 같은 노인국으로 변해 갈 모양입니다.

부처님이 설하신 것처럼 늙는 이유는 태어났기 때문이며, 늙기 때문에 반드시 죽는 것이긴 하지만, 오래 사는 것이 반드시 좋은 것만은 아니라는 사실을 주변에서 흔하게 보면서, 효와 전통 가족관의 해체가 가속화되는 것 같아 씁쓸한 마음입니다. 노부모의 봉양 때문에 형제간에 원수가 되기도 하고, 심심찮게 노부모를 유기하는 사례도 보도되지 않습니까?

노인자살률도 인구 10만 명당 116.2명으로 OECD국가 중 타의 추종을 불허할 만큼 월등한 1위를 보이고 있지요. 지금의 노인 세대들은 일제와 전후의 피폐한 조국에서 먹고 살기에 급급한 채, 앞만 보고 달려온 세대들이 대부분이니 제대로 된 노후생활의 대비와 정서의 함양 같은 것은 사치에 가까운 것이었을 겁니다. 이제 대우를 받아야 할 때가 되니 세상은 바뀌고 효의 근본개념은 실종되고 없는 것이 아니겠습니까?

글의 성격이 노인 문제를 다루는 칼럼같이 전개되었지만, 이번 장은 저의 회갑여행을 소개하기 위해서였습니다. 저 역시도 저절로 맞게 되는 회갑을 돈 들이지 않고 쉽게 맞게 되었지요. 참 세월 가는 것처럼 힘들이지 않고 맞을 수 있는 건 별로 없어 보이는군요. 여느 해나 마찬가지로 찾아오는 생일과는 달리 무언가 뜻깊은 이벤트를 찾아낸 것이 민족의 영산 백두산 답사였습니다.

백두산은 한민족의 기상을 대표적으로 표상하니 민족의 영산이란 말이 당연하고, 우리나라의 모든 산은 백두산에서 흘러내린 기운이 선구조로 이루어진 산악지형인바, 그 산의 지령(地靈)에 기대어 사는 우리 민족을 백두산족이라 부르며, 애국가의 서두를 장식하는 상징어가 된 것이 아니겠습니까? 그러나 우리의 땅인 백두산을 가는 데

부처님 한잔해요

는 제삼국인 중국을 경유하여 가는 수밖에 없는 현실이 안타까울 뿐입니다.

　가을이 깊게 물들어 가는 10월, 대련공항을 거쳐 단동⇨환인⇨통화⇨이도백하⇨백두산으로 이어지는 동북삼성의 광활한 대륙을 수십 여 시간을 버스로 이동하면서 지척으로 보이는 헐벗은 북녘강토를 바라보는 심경은 착잡했습니다. 백두산을 오르는 길은 서·북쪽 두 개의 코스로 나뉘는데, 벌써 서쪽 코스는 폭설로 길이 끊겼다고 하여, 북파산문을 지나 천지로 오르는 코스를 이용했지요.

　인생 60년 생애 처음으로 오르는 백두산, 그 가슴 설렘은 표현하기 어려운 것이었습니다. 기상변화가 극심해 하루에도 몇 번을 바뀌는 날씨 탓에 영롱한 천지를 본다는 것은 예측할 수 없는 일이고, 백 번을 올라야 두 번을 볼 수 있다고 하여 백두산이라는 지명이 생겼다는 말도 있군요.

　당초 여행일정을 여행사의 스케줄에 맞추긴 했습니다만, 그날이 바로 음력 8월 26일로 저의 60주년 생일이었습니다. 여행의 일정이란 게 앞뒤가 바뀌는 일이 많은 데, 감사하게도 당초 계획대로 생일 당일 백두산 등정을 하게 된 것이지요. 기온은 벌써 영하 20도가 가까운 날씨. 북파산문에서 셔틀버스와 곡예를 하듯 천지를 향해 질주하는 사륜구동 지프를 번갈아 타고, 드디어 한국시각으로 오후 3시 20분 27초. 흰 눈으로 뒤덮인 감격의 백두산 정상 천지에 서게 되었습니다.

　아!!! 코발트 빛 하늘을 닮아 구름 한 점 없는 영롱한 천지를 보는 순간의 격정은 주체할 수 없는 것이었습니다. 모택동도 살아생전 백두산을 여러 번 올랐으나 영롱한 천지의 해맑은 빛깔은 보질 못했다더군요. 정상의 흙을 얼굴에도 비벼 보면서 눈가에 이슬이 맺히는 걸 느껴야 했습니다. 지나온 저의 삶이 무절제와 방황 속의 세월이었다 해도, 이제 인생 60년 분수령에서는 보다 진정한 삶을 창조적으로 살아갈 것을 천지는 주문하는 것 같았습니다.

배낭에 짊어지고 간 샴페인 병을 꺼내 같이 간 일행들을 향해 주인공이 되어 터뜨렸고, 아낌없는 박수 소리에 백두산 천지에는 난데없는 샴페인 거품이 한 어리석은 남자의 과거사를 지우듯 허공으로 솟아올랐습니다.

천지에 올라

- 백두산 천지에서 -

천지도 모른 채로 천치처럼 살아온 내가
먹은 귀도 열린다는 육십 나이 절로 되어
천지에 오르고서야 천지간을 알베 됐네

길 위에 있으면서 길을 찾아 헤맸던 나
안다는 게 어리석지 비우면 통하는 걸

부처님 한잔해요

천지는 말이 없었네 하늘도 그대로인 채

하늘의 연못인지 땅 위의 연못인지
알 일이 무엇인가 그냥그냥 가는 삶을
육십 살 생일의 날에 천지에서 잠을 드네

또 일상으로 돌아온 지금. 저는 대한민국 국민의 한 사람으로서 법적 노인의 지위가 보장(?)되는 멀지 않은 세월 앞에서 이 시대, 이 땅에 태어나 무명지초의 필부로 살아가는 의미는 무엇인지를 이 골짜기의 자연들에 물어봅니다. 얼마일지 모르는 이모작 인생을 나름대로는 열심히 살아가는, 한 점 자연인의 일상을 가꾸어 가야겠지요.

노력 없이도 저절로 맞는 노년. 노인의 경륜은 먼지 앉은 박물관의 유물이 아니라 각박한 우리들의 삶에 좌표가 되는 지성이 아닐까 생각해 봅니다. 서양 속담에 길을 잃으면 "노인에게 물어보라."라는 말이 있습니다. 솔로몬의 지혜 같은 노인의 싱크탱크를 국가사회에 결집시킬 수 있는 항구적 대책 수립이 필요한 때임을 부정하는 독자님들은 없을 테지요?

고심무가애 무가애고

(故心無罣碍 無罣碍故)

———

그러므로 마음에 걸림이 없고 걸림이 없는 고로. '가(罣)'는 우리 말로는 '괘'로 읽는데, '걸리다'라는 뜻으로 그물을 상징합니다. 반야 지혜를 완성한 보살은 어디에도 걸림이 없다는 뜻이지요. 보살의 도(道)는 원융무애한 길이니까요. 여기서 '애(碍)'는 장애의 뜻이니 '거리끼다'라는 뜻에서 '애(礙)'로 표기하기도 하지만 뜻은 같습니다.

바람이 그물에 걸리지 않듯 어느 것에도 구속 당하거나 사로잡히는 일이 없이 자유자재 한다면 가애(罣礙)는 없을 것입니다. 마음에 걸림 없는 자, 그가 곧 보살이요, 여래가 아니겠습니까? 그러나 우리 인생에는 수많은 장애가 존재합니다. 그런데 그 장애는 스스로가 만든 것이 대부분이어서 집착을 버리고 공의 견지에서 바라본다면 결코 장애가 될 수 없는 것들입니다.

부처님 한잔해요

더 잘 살려는 욕망과 허망한 삶의 연장을 위한 부질없는 욕망, 그릇된 사랑을 추구하는 갈애(渴愛), 끊임없는 권력의 추구와 돈과 명예의 굴레 때문에 우뚝한 반야바라밀다의 기회를 놓치는 것이 아니겠습니까? 그래서 부처님께서는 집착을 벗어 놓고 무소의 뿔처럼 혼자서 가라고 하신 겁니다.

허황된 욕망의 그물은 눈에는 보이지 않지만, 자신을 가두는 감옥이 되어 세세연년 윤회를 거듭하는 무명의 씨앗이 될 터이지요. 그래서 청정한 보리심으로 비우고 또 비워서 반야바라밀다를 수행하여 가애(罣礙)가 없다면 다음 단락의 공포를 느끼는 일이 없다는 무유공포(無有恐怖)로 이어지게 됩니다.

고구마 수확을 했습니다. 알도 제법 굵직한 게 초보 농사꾼 치고는 만족할 만한 결과에 스스로 고무됨을 느낍니다. 덩굴 순을 걷어내고 흙 고랑을 파헤치면 주렁주렁 매달린 고구마가 달려 나올 때는 전율 같은 쾌감까지 느껴지더군요. 마침 저와 도반인 보살님이 며느님까지 대동하고 위문을 와서 수확에 동참해주니 그야말로 꽃놀이패나 다름없는 일과였지요. 뿐만 아니라 그것도 일이라고, 위문품으로 가져온 북어무침과 버섯 볶음에 막걸리 새참까지 곁들이고 나니 좀은 미안하다 싶을 만큼 하루가 즐겁습니다.

제가 어린 시절에는 점심을 고구마 한두 개로 때웠던 날이 많았습니다. 사랑방 윗목의 큰 나무상자에 겨우내 먹을 고구마를 저장해 두고 긴긴 겨울밤에는 생고구마를 깎아서 하나씩 먹기도 했지요. 원래 고구마는 중남미가 원산지로 알려져 있는데, 우리나라에는 조선 영조 때 들어온 것으로 기록은 전하고 있습니다. 흔히들 고구마와 감자를 같은 뿌리 식물로 알고 있는 경우가 많은데, 고구마는 뿌리 식물이고, 감자는 줄기식물이지요. 그러니 식물분류학적으로도 서로 다른 과에 속하는 게 당연하겠습니다.

고구마 꽃을 보신 적이 있나요? 나팔꽃처럼 생긴 고구마 꽃을 저도 사진으로만 보았지 실제로는 본 기억이 없습니다. 원래는 고구마도 종족 번식을 위해 꽃을 피웠는데, 뿌리에서 나온 싹을 모종으로 심는 농법이 인간들에 의해 개발되면서 고구마는 꽃을 만드는 노력을 하지 않고 힘들지 않게 종족을 퍼트리는 것이라는군요.

알고 보면 식물은 이렇듯 인간을 이용할 만큼 머리가 좋은가 봅니다. 적잖은 수확량이니 대처의 친지들에게 소재지의 우체국에 내려가 택배로 한 상자씩 보낼 생각을 하니 더욱 신이 납니다. 한창 더울 때 밭을 파 뒤집고 비닐 멀칭을 하여, 모종을 심을 때만 해도 질식할 것 같은 권태로움 때문에 내년에는 다시는 고구마를 심지 않겠노라고 다짐했건만, 선선한 가을날 느긋이 맛보는 수확의 기쁨 때문인지 언제 그런 다짐을 했었는지 생각도 잘 나질 않더군요.

그래서 송나라의 대학자 주자는 〈주자십회훈〉에서 춘불경종추후회(春不耕種秋後悔) 즉, 봄에 밭을 갈고 씨 뿌리지 않으면 가을에 가서 뉘우친다고 강조한 것입니다. 그저 많지 않은 땅에 적당한 양의 농사

부처님 한잔해요

를 지어 보면서 생각하는 것은 늘 지난날 척박했을 농민들의 곤고한 삶이었습니다. 지금은 농촌도 기계화되고 많은 부분에서 정부의 지원과 소득의 향상이 가능하지만, 지난날의 농민들은 그야말로 생존을 위해, 살아남기 위해, 짐승처럼 일하며, 겨우 식구들 기근을 면하는 수준에서 전 생애를 바쳐야 했을 것입니다.

저의 시골집에도 한때 머슴을 두었었는데, 밥그릇 위에 담긴 밥이 그릇 속의 밥보다 더 많이 올라가는 밥을 먹고도 늘 배가 고파 하는 걸 어린 나이에도 측은하게 생각했던 기억이 나는군요. 그래서 저에게 먹으라고 주신 할머니의 누룽지를 몰래 가져다주곤 했지요. 사람의 서러움 중에 가장 큰 서러움은 배고픈 서러움이라는데, 사랑하는 처자식을 굶겨야 했던 절대빈곤 시대 사내의 울분은 가슴에 통곡의 벽을 아로새겼을 것입니다.

조선말 삼정(三政)의 문란은 극에 달했고 지주와 아전의 횡포는 오죽하였겠습니까? 배 속의 아이까지 군포(軍布)를 매기니 굶어 죽으나, 잡혀서 맞아 죽으나 마찬가지라는 일념으로 민란의 횃불은 끊이지 않고 이어졌지요. 사람이 시대를 선택하여 태어날 수는 없지만, 풍요의 이 시대를 살아가는 사람들은 운명에 감사해야 할 일이 아닐는지요?

가끔은 시장에서, 차려입은 입성도 괜찮아 보이는 주부가 할머니들이 좌판에 펼쳐 놓은 푸성귀 따위를 몇백 원 깎겠다고 실랑이하는 광경을 보게 됩니다. 아마도 힘든 농사일을 해보지 않아서일 테지만 농사라고 조금 지어 본 저로서는 정말 말리고 싶은 광경이 아닐 수 없더군요.

추분도 지나고 한로절기를 맞고 보니 가을 해는 짧은 꼬리를 쉬 감추려고 산 정상에 빨리 내려앉습니다. 무심히 쳐다본 백수리산 정상에 어쩔 사, 단풍이 물들고 있네요. 김영랑 님의 시 〈오메 단풍 들것네〉가 생각납니다.

오매 단풍 들것네

"오매, 단풍 들것네."
장광에 골 붉은 감잎 날아오아
누이는 놀란 듯이 치어다보며
"오매, 단풍 들것네."

추석이 내일모레 기둘리니
바람이 자지어서 걱정이리
누이의 마음아 나를 보아라.
"오매, 단풍 들것네."

기상관계자의 이야기로는 단풍이 드는 속도는 꽃의 개화 속도인 시속 1.3km보다 빠른, 시속 1.5km정도라고 하니 곧 만산홍엽이 강산을 물들일 것입니다. 저에게는 풍요의 가을이기에 앞서 늘 애상과 방황의 가을이었으니 이 가을은 또 저를 보헤미안의 대열로 떠밀어낼

부처님 한잔해요

것이 분명합니다. 어리석게도 단풍을 보고서야 가을을 느끼는 저는 신선 되기는 확실히 글렀나 봅니다. 노자는 『도덕경』 47장에서 다음과 같이 일갈했지요.

不出戶 知天下 (불출호 지천하) :
문밖에 나가보지 않아도 세상 돌아가는 것을 알 수 있다.

不窺爽 見天道 (불규유 견천도) :
문틈으로 내다보지 않아도 하늘의 움직임을 알 수 있다.

其出彌遠 其知彌少 (기출미원 기지이소) :
밖으로 멀리 나갈수록 아는 것이 적어진다.

是以聖人 不行而知 (시이성인 불행이지) :
그런고로 성인은 해보지 않고도 알 수 있고,

不見而名 不爲而成 (불견이명 불위이성) :
보지 않고도 말할 수 있으며 행하지 않고도 이룰 수 있다.

보지 않고도 말할 수 있고, 행하지 않고도 이룰 수 있음을 천의무봉이라 하지요. 불교에서도 육신통 중 천안통이 열려야 현상계의 실체 없음을 알고 궁극적으로 누진통에 다가간다고 가리키고 있습니다. 한편 주희(朱熹)는 그의 시 〈우성(偶成)〉에서 다음과 같이 읊고 있습니다.

⋮

偶成

少年易老學難成,
소년은 늙기 쉬우나, 학문을 이루는 것은 어렵고,

一寸光陰不可輕.
한 순간의 세월(시간)도 가볍게 여겨서는 안 된다.

未覺池塘春草夢,
연못가에 있는 봄풀은 꿈도 깨닫지 않았는데,

階前梧葉已秋聲.
섬돌 앞에 오동잎은 벌써 가을 소리를 알리네.

오동잎 떨어지는 소리에 천하의 가을이 왔음을 안다는 시인의 글에서 우리는 듣지 않고도 들리는 천이통의 오묘한 시적 상상력을 연상하게 됩니다. 하지만 이 가을 저는 꼭 가을 속으로 떠나야 가을을 느낄 듯하여 내일쯤이면 가을 여행 행장을 꾸리고 있을 것 같습니다.

부처님 한잔해요

무유공포

(無有恐怖)

———

공포를 갖는 일이 없다. 앞 절과 연결하여 의역하면 무가애(無罣
碍)가 되었기 때문에 공포는 발생하지 않는다는 뜻이 됩니다. 공포란
무엇일까요? 글자 그대로 두렵고 무서워하는 것입니다. 왜 두렵고
무서울까요? 그것이 바로 가애(罣碍) 때문입니다. 마음의 걸림 때문이
란 것이지요. 실체가 없는, 있지도 않은 자아를 쫓아 허상의 그물을
쳐 놓았기 때문에 가애(罣碍)가 되며, 가애(罣碍)가 된 마음으로, 놓쳐 버
릴 것 같은 욕망의 그림자에 집착하면 의식은 온통 불안과 공포로 채
색되게 됩니다. 불안을 '인(因)'으로, 공포는 '연(緣)'을 맺는 것이지요.

밝은 곳보다는 어두운 곳에서 공포를 쉬 느끼는 것은 어떤 장애
물이 자신을 헤칠지도 모른다는 무지와 불안에 기인하는 것인데, 미
망과 무명이 지혜의 눈을 덮기 때문이지요. 죽음이 두려운 것은 사후

세계에 대한 무지가 원인이며, 어떤 고난이 닥칠까 하는 내일에 대한 두려움도 미래사를 알지 못하는 불안감에 기인하지 않습니까?

그래서 마릴린 퍼거슨은 "그 사람에 대한 두려움을 자세히 살펴보면 그 사람의 정보를 알 수 있다."는 말을 남겼지요. 그런데 순간적으로 반야지혜라는 진리의 일등(一燈)을 밝히면 어둠은 이내 사라지고 광명이 찾아오기 때문에 전광석화처럼 깨닫는 것을 돈오돈수(頓悟頓修)라 합니다. 현대 정신의학에서도 공포는 대부분 불안을 증상으로 하기 때문에 불안 장애의 한 유형으로 보면서, 사물이나 상황에 대한 비이성적 두려움으로 정의하고 있습니다.

우리 인생은 어쩌면 깜깜한 밤에 횃불도 없이 혼자 걸어가는 광야와 같은 것인지도 모르겠습니다. 도처에 욕망이라는 구렁텅이와 집착이라는 진흙탕 수렁이 있으니 진실로 진리의 횃불을 밝혀 청정한 본래심의 자리인 공으로 돌아가면 어떠한 장애에도 걸리지 않고, 공포를 갖는 일도 없다는 것입니다.

올여름은 유난히 무더웠습니다. 기상청에서는 30년 만의 더위라며 떠들어대고, 사람들은 피난을 가듯 일상을 떠나 산과 바다를 찾아 피서의 처절한 행렬을 이어가고 있습니다. 영어로 vacation, 불어로는 vacances로 표기되는, 한 마디로 휴가라는 뜻의 바캉스는 지친 현대인들의 삶에 새로운 에너지를 재충전시키는 긍정적 시너지 효과가 큰

부처님 한잔해요

건 사실이지만 갖가지 부작용과 사회적 폐해가 많은 것도 현실이라 하겠습니다.

바가지 상혼과 환경 오염 문제 그리고 교통체증과 풍기문란 문제 등 총체적 문제를 들어내는 것이 피서 문화란 생각이 드는군요. 한때는 바캉스 베이비라는 사회 병리적 용어가 생겼었지만, 지금이야 그런 문제는 연중무휴의 문제가 되었으니 제쳐 두더라도 온 국토가 몸살을 앓는 것은 예나, 지금이 다른 게 없어 보입니다.

물론 나이가 들면 해수욕장이나 유명 피서지에서 초대를 해도 가기가 쑥스러운 일일 터. 이곳 수연정은 어느 누구의 눈살을 의식할 필요 없이 여름 한 철이 짧다 싶을 만큼 쏠쏠하고 짜릿한 재미를 느끼며, 유명 피서지에서는 느낄 수 없는 포만의 행복감을 누릴 수 있답니다. 저의 집을 감싸고 돌아가는 계곡이 작은 폭포를 만든 곳에는 깊은 곳의 수심이 2~3미터에 달하는 선녀탕을 만들어 놓았고, 주변을 둘러싼 기암괴석의 틈에서 자라난 소나무가 그늘을 만들어 주는 호젓한 피서지가 저만을 황제로 모셔주기 때문이지요.

매미 소리도 지쳤는지 고요한 정적 속에 짧은 낮잠을 깨어나면 계곡의 물소리는 저를 오라며 리비도의 유혹을 합니다. 물의 원형상징은 생명 그 자체입니다. 물은 양이면서 음의 본능을 수행하는 것이지요. 사주추명학에서는 인생의 전 과정을 12운성포태법으로 분류하고 탄생 후의 첫 단계를 '목욕'으로 보면서, 이 '욕(浴)'을 도화기가 만발한 sex의 상징으로 봅니다.

인류의 역사를 봐도 목욕문화는 성의 표현에 다름 아니었지요.

이럴 땐 홀딱 벗지 않는 것이 오히려 불륜의 스케치가 되는 법. 원시 상태의 아담이 되어 우람하지 못한 육체를 죄송스런 마음으로 계곡 물에 감춥니다. 나름대로 수영은 조금 하는 편이라 몇 번을 물속에서 몸 뒤집기를 하고 나면, 그렇습니다. 갈증이지요. 전쟁에 나가는 병사가 실탄을 챙기듯 계곡 물에 냉장해 둔 막걸리병이 옛 친구라도 된 듯 반갑습니다.

더위를 피해 이 골짜기를 찾아온 지인들이 남겨 놓고 간 술과 안주 탓에 병참 창고도 넉넉한 때가 바로 이즈음이지요. 올해는 아예 혼자서 비스듬히 누워서 하늘을 볼 수 있는 1인용 튜브를 하나 구입했습니다. 친절하게도 튜브 양 팔걸이에는 술잔을 놓을 수 있는 공간도 만들어 놓아서 술 한 잔 홀짝거릴 수 있는 세심한 배려까지 해 두었네요.

흰 구름 무심히 떠가는 성하의 여름 하늘을 쳐다보는 재미가 마치, 여포가 초선을 안고 사랑을 나누던 재미와 같을 듯하여, 공연히 스스로에게 부끄러운 생각마저 들 정도군요. 이때만은 그리스의 선박왕 오나시스가 별반 부럽지 않아 저도 이 튜브의 이름을 '수연 요트 1호'라고 명명해 줍니다. 뭐 요트란 게 별것이겠습니까? 물 위에 떠다니며 잡다한 세상 시름 내려놓은 채, 고급 와인이나 양주에 어린 암 상어 지느러미 요리인 샥스핀이 아니더라도 탁주 한잔 할 수 있으면 족하지 않을는지요?

적당히 몸이 식으면 요트를 물가의 풀 섶에 매어 놓고, 아니 정박해 놓고, 정자의 기둥에 가로로 매어 놓은 해먹에 몸을 누입니다.

부처님 한잔해요

이 상황이라면 첫사랑의 쓰라린 배신의 독배를 들지 않은 이상은 혼곤한 잠에 빠져들게 됩니다. 어머니의 등에 업혀 다가올 미래가 무언지도 모른 채로, 전해 오는 어머니의 체온과 심장의 박동 소리에 아늑히 취했던 잠이 이러했을까요?

계곡의 물소리, 매미 소리가 악보도 없이 연주해도 그 자체로 자연의 오케스트라가 되는 이 여름의 풍요를 저는 짝사랑 할 수밖에 없습니다. 고요한 요람 같은 해먹에서 짧은 잠을 깨고 나면 요즘 다시 읽어보는 책 다산 정약용의 『유배지에서 보낸 편지』를 꺼내 듭니다. 왕성한 생애주기의 긴 세월을 유배지에서 보낸 실천적 신지식인이었던 다산. 정조의 총애를 받아 권력의 핵심에 있었던 그였지만, 긴 유배생활은 그에게 학문적 · 정신적 완숙의 세월을 제공한 스승이 되기도 합니다. 수년 전 여름휴가를 다산의 유배지인 강진을 기행하며, 다산초당에서 그의 인간적 체취를 느껴 보던 때도 8월의 태양이 이글대던 이즈음인 것 같습니다.

아득한 남도의 끝자락, 질박하고 곤고한 유배지의 초당에서, 세상에 있으면서도 세상을 떠나온 그의 학문 세계가 멈춘 곳은 『목민심서』, 『흠흠신서』, 『경세유표』 같은 불후의 명저들이었습니다. 호롱불 깜빡이는 절지의 깊은 밤, 풀벌레 소리 따라 들릴 듯한 가족의 목소리가 얼마나 듣고 싶었을까요? 그가 자식을 그리워했던 인간적 고뇌가 느껴집니다.

문득 지금 이 자리에 저도 아들이 같이 있다면 좋겠다는 또다시 어리석은 중생심의 포로가 됩니다. 부자가 같이 이 선녀탕에서 발가

벗고 수영을 하노라면 웬만한 선녀도 흥이 동하여 강림을 할 것 같은 착각에 젖어 봅니다. 어제까지 처자식을 데리고 와 가족애의 끝 간 데없는 깊이를 확인시켜 준 지인의 과시욕(?) 탓인지, 오늘은 막걸리병이 벌써 몇 번째 저 앞에서 무장해제를 당하는군요. 뭘 어쩌겠습니까? 제가 할 줄 아는 일이라고는 글 같잖은 글 몇 줄 쓰는 일과 술잔의 중량을 소멸시켜 주는 일밖에는 없는데 말입니다.

긴긴 오뉴월 여름 해는 아직도 백수리산을 넘지 않고 있군요. 명상음악의 전원을 켭니다. '심우송(尋牛頌)'이네요. 마음의 소, 아니 마음의 등불을 찾아 나서야 할 것 같습니다.

원리전도몽상

(遠離顚倒夢想)

———

전도(뒤바뀐 생각)와 몽상을 멀리한다. 일체의 전도된 몽상을 멀리하였다는 뜻인데, '전도(顚倒)'의 사전적 해석은 넘어지거나 엎어져서 가치나 목적, 차례나 이상 따위가 뒤바뀐 상태를 말합니다. 그러니 전도는 잘못된 견해나 착각으로 오류를 일으킨 망상의 상태를 이름이고, 몽상은 꿈같은 환상과 생각을 뜻합니다. 이 전도된 생각 탓에 사물과 현상의 참된 진리를 깨닫지 못하고 망상과 몽상을 멀리 떨쳐버리지 못한다는 것입니다.

마치 어리석은 자가 남의 목장의 소를 열심히 센다거나, 편협한 생각이나 고정관념에 사로잡혀 사물의 실체적 진실을 깨닫지 못하는 경우라 하겠습니다. 물을 예로 들어보면, 물을 항상 불변하는 물로만 보는 삿된 망상 따위를 이르는 것이지요. 물은 고정된 자성(自性)이 없습니다. 외부의 조건에 따라 모양과 성질을 달리하는 것이 물이잖습니까? 수소 두 분자와 산소 분자 하나가 조건결합을 하여 물이 되었다가 열을 가하면 기화하여 기체가 되고 흔적을 남기지 않습니다.

또한, 담는 그릇에 따라 그 형상을 달리하니 높은 곳에 거하면 낮은 곳으로 반드시 흘러내리는 무자성(無自性)의 물질인데, 전도된 생각으로 보면 물 자체가 물에 상응하는 고정된 형상이 있는 것으로 착각하게 되는 것이지요. 물은 무사무욕(無私無慾)의 자연의 도를 따를 뿐입니다. 그래서 노자는 『도덕경』 8장에서 상선약수(上善若水 : 가장 좋은 것은 물과 같다)라고 하였지요.

중생들은 의외로 많은 착각 속에서 전도된 생각으로 인생을 살아갑니다. 사랑이 이별과 증오의 근원인데도 그것을 행복이라고 알거나, 오온(五蘊)이 일시적 인연으로 모여서 이루어진 자기를 영원한 실체라고 집착하며, 부와 권력이 자신을 겨누는 칼날인데도 죽음에 이르기까지 싫어함이 없으니 말입니다.

『열반경』에는 전도몽상을 크게 네 가지로 설명하고 있습니다. 무상한 것을 영원하다고 여기는 것, 고통인 것을 행복이라고 여기는 것, 무아인데 내가 있다고 여기는 것, 더러운 것을 깨끗한 것으로 여기는 것 등이지요. 원리전도. 즉, 삼법인과 불구부정을 거꾸로 착각하는 망상을 일거에 여의고 걸림 없는 공으로 돌아가 멀리(遠離) 떨쳐버려야 한다는 것입니다.

부처님 한잔해요

꽃을 좋아하는 평소 저의 습성은 아마도 선친의 영향을 많이 받은 것 같습니다. 평생을 교육계에 근무하시다가 정년퇴임을 한 해 앞둔, 요즘 같으면 청년이나 다름없을 55세에 또 요즘 같으면 완쾌되셨을 병 때문에 유명을 달리하셨지만, 꽃 가꾸기와 집안 단장에 늘 열성이시던 선친 덕에 저의 고향 집은 꽃들이 계절을 미리 알려주는 꽃대궐이 되곤 했지요.

사랑채 돌담을 따라서는 키 작은 채송화와 봉선화가 저들의 가지고 온 삶의 보따리를 풀어놓았고, 구름이 한 움큼씩 머물다 가는 작약 꽃에는 벌 나비 번갈아 찾아와서는 계절의 밑그림을 그려 주곤했습니다. 꽃술에 앉아 꿀을 따는 나비를 쫓아 발자국의 숨을 죽이던 시절도 있었군요. 이른 봄에 흰나비를 처음으로 보면 어머니가 죽는다는 이야기가 있었는데, 해마다 저는 흰나비를 먼저 본 것으로 기억됩니다. 그래서 흰나비를 보고도 노랑나비를 보았다고 누이에게 거짓말을 했던 기억이 새롭군요.

나비는 남녀 간의 상열지사에 그려지기도 하고, 훨훨 날아오르는 상징성이 구속으로부터 자유의 뜻을 머금고도 있어서인지 오래전보았던 앙리 샤리에르 원작의 영화 『빠삐용』이 생각나기도 합니다. 세계적으로 600여 종에 이르는 나비목 곤충인 나비는 시문학의 소재는 물론 민간설화와 구비담론에 다양하게 등장하며, 모란도 등에서는 '부귀옥당(富貴玉堂)'이라는 화재(畵材)로 귀댁에 부귀가 가득하길 빈다는, 지극히 존귀한 상징성을 지닌 곤충이기도 하지요.

조선 영조 때 김천택이 고려 말에서부터 당대까지의 시조를 모아 편찬한 『청구영언』에 나오는 작자 미상의 〈나비야 청산 가자〉라는 시조는 자연과 인간이 하나이고자 했던 한국인의 민족적 원형 정서를 가장 잘 나타낸 시가라 하겠습니다.

⋮

나비야 청산 가자 범나비 너도 가자

가다가 저물거든 꽃에 들어 자고 가자

꽃에서 푸대접하거든 잎에서나 자고 가자

나비와 시적 화자인 나. 어쩌면 우리 인생 자체를 고도의 은유로 승화시킨 것이 나비인지도 모르겠습니다. 꽃이 푸대접할 일도 없겠거니와 설령 꽃이 외면한다 한들 잎에서 자고 갈 수 있는 우리네 삶은 진정 살아볼 만한 가치가 있는 것일 겁니다.

선홍색 각혈처럼 붉은 꽃잎 선명한 영산홍과 명자꽃에 오늘은 종일 긴꼬리제비나비와 호랑나비들이 분주히 날아들며 저들의 삶의 본분을 다하는 걸 지켜보았습니다. 나비의 날갯짓을 가만히 보고 있노라니 '장자의 나비 꿈'이 생각나더군요.

"내가 꿈속에서 나비로 변한 것인가, 아니면 나비가 꿈속에 나로 변한 것인가" 우리는 살아가면서 꿈과 현실 또는 이상과 실상 사이에서 혼란을 일으키기도 하며, 꿈속에서 또 꿈을 꾸기도 하면서, 실제

부처님 한잔해요

로 이러한 혼란이 역사를 바꿔 오기도 했습니다. '남가일몽(南柯一夢)' 또는 '일장춘몽(一場春夢)' 등의 고사에서 보는 것처럼, 장자의 나비 꿈은 환상의 착시성을 암시해 주는 것으로써, 내가 보는 거울이 아니라 거울에서 보는 내가 참 나일 수 있다는 교훈을 담고 있습니다.

여기에서 우리는 『반야심경』의 구절 '전도몽상(顚倒夢想)'이 가리키고 있는 반야 지혜의 참뜻을 새겨 보아야겠습니다. 중생이 잘못된 생각으로 고정관념과 편견으로 꿈이나 환상을 현실로 착각하는 '전도'된 몽상 즉, 뒤집힌 착각의 꿈에서 깨어나, 나의 생명도 내 것이 아니라는 부정 속의 대 긍정을 통하여, 소를 타고 소를 찾는 어리석음에서 벗어남과 동시에 내 마음속에서 부처를 찾는 큰 지혜를 닦는 것 말입니다.

미국의 수학자이자 기상학자인 에드워드 로렌츠(E. Lorentz)의 '나비효과(butterfly effect)'를 잠시 살펴보겠습니다. 카오스 이론 곧, 혼돈이론의 토대가 된 '나비이론'이란 브라질에 있는 나비 한 마리의 날갯짓이 미국 텍사스에서 토네이도(tornado)를 일으킬 수도 있다는 이론인데, 이는 부처님께서 밝힌 연기론에 연원하는 것으로 볼 수 있겠군요.

모름지기 대수롭지 않고 사소한 것이라도 가볍게 보거나 얕보지 말아야 한다는 교훈을 담고 있는 것이지요. 이승에서 생각 없이 저지른 사소한 죄의 과보가 세세연년 윤회를 거듭할수록 폭풍의 업보가 되어, 두고두고 나를 괴롭히는 죄악의 종자가 됨을 얼마나 누누이 강조하셨습니까? '필유인과(必有因果)'. 세상에 원인 없는 결과가 어디 있겠습니까?

지난 삶의 질곡마다 저 역시 자신을 탓하기보다, 세상을 탓했던 어리석음을 오늘은 무슨 철학자라도 된 양, 아낌없이 뉘우쳐 봅니다. 이렇듯 무심히 날아드는 한 마리 나비도 나의 선지식이요, 진리의 주장자를 든 스승임을 깨달은 하루인지라, 즐거운 마음으로 냉장고의 머위 나물 무침을 꺼내옵니다. 화단 옆 손바닥만 한 땅에 산에서 캐 온 털 머위 몇 뿌리를 심었더니 해마다 제 영역을 넓혀 가며, 봄이면 별미 나물 맛을 선사하는 마음 씀이 예쁘기 그지없습니다.

데쳐서 된장에 묻혔더니 좀은 쓴맛이 입안에 도는 게 오히려 걸 걸한 막걸리 맛을 부추기는 일품 안주가 되는군요. 수 억 년 전에도 있었을 이 땅 위에 오늘은 푸른 엽록소를 지닌 나물로 태어난 이 안 주의 전생이 어쩌면 나비일 수도 있었겠다는 생각을 정리하며 하루 의 문을 닫습니다.

부처님 한잔해요

구경열반

(究竟涅槃)

———

열반을 구경한다. 구경(究竟)이란 어떤 상황에 마침내 이르는 체험을 말합니다. 그 상황이란 당연히 열반을 뜻하는 것이지요. 그러니 쉽게 말하면 마침내 열반으로 들어간다. 정도로 해석하면 되겠습니다. 어떻게 해서 열반으로 들어갈 수 있을까요? 그것은 지금까지 설한 심경의 앞 구절에 나와 있습니다. 반야 지혜바라밀을 수행하고, 마음에 걸림과 장애가 없으니 불안하거나 두려워할 게 없으며, 전도된 생각과 몽상을 멀리 떨쳐 버리면 열반에 이른다는 것입니다. 지극히 구체적이고도 실천적 공의 자세를 가리키고 있군요.

불교에서 궁극적 이상으로 받아들이는 열반이란 용어는 수없이 회자되는 말입니다만, 한 마디로 압축하여 설명하기는 매우 어려운 용어가 바로 이 열반의 경지일 것 같습니다. 물론 우리가 알고 있는 열반이란, 깨달음의 세계 또는 온갖 얽힘과 사로잡힘에서 벗어나 크게 자유로운 적멸의 상태를 의미하지만, 깨달음도 어떤 깨달음인지 그리고 무엇으로부터 벗어난 것이 열반인지 좀은 모호한 개념에 휘둘리는 것 같지 않습니까?

열반은 또 일반적으로 깨달은 성인이 맞는 현상적 죽음을 의미하기도 하여 좀은 개념의 정리가 필요할 듯하군요. 열반으로서의 죽음은 정토(淨土)에 가서 태어나는 것을 말합니다. 그러니 불법은 죽는 법이 아니라, 영원히 죽지 않는 부처가 되는 법을 가르치는 것이지요. 기독교에서는 영생(永生)을 얻는다고 표현하지요.

열반은 산스크리트어로 니르바나(nirvânah)의 음(音)을 빌려서 쓴 한자의 음차표기로, 불어서 끈다는 뜻을 지닙니다. 진리를 체득하여 일체의 미혹과 집착을 끊고, 속박에서 벗어난 해탈의 세계를 말하는 바, 불교 최고의 이상향의 세계를 말하는 것입니다.

그러면 구경열반은 어떤 상태를 말하는 것일까요? 소승과 대승, 천태종과 유식(唯識) 계열 종파에 따라 열반을 2열반, 3열반, 4종 열반으로 견해를 달리하는데, 4종 열반에는 생사와 열반에도 머물지 않는 상태인 '무주처열반(無住處涅槃)'이 있습니다. 이 무주처열반이 곧 구경열반인 것을 기억해 두시면 되겠습니다.

간밤엔 벌써 무서리가 내렸습니다. 강원도 산간지방은 영하의

부처님 한잔해요

날씨를 보이기 시작했다는군요. 짧은 가을도 어느새 떠날 채비를 하나 봅니다. 밭에는 저의 손길을 기다리는 가을걷이의 대기병들이 저마다 보직변경을 기다리고 있습니다. 병충해를 견디고 지금까지 붉게 매달려 있는 얼마 되지 않는 고추는 따서 말리고, 가지도 쪼개어 말리어두면 항산화 물질이 풍부한 면역 식품으로 겨우내 먹을 수 있겠지요.

김장 배추의 수확도 미룰 수만 없는 일이고, 세 그루 산수유나무에 빨간 콩알 같은 열매를 지천으로 매달고 있는 산수유도 수확해서 핵을 제거한 뒤 증류주에 담아야, '남자에게 정말 좋다.'는 산수유 술이 될 터이지요.

봄부터 늦가을까지 잎과 열매, 뿌리 등을 아낌없이 주고, 순환의 긴 겨울을 향해 웃으며 걸어가는 자연의 순환 고리를 보노라면, 영원히라도 살듯이 희귀한 보양제와 정력제, 주름살 제거와 동안 수술 등으로 세월을 후퇴시키고자 하는 세속의 어리석은 중생심이 저 먼 구름 밖의 일처럼 먼지 같이 보여질 뿐입니다.

저의 친구 중에도 성형외과 전문의가 있어 어쩌다 만나면 미용 성형을 권합니다. "눈가 주름과 잡티를 제거하고 필러를 적소에 넣어주면 20년은 젊어지겠다고……." 저의 대답은 "어차피 죽을 건데 그때 가서 아까워 죽지 못하면 누가 책임지누?"

우리나라를 성형공화국이라고들 하지요. 의사들이 선망의 전문 과목으로 여기는 게 성형외과고, 성적 우수한 의사들이 대거 몰리는 이유가 돈! 돈이 된다는 때문이라는군요. 의학의 사명을 운운하기 전에 이런 성형의학은 선천성 기형이나, 사고 등으로 평생을 밝은 햇빛 속으로 나올 수 없는 소외된 이들에게 웃음과 삶의 희망을 찾아 주는 것이 성형의술의 목적이 아니었던가요?

쌍까풀 수술은 여중생들이 초경을 치루 듯한 필수 코스라고 하고, 팔자주름, 양악 미용수술, 피부 보형물 등 삼삼오오 계를 조직하여, 성형외과는 문전성시 낙양의 지가를 올린다고 하더군요. 그런데 심심찮게 시술을 받다가 불귀의 객이 되기도 하고, 성형의 부작용으로 성형괴물, 성괴가 되어 영원히 햇빛을 등지고 살아야 하는 사람이 생겨난다는 데도, 목숨 걸고 도전하는 처절한 성형의 대열을 보노라면 눈물겨운 보리심이 마음을 아프게 합니다.

실은 성형의 역사는 삼한시대로 거슬러 올라가니 『삼국지 위서 동이전』에 보면 "어린아이가 출생하면 돌로 머리를 눌러 납작하게 하기 때문에 지금도 진한 사람은 모두 편두(褊頭)이다."라는, 앞머리가 들어가고 뒷머리가 나오게 하는 편두습속의 기록이 있고, 김해 예안리 가야 고분 유적에서는 실제로 편두를 한 여인의 유골이 출토되어 이 기록을 뒷받침하고 있는데 고조선과 신라, 터키, 만주, 마야문화권 등에서 편두의 습속은 다양하게 존재한 것으로 보고 있습니다.

돌로 누르거나, 끈을 이마에 묶어 뒤통수를 나오게 한 편두가 미용·성형목적이었는지 아니면 특수 신분을 나타낸 것인지는 연구가 따라야겠지만 수 천 년 이전에도 성형이 유행했던 것은 사실로 보입니다. 최근 연예인 박명수와 장범준이 편두의 전형이라고 주장한 네티즌도 있었지요.

좀은 버전이 지난 개그이지만, 요즘 염라대왕이 한국의 여인들 때문에 직업적 회의를 느끼고 사의를 표할지도 모른다는 이야기가 생각나는군요. 모두들 성형을 해서 살생부와 명경대가 일치하지 않으니 툭하면 저승사자가 잘못 데려온 수많은 망자들이 집단 시위를 하기 때문이라는데, 참 우습지도 않은 게 웃도록 만드네요.

우리가 느끼는 미추라는 것은 동전의 양면과 같은 것이 아닐는지요? 아름다움이란 것은 아름답지 못함의 어둠을 딛고 위세를 뽐내는 짧은 햇빛의 순간일 뿐입니다. 삶이란 것도 죽음이라는 어둠의 양면성 위에 군림하는 찰나적 착각의 양지가 아니던가요? 여기서 공덕천녀와 흑암천녀에 대한 불교설화 한 편을 소개해 봅니다.

어느 부잣집에 모든 재물과 부를 안겨 주는 절세미인인 공덕천녀가 찾아드는데, 그를 맞이하기 위해서는 재물을 망가뜨리고 끝내는 망하게 하는 천하의 추녀 흑암천녀를 같이 맞이해야 합니다. 이 두 여인은 자매간인데 우애가 너무나 좋아 그림자처럼 붙어 다니지요. 부자는 부와 아름다움은 취하고 싶었으나 망하게 하고, 추한 것은 맞을 수 없다는 이기심으로 그들을 내치고 맙니다.

그런데 그 자매가 찾아간 어느 가난한 집안의 주인은 그들을 반갑게 맞이합니다. 그는 앞면을 가지기 위해서는 뒷면을 버릴 수 없다는 현명한 지혜를 갖춘 현자였지요. 그렇습니다. 이 설화는 삶과 죽음, 미와 추, 밝음과 어둠같이 우리 인생의 양면성을 이야기하고 있습니다.

천 년 만 년을 누릴 줄 알고 부와 명예, 아름다움에 집착하는 어리석음을 경계하는 설화이지요. 영혼에서는 황폐한 바람이 부는데, 돈으로 부여잡은 육신의 아름다움이 10년을 가겠습니까? 100년을 가겠습니까? 그래서 피부와 얼굴의 성형이 아니라 마음이 예뻐지는 성형을 하는 심성형전문의(心成形專門醫) 제도를 국가에서는 하루빨리 정착시켰으면 좋겠다는 동화 같은 이야기를 이렇게 나열해 봅니다.

나무는 절로 두어도 또 나이가 들수록 그 아름다운 기풍을 더해 가는 것은 무엇 때문일까요? 수연정에서 바라보는 와룡암 바위틈에 자라난, 백년은 더 되었을 소나무가 오늘은 이리도 황홀한 아름다움을 선사합니다. 소나무는 막걸리를 좋아한다고 하지요. 수세(樹勢)가 약한 소나무에는 예로부터 막걸리를 거름으로 주어 활력을 되찾게 했습니다. 오늘의 스승인 소나무에 마음의 막걸리 한 잔 올립니다.

부처님 한잔해요

삼세제불의반야바라밀다

(三世諸佛依般若波羅密多)

————

　　삼세의 모든 부처도 반야바라밀다를 의지한다. 원전에는 띄어쓰기가 되어 있지 않습니다만, 삼세의 모든 부처를 주어로, 반야바라밀다를 목적어로 하면 해석이 간단해집니다. 삼세란 잘 아시다시피 과거, 현재, 미래를 이르는 불교용어입니다. 시간의 총칭이며, 무한의 시간을 뜻하는 것이지요. 시간은 공간과 연관되지 않고 홀로이 존재할 수 없습니다. 따라서 불교에서는 삼세 앞에 반드시 '시방(十方)'을 써서 '시방삼세(十方三世)'로 표현합니다.

　　시방은 동서남북과 사방의 중간 그리고 상하를 합친 공간을 말하니, 시방삼세라고 하면 무한 공간과 무한 시간을 뜻하는 것이 됩니다. 이미 색즉시공에서 본 것처럼, 시간과 공간이 상호 관통하여 일체(一體)로 존재함은, 영혼과 육체에 대한 깨달음의 길이 이와 같다고 보는 불교의 기본사상과 접목되어 있음을 알 수 있습니다. 〈법성게(法性偈)〉의 일부를 인용해 봅니다.

일미진중함시방 (一微塵中含十方) :
티끌 하나 속에 온 우주 공간이 다 들어 있고,

일체진중역여시 (一切塵中亦如是) :
낱낱의 티끌에도 우주 공간이 다 들어 있네.

무량원겁즉일념 (無量遠劫卽一念) :
무한한 긴 시간이 한 생각 찰나이고,

일념즉시무량겁 (一念卽是無量劫) :
찰나의 한 생각이 무한한 시간일세.

시간과 공간은 상호 의존적이며, 절대적 가치의 개념이 없이 관통하여 서로 교통함을 보여주고 있습니다. 〈법성게〉의 이 부분을 읽을 때는 늘 전율이 전해 옴을 느낍니다. 19세기까지의 물리학에서는 상상치도 못했던 시간과 공간의 상대적 진리를 어떻게 부처님께서는 2,500여 년 전에 과학적 체험 없이 깨달아 얻으셨느냐는 거지요.

정신과 육체, 주관과 객관의 구별이 스러진 완전한 깨달음의 세계에서는 시간과 공간도 연기(緣起)에 의한 초월적 동체(同體)로 존재하기 때문일 터이지요. 삼세의 모든 부처도 이렇게 수행하였다는 뜻이 되는군요.

부처님 한잔해요

저의 다락방 서재의 서쪽 창으로는 백수리산의 정상이 유정하게 보입니다. 백두대간을 종주하자면 반드시 저 산의 정상 능선을 타야 하는 대간의 한 줄기이기도 하지요. 우리나라의 모든 산은 달려온 산맥을 역으로 되짚어가면 백두산에 닿는다고, 조선 영조 때의 신경준이 저술한 『산경표(山經表)』에 기술되어 있습니다.

　우리나라에는 히말라야 같은 고산은 없지만, 금강산, 설악산, 한라산 같은 빼어난 산이 많아 금수강산이라 불리어 왔습니다. 지금은 북녘땅에 있는 금강산은 1만2천 봉우리와 기암괴석이 선경을 연상케 하여, 북송시대 중국 최고의 시인이었던 소동파는 '원생 고려국 일견 금강산(願生 高麗國 —見 金剛山)' 즉, 고려 땅에 태어나 금강산 한번 보는 것이 소원이라는 시 구절을 남겼지요. 우리나라 국민의 압도적 취미 1순위가 등산인 걸 보면, 산은 우리 국민에게 정신적 고향이라는 원형상징으로 존재하는가 봅니다.

　계절은 물론이고 매달, 매일 그리고 저의 기분에 따라 하루에도 몇 번씩 산의 색깔도 달리 보이게 됩니다. 제가 외롭다고 느끼면 산도 어김없이 외로운 표정을 짓고, 한잔 막걸리에 취해 구성진 노랫가락이라도 부르고 싶어지면 산도 기분 좋은 표정으로 답을 하지요. 산악 민족인 우리나라는 산을 살아 있는 생명체로 대해 왔습니다.

　정통 풍수사상에서는 산을 살아 있는 용으로 간주하고, 산맥의 기상을 용맥이라 하여 내용과 행룡, 주변 산세와의 조화로운 형세를 풍수 입지의 기본요건으로 보게 됩니다. 입지의 뒤로는 주산인 현무가 있고, 왼쪽 산은 좌청룡, 우측 산은 우백호 그리고 앞쪽의 안산은 주작이라 하여, 터를 감싸고 있는 사신사가 조화롭게 조응해야 하고, 더하여 물길이 혈을 허리띠처럼 안고 돌아가야 길지가 되는 것이지요. 그러니 일제가 조선의 산천 정기를 끊기 위해 명산마다 혈맥에 쇠말뚝을 박았다지 않습니까?

우리나라의 민간설화에 자주 회자되는 것이 풍수 관련 설화이고, 지관과 발복에 관한 구비문학 자료는 전국에 고루 채록될 만큼 한국인의 기층사상의 일면을 이루게 한 것도 바로 풍수사상입니다.

한때는 풍수지리 공부에 미친 듯 집착한 적이 있었습니다. 관련 문헌과 자료를 수집하고 휴일에는 풍수답사 여행에 오르곤 했지요. 풍수답사 여행이라 했지만 주로 사찰 풍수 기행이 많았습니다. 산과 가람 그리고 혈을 감싸고도는 산중 계곡의 시원한 물소리에 귀 기울이며, 고색창연한 불교문화재도 감상하면서, 풍수의 조건을 체험·답사해 보는 즐거움은 은밀한 기쁨이기도 하였습니다.

우리나라 대부분의 고찰은 풍수지리의 교과서적 이론을 원용하여 입지를 잡았다고 해도 틀린 말이 아닐 만큼 유명한 고승들의 혜안은 뛰어난 것이었습니다. 그러니 이름난 사찰이 있는 산은 하나같이 산세가 수려하고 물길이 유정하여, 그 자체로 명승지가 될 수밖에 없지요.

우리나라의 풍수지리의 비조는 도선 국사로 보는데, 전북 남원의 실상사 터의 입지에는, 이 땅에 절을 세우지 않으면 지기가 일본으로 흘러들어 간다는 도선 국사의 애국적 비보풍수론이 적용되기도 하였습니다. 그 외에도 양산 통도사와 동래 범어사, 화순 쌍봉사 등 수 많은 사찰이 풍수여건을 감안하여 비보풍수를 적용한 가람으로 알려져 있습니다. 저의 석사학위 논문도 풍수에 관한 것이니 반풍수 집구석 망한다는 말이 저에게도 맞아떨어지나 봅니다.

그런데 조선의 풍수 역사를 돌이켜보면 묘지 풍수에 거의 국한 되었고, 조상의 유골을 명당에 매장하여 발복을 노리는 음택풍수였던 탓에 그 폐해 또한 상상을 초월하는 것이었습니다. 남의 땅을 훔쳐 매장하는 투장(偸葬)과 몰래 매장하여 지기의 발복을 노리는 암장(暗葬) 등으로 송사가 끊이지 않았고, 엉터리 지관에 읽힌 희비는 전 국민적 화제가 되곤 했지요. 최근에도 우리나라에 대통령이 된 어느 분이 조상의 묘를 이장하여 그 기운으로 대통령이 되었다는 설도 있었군요.

백수리산 정상에 흰 구름이 걸려 있는 한가한 봄날에는 연둣빛으로 빛나는 신록의 색깔도 눈이 부시고, 기러기 울고 가는 청정한 가을날, 정상에서부터 붉게 물들어 아래로, 아래로 천연염색을 하듯 타들어 가는 단풍의 행렬을 보는 마음은 찬 이슬 내린 아침 들판처럼 시리기만 합니다. 저 산은 언제부터 저 모습으로 저 자리를 지키고 있었을까요? 저의 짧은 지구과학 지식으로는 중생대 쥐라기 이전, 고생대 이후의 한반도 지각변동에 의한 것이 아닐까 생각되어집니다.

그때는 산도 참 고요하고 한가했을 것 같군요. 지금처럼 백두대간을 등산하는 사람도 없었을 것이고, 쥐라기 때나 되어서야 공룡의 포효소리 정도만 들렸을 터이니 산도 무척 지루하였겠다는 생각이 듭니다. 이렇듯 멀리 보면 우리들 인생 100년이란 게 더욱 초라하게만 느껴지지 않습니까? 그러니 흙 알갱이 하나씩이 모여 태산이 되고, 태산이 흩어져 언젠가는 한 톨 흙 알갱이가 된다는 교훈은 정답이 되겠지요.

아랫마을에 약초며, 산나물 채취를 전문으로 하는 분께서 난생 처음 보는 '차오처우'라는 산나물을 보내왔습니다. 생긴 것은 참나물 비슷하게 생겼는데, 씹히는 식감이 아삭거리는 게 아주 독특한 맛을 내는군요. 발음이 중국식이라 중국에서 온 나물인 줄 알았더니 전혀 이 고장 백수리산의 토종이라고 하네요. 막걸리라는 것이 안주를 불문하는 한국적 대중주이지만 이러한 산나물과는 기가 막히게 궁합이 맞는다는 걸 알게 되는 것도 전원생활의 작은 기쁨이 아닐는지요?

부처님 한잔해요

고득아뇩다라

(故得阿耨多羅)

그런고로 위없는(無上 : 아뇩다라)를 얻었다. 경전의 문맥으로는 아뇩다라삼먁삼보리를 얻었다라고 이어서 해석해야 하나 여기서는 편의상 아뇩다라만 띄어서 풀이해 봅니다. 아뇩다라(anuttara)는 한자음으로 '욕(耨)'으로 표기했습니다만 뇩으로 읽는데, 그 뜻은 더 이상 위가 없는 '무상(無上)'을 의미합니다. 모든 경계가 끊어져 비교할 것도, 비교할 수도 없는 상태를 이릅니다. 상대적 우위(優位)가 아니라 절대적 우위를 말하는 것이지요.

불교에서는 뜻을 달리하는 같은 글자 '무상'이 많기도 하네요. 무상(無常), 무상(無相), 무상(無想), 무상(無上) 등이 있군요. 위가 없다는 말은 완전한 '0'이 되었다는 말입니다. '0'은 시종(始終)이 끊어져 원융하기 때문에 특정한 방향성을 지니지 않습니다. 그래서 완전한 공의 상태에서의 깨달음은 일체의 분별이 끊어지게 되겠지요. 시작점도, 종착점도 없는 것이 '0(圓)'이 아니겠습니까?

　기독교에서는 이 세계를 에덴동산, 하느님의 세계로 정의합니다. 어느 종교든 이 궁극의 무상(無上)을 찾는 방편이 그 종교의 교리가 됩니다. 그러면 여기서 한 번쯤은 들어보셨을 법한 '엔트로피'에 대해 잠시 살펴보겠습니다. 엔트로피란 물질이 변형되어, 다시 원래의 상태로 환원될 수 없게 되는 방향성의 현상을 말하는데, 일어날 수 있는 막연함의 양(量)을 뜻합니다. 따라서 발생 가능성이 오직 하나뿐이면 엔트로피는 0이 됩니다.

　사회가 다원화되고 욕망 세계가 타락해질수록 인간의 본래심에서 보는 엔트로피는 무한히 증가해 갑니다. 그래서 불교에서는 본래심의 자리에서 분별 망상이 사라지고, 무명을 여위고 엔트로피 '0'이 되는 경지를 아뇩다라의 상태라 보는 것이지요.

　단풍 기행을 떠납니다. 아니 기행이나 여행보다는 만행이라는 불교용어를 사용해 보렵니다. 안거가 끝난 스님들이 한 곳에 머물지 않고 여러 곳을 다니며 각기 수행하는 정진의 한 방편인 만행을 저 같은 재가불자가 입에 담는다는 것이 죄송스런 마음입니다. 하지만 딴에는 전원생활과 작은 농사일에 빠져 한동안 생활반경에서 크게 벗어나지 않았으니, 붙박이에는 생래적으로 맞지 않는 저로서는 이

부처님 한잔해요

번 여행을 만행이라 이름해도 무방할 것 같은 자만심을 가져 봅니다.

아직 가을걷이가 다 끝난 건 아니지만, 굳이 시간 품에 얽매이지 않아도 좋을 만큼의 일감만을 영위하는 게으른 농사꾼이라 언제라도 떠날 준비가 되어 있는 레이디 트레블(ready travel)인생이 저이기도 합니다.

혼자 하는 여행을 좋아했습니다. 혼자 여행길에 오르는 일을 두고 주변의 지인들은 이해하질 못하는 분들이 많더군요. 또 인생 처세학에는 언제라도 전화하면 같이 여행길에 오를 수 있는 친구를 둔 삶이 성공한 인생이라는 교훈이 빠지질 않습니다만, 아무래도 여행길에서는 자아를 되돌아볼 수 있는 홀로 가는 여정이 좋다는 게 저의 지론입니다.

이제 수연정이 주인이 되고 저는 객이 되는 차례이군요. 집이 집을 본다는 말이 있듯 수연정과 저와는 애초에 거류 계약을 맺질 않았습니다. 지난 평생 벗어던지지 못한, 자유를 향한 갈망의 무지개를 어디든, 누구에게든 온전히 저당 잡히는 속박의 이모작 인생을 살지 않겠다는 저 나름의 약속이 있었기 때문이지요.

떠나온 곳에서만 보이는 것이 우리네 일상의 삶이 아니더이까? 그래서 만행은 수행의 연장이 아니라 더 치열한 용맹정진이라 하는가 봅니다. 이렇게 떠나고 싶을 때 떠나기 위해 저는 가축을 키우지 못합니다. 닭을 먹이고 부화를 하여, 노란 부리를 가진 병아리들의 귀여운 모습을 보면, 골짜기의 삶이 공간적으로 더 아늑해질 것이고, 저를 잘 따르며 꼬리를 흔들고, 저의 발자국소리를 기억하며 달려 나오는 삽사리가 있다면 저의 전원생활도 더욱 생경감을 더해 줄 것입니다. 하지만 언젠가는 반드시 따라야 하는 그것들과의 이별의 상처가 저어되고 또 훌쩍 떠나고 싶은 충동이 이들을 누군가에게 의탁해야 하는 번거로움으로 발전하는 절차가 저에겐 너무나 큰 부담이 되었지요.

배낭에 버너와 햇반, 마른반찬과 컵라면 같은 나그네의 간편식을 챙깁니다. 낯선 땅에서 매 끼니를 해결한다는 게 경비문제도 있거니와 여관방이나 민박집에서 라면 국물에 그 지역 막걸리 한두 병 곁들이며, 그날의 여정을 돌이켜보거나 시상을 정리하는 맛도 여행의 별미라 치부하는 아류가 저이기도 하니까요.

그리고 카메라의 메모리와 배터리를 점검하고 여벌 옷이며, 구급약 같은 것들은 별도로 봉지에 싸서 수납지퍼에 사용빈도순으로 챙겨 넣습니다. 낯선 곳의 풍물과 지역의 문화재 그리고 희귀한 꽃이며 자연물을 사진에 담아 두고 추억으로 꺼내 보는 일은 저의 오랜 취미이기도 하군요. 어쩌면 여행은 막상 떠나서보다 이처럼 미지의 땅에 대한 설렘과 준비를 하면서 이미 충분한 보상을 받는 게 아닐까 하는 생각을 가져 봅니다.

여행은 돌아오기 위해 떠나고, 떠나기 위해 다시 돌아오는 것일 테지요. 이번 여정은 단풍이 동백꽃보다도 더 붉다는 전북 고창 선운사와 변산반도, 부안 내소사 쪽으로 방향을 잡았습니다. 고창은 미당 서정주 시인의 고향으로, 친일 단죄로부터 자유롭지 못하지만, 한국 현대시의 한 축을 풍미한 대시인의 문학관이 있는 곳이기도 하지요.

부처님 한잔해요

그의 시 〈귀촉도〉는 죽음의 이미지를 동양적 사유에 입각하여 시적 감흥을 가장 잘 나타낸 대표작이란 평가를 받고 있습니다.

　귀촉도란 두견새 또는 접동새라고도 불리는 새인데, 이 시에서는 촉제(蜀帝) 두우(杜宇)가 죽어 그 혼이 새가 되었다는 전설을 소재로 하여, 죽은 임을 그리워하며, 이승에서 저승의 거리를 삼만 리에 비유하는 아득한 시적 상상력이 동원되고 있지요. 〈귀촉도〉의 일부를 인용해 봅니다.

　　　　⋮

　　눈물 아롱아롱 피리 불고 가신님의

　　밟으신 길은

　　진달래 꽃 비 오는 서역 삼만 리

　　흰 옷깃 여며 여며 가옵신 님의

　　다시 오진 못 하는 파촉 삼만 리

　선운사에는 단풍이 불타고 있습니다. 미당의 시 〈선운사 동백〉 때문인지 동백꽃으로 더 많이 알려진 선운사지만 가을의 선운사는 계곡 물에 거울처럼 비친 붉디붉은 단풍색깔이 가을 나그네의 넋을 어지럽게 합니다. 잠시 한 줄 시심에 젖어 봅니다. 절에 와서야 꼭 잘못 산 자신을 뉘우치는 어리석음으로, 어디에도 없는 피안의 섬이 있는 줄 알고 찾아 헤맸던 아집을 내려놓습니다.

:

선운사 운

선운사 골짜기로 섬을 찾아 떠났네
피안의 뗏목으로 그대에게 다가가듯
가을날
단풍 옷 입고
섬을 찾아 헤맸네

어디에도 없는 바다 내 안의 예쁜 섬을
선운사 동백 숲을 머리 푼 바람처럼
떠돌다
돌아와서는
슬픔의 돌이 됐네

돌 속에 누운 침묵
불이(不二)의 함성들만
하늘을 한 폭 찢어 창공에 걸어 놓고
한 마리
철새가 되어
해탈 속을 날아갔네

부처님 한잔해요

변산반도로 길을 잡습니다. 일몰을 보기에는 더없이 좋은 곳이지요. 내일은 능가산 내소사를 돌아 군산 월명공원에서 소설 〈탁류〉의 배경이 된 군산항을 조망해 보고, 채만식 문학관을 둘러보아야겠습니다. 이제 여정을 끝내면 떠나온 것처럼 수연정으로 돌아가야겠지요.

　　우리네 인생이 하루 여행길의 소풍이라면 저의 인생 여정은 어디에 와 있는 걸까요? 변산반도의 수평선 너머로 떨어지는 낙조가 보이는 막걸리 집에 들러 탁주 한잔 할 생각입니다.

삼먁삼보리

(三藐三菩提)

———

거짓이 없고 바른 지혜를 두루 깨닫게 되었다. 삼먁(三藐 : samyak)
은 올바르고 거짓 없음이고, 삼보리(三菩提 : sambodhi)는 두루 알고 다
같이 깨닫는다는 뜻으로 등각(等覺)을 뜻합니다. 그러니 앞의 고득아뇩
다라와 합처 고득아뇩다라삼먁삼보리가 되면 '그런바 위 없는 올바른
깨달음의 경지를 이루었다.'로 해석할 수 있거니와 이를 '무상정등각
(無上正等覺)'이라 합니다. 가장 높고 바른 참된 깨달음이란 뜻이지요.

'삼세제불의반야바라밀다'로부터 '고득아뇩다라삼먁삼보리'까지
의 문맥을 정리해 보면 과거, 현재, 미래의 모든 부처가 이 반야의 지
혜로 인해 위 없이 높고 참된 깨달음을 얻었다는 해석이 되는군요.
이 무상정등각을 읽으면서는 꼭 상기해야 할 가르침이 있습니다. 즉,
보살의 가장 큰 서원인 사홍서원(四弘誓願) 중, 가장 존귀하여 더 이상

부처님 한잔해요

뛰어난 것이 없는 불도를 닦아 깨달음에 이르러 성불하겠다는 맹세인 불도무상서원성(佛道無上誓願成)이지요.

그래서 우리도 반야의 지혜를 닦아 참다운 깨달음의 보리세계인 부처의 길로 가야겠지요. 그 길은 막연하고 추상적이며, 어려운 길은 결코 아닐 것입니다. 천당과 지옥을 만드는 방법은 의외로 아주 간단합니다. 가까이 있는 사람과 사물을 사랑하면 곧 천당이요, 반대로 증오하면 바로 지옥이 될 터이니까요. 일상에서 부딪치는 모든 사건과 사물을 본래심의 청정자리에서 관하고, 마음의 거울을 깨끗이 하여, 번뇌의 덮임을 없게 하면 내 마음이 스스로 공하게 되니 그 길은 절로절로 갈 수 있는 게 아니겠습니까?

접시꽃도 계속되는 더위에 풀이 꺾였는지, 실타래처럼 자신의 꽃술을 말아서 떨어뜨리고, 화단의 봉선화는 아예 꽃대 자체가 땅을 향해 시들은 채 가쁜 숨을 몰아쉬고 있습니다. 오늘이 말복이고 곧처서 절기에 들게 되니 그렇게 무덥다고 아우성이던 여름도 서서히 뒷모습을 보이겠지요. 그러나 아직은 한낮 기온이 30도를 웃돌고 밤에는 열대야로 잠 못 이루는 시민들이 많다는데, 아직껏 이 골짜기에서는 열대야를 경험해보지 못했으니 추위보다는 더위를 몹시 타는 저로서는 행운이 아닐 수 없습니다.

정자의 네 모서리에 모기장을 연결하고 누우면 풀벌레 소리와 계곡 물소리가 그 자체로 오케스트라가 되어 혼곤한 잠을 예약해 줍니다. 하지만 짧은 여름밤인 만큼 일찍 잠자리에 드는 것은 여름에 대한 예의가 아니라는 판단 아래, 냉동실에 살짝 얼려 얼음 슬러시가 동동 뜨는 막걸리를 내 옵니다.

봄에 씨앗을 뿌려 둔 조선호박 다섯 포기가 엄청나게 덩굴을 뻗쳐 내면서 무시로 달아 주는 애호박을 채로 썰어 호박전을 부쳤지요. 호박전의 맛은 반죽이 관건인데, 너무 무르면 쳐져서 식감이 없고, 반죽이 뻑뻑하거나 되면 텁텁한 맛이 감칠맛을 떨어뜨리지요. 마침 적당히 촉촉한 호박전이, 이빨까지 시린 막걸리와 환상의 궁합을 이룹니다. 그러면 적당한 취기에 장단을 맞추는 게 있지요. 반딧불입니다.

여름 밤하늘을 정처 없이 떠다니는 게 어찌 보면 은하수의 쪽배로 보이기도 하네요. 여름밤의 낭만의 메신저였던 반딧불을 요즘은 시골에서도 보기가 어렵다는 데, 그만큼 환경오염이 우리의 생태계를 망쳐 놓은 탓이겠지요. 그런데 저도 도시로 나온 이후 이곳에 와서야 반딧불을 보았고 그 경이로움에 한동안 넋을 잃고 반딧불이의 비상을 추적하곤 했더랬지요. 어떤 문헌에 보면 반딧불은 다슬기를 먹이로 한다는데, 이들이 청정의 이미지와 결부되는 건 확실한 것 같습니다.

시골에서 중고등학교와 청년기를 보냈던 분들은 아시겠지만, 여름밤에는 앞 냇가로 멱을 감으로 가는 것이 일상이었지요. 그런데 그 이벤트는 단순한 목욕이 아니라 이성의 호기심이 극도로 창열 하는 시기, 시골 청춘남녀들의 젊음의 해방구가 되기도 하였으니, 자유연

부처님 한잔해요

애란 상상도 할 수 없던 시절이었지만 이성을 향한 빛나는 호기심이 없었다면 어찌 문학과 예술이 존재했을 것이며, 역사가 이루어져 왔겠습니까?

먹 감으러 간다는 합법적 핑계에, 적당한 어둠이 이들의 데이트 공간을 보장해 주었고, 이들의 만남을 축복해 주는 것이 반딧불이의 축하비행이었습니다. 밤하늘의 별들은 또 얼마나 찬란한 천구를 만들어 주었습니까? 별 바라기는 여름밤이 최적이라는 건 초등학교 4학년 자연 시간에 이미 배웠던 기억이 나는군요.

개가 밥 먹을 초저녁에 서쪽 하늘을 가장 먼저 장식하는 별인 금성은 태양과 달 다음으로 밝은 태양계 행성인데, 이때의 별은 개밥바라기별이라 하고, 새벽 무렵 동쪽에 나타나는 금성은 샛별 또는 닭이 우는 시간대의 별이란 뜻에서 계명성(鷄鳴星)이라고도 불리지요.

우리가 사는 지구도 태양주위를 도는 행성의 일종인 별일 수밖에 없지만, 문학사적으로 별은 그리움과 사랑, 추억의 다른 이름이었습니다. 윤동주 시인의 시 〈별 헤는 밤〉에는 별 하나에 추억과 사랑, 쓸쓸함과 동경(憧憬) 그리고 시와 어머니가 있습니다. 그처럼 별은 의식의 흐름이 지배하는 정서의 고향이고, 푸른 밀어를 들려줄 것 같은 감성의 창고입니다.

저의 첫 시집에 실린 졸시 〈별이 있다면〉이 문득 생각나는 밤입니다. 저를 떠나간, 아니 떠나보낸 하 많은 사람의 얼굴이 오늘따라 여름 밤하늘의 별만큼 또렷이, 많이도 떠오릅니다. 더러는 이 땅에서의 현상적 삶을 멈춘 분도 있을 것이고, 혹여나 아스라이 먼 곳에서

라도 제가 지금 보고 있는 안드로메다 성운을 같이 쳐다보고 있을지
도 모르겠군요. 취기조차 은하수 너머로 달아났는지, 공연한 갈증에
정신은 오히려 맑아집니다.

⋮

별이 있다면

별이 있다면
우리 만날 수 있을까
가려운 겨드랑이
날갯짓 벗어 두고
이승의 마지막 날
엉겅퀴 풀꽃 지천으로 늘어진
그날 어디쯤에서는
우리 만날 수 있을까
이유도 없이
알게 모르게 살아오는 동안
작게는 시달리고
더러는 빚진 우리들 삶이
오늘은 또 이리도 서럽구나 차라리
한 조각 별이라도 될까
푸른 구름 냄새 같은

어머니 가슴으로

떨어지던 그 날의

예쁜 별이 될까

날마다 밤마다 새로 태어나

가슴에 그리운 별 하나 묻어 두고

흩어져 날릴 나는

별이 되고 싶다

별이 있다면

우리 만날 수 있을까

다시 만날 수 있을까

먼 훗날 이 땅이 아닌

저문 하늘 아래서라도

우리들 가슴 속

별이 있다면

다만 별이 있다면

고지반야바라밀다

(故知般若波羅密多)

————

　　그러므로 반야바라밀다를 알아라. 여기서 '고지(故知)'의 '고(故)'는 접속사로, '지(知)'는 동사 '알다'의 명령형 '알아라'로 해석할 수 있겠습니다. 그리고 반야바라밀다는 다음에 연결되는 '시대신주(是大神呪)'의 주어로 쓰였습니다. 즉, 반야바라밀다를 신령스런 주문(呪文)으로 승화시키고 있습니다.

　　『반야심경』에서 '반야바라밀다'는 모두 여섯 번이나 인용되고 있는데, 이미 반야바라밀다는 여러 차례 새겨 보았습니다만, 다시 한 번 완전한 의미를 되새겨 보도록 하겠습니다.

　　주지하시는 바와 같이 반야는 마하(摩訶)의 지혜, 곧 완전하고 견줄 데 없는 큰 부처님의 지혜를 말합니다. 반야바라밀다는 산스크리트어 '쁘라즈냐 빠라미따(prajñā-pāramitā)'의 한자식 음차표기로, '바라'

부처님 한잔해요

는 '저 언덕'을 뜻하고, '밀다'는 '건너다'를 뜻하고 있습니다. 분별과 집착이 끊어진 완전한 지혜를 성취하여, 분별과 집착을 떠난 지혜의 완성을 의미합니다. 육바라밀 중 반야바라밀을 상기해보시기 바랍니다.

또한, 바라밀다는 열반의 피안에 도달한다는 형태소를 지닌 말이기도 한데요. 고해의 바다를 건너는 데는 항해술, 항법, 항로 같은 지혜 방편도 필요할 것입니다. 그렇다면 이처럼 그 어느 것과도 견줄 수 없는 훌륭한 반야바라밀다 지혜를 우리는 어떻게 증득(證得)해야 할까요?

그리 어려운 대답이 준비된 건 아닙니다. 반야바라밀다는 피안으로 건너가게 하는 지혜이므로, 이미 건너가신 부처님의 지혜를 빌리면 될 것입니다. 부처님이 어떻게 깨달음을 이루셨던가요? 인연의 진리를 깨달으신 겁니다. 그러니 이 두 글자 '인연'의 참 진리만 여실히 알게 되면 우리도 열반의 피안에 다다를 수 있을 것입니다.

5월에 들어서니 갑자기 할 일이 많아집니다. 영농일지라고까지 할 건 못되지만, 이곳 전원생활에서 일어난 일들 이를테면, 어떤 꽃이 피었고, 어떤 씨앗을 뿌렸으며, 김매기와 무슨 채소를 수확했다는 등 그날의 소사(小事)를 메모로 기록하고, 필요에 따라 사진 파일로 저장해 두는 습관이 있습니다. 학창시절의 일기처럼 자신의 생각이나,

느낌 같은 것까지 남기지는 않지만 이러한 메모를 써오는 습관은 30년 가까이나 되지 않았나 싶군요.

저의 시력은 먼 데 것은 잘 보이지 않지만, 가까운 곳은 잘 보이는 편이라 포켓 수첩에 깨알 같은 크기로 기록해 둔 탓에, 언제 누구를 만나고 어디를 갔었다는 등의, 기억이 못해 내는 과거사를 반추해 낼 수가 있지요.

이런 저의 습관과 수첩을 본 친구는 "인생 참 피곤하게 산다."고 일언지하 소심한 꽁생원으로 폄하도 하지만 가끔은 비망록을 되짚어 보면 파노라마 같은 타임머신 여행을 하는 즐거움도 얻을 수 있더군요. 물론 불쾌했던 만남이나 사건들 또는 돌이키고 싶지 않은 과거사를 보는 것은 그리 즐거운 일은 아니지만, 어차피 제가 엮어 온 인생이기에 온고지신의 작은 교훈을 제공받기도 합니다. 오늘도 지난해의 오늘과 같이 고추 모종을 위한 비닐 멀칭 작업과 오이, 호박, 가지, 토마토 같은 여름 채소 모종을 했습니다. 여분의 땅을 놀릴 수도 없어 혼자 작업하기에는 턱없이 넓은 밭을 삽으로 경운(耕耘)하여, 이랑을 만들고 비닐을 씌우는 일인데, 평소에는 그리 길게 느껴지지 않던 밭고랑이 어찌나 길든지, 한 삽 뜨고는 끝을 쳐다보고 또 남은 밭이랑 수를 헤아리기를 수십 회를 반복했네요.

한마디로 기계를 사기에는 좁은 면적이고, 혼자 하기에는 넓은 땅인 것이 바로 저의 영농현실입니다. 휴대용 MP3 플레이어의 볼륨을 높여 봅니다. 지난날 즐겨 듣던 음악이나 요즘 한창 유행하는 트로트 음악이 이럴 땐 제격이지요. 음악 소리에 귀 기울이다 보면 힘

부처님 한잔해요

든 일도 좀은 잊히는 듯합니다. 올해는 유기농 퇴비도 듬뿍 시비해서 토양과 잘 섞어 발효해 두었기 때문에 모종 식재 후 착근할 때까지 관수만 잘 해주면 튼실한 여름 채소들을 맛볼 수 있으리라 기대가 큽니다.

아까부터 뽕나무 가지 끝에 매달린 채 재잘대던 곤줄박이도 먹이를 찾아 날아갔나 봅니다. 날씨는 벌써 초여름 같고, 땀을 많이 흘려서인지 목만 마를 뿐 별로 식욕을 느끼지 못합니다. 이럴 땐 건진 소면이 제격이지요. 국수는 많은 스님들이 좋아하여 공양 간에서 국수를 준비하는 날에는 스님들의 얼굴에 미소가 절로 번진다는 뜻의 '승소(僧笑)'라고도 불린다지요?

잔디가 깔린 마당에다 파라솔 얹힌 테이블을 옮겨 놓고 국수를 먹습니다. 육수를 진하게 우려낸 후 식혀서 얹어 먹으면 맛이 더할 텐데, 격식도 귀찮고 대충 양념간장에만 먹어도 먹을 만합니다. 그리고 냉커피를 한잔 타서 마시며, 막 붉은 꽃술을 여는 인동초 꽃의 사진을 접사촬영해 봅니다. 삼각대에 단단히 고정하여 조리개와 셔터 속도를 각각 개방하면서 여러 장을 찍습니다.

필름카메라일 때는 필름 값과 현상료가 만만치 않아 마구 셔터를 누를 수가 없었지만, 디지털카메라는 메모리가 허용하는 범위에서는 몇십, 몇백 장도 가능하고, 불필요한 것은 삭제하면 그만이기 때문에 문명의 이기를 마음껏 가지고 노네요.

인동 덩굴은 양기가 강한 식물이라 한방에서는 음이 극성하여 생긴 질환에 쓰는데, 대표질환이 상한(傷寒)병 중 감기에 잘 듣는 약재이지요. 한방은 이처럼 원인을 규명하고 몸의 조화와 균형을 우선하는 순환의학인데, 대부분의 양의사가 한방을 미신 수준으로 취급하는 걸 보는 마음은 안타까울 따름입니다.

현대 의학의 눈부신 발전은 전염병 정복과 외과수술 등에서 인류의 건강수명 연장에 결정적 역할을 다해 온 건 사실이지만 고혈압, 당뇨병 같은 질환에 대한 원인치료제 하나 개발하질 못했지요. 근래엔 중동호흡기증후군이라는 전대미문의 전염병이 온 나라를 휩쓴 일이 있었군요. 우리나라에서는 알아주는 최고시설의 종합병원 등에서조차 질병에 대한 전문성 부족으로 초기에 잡을 수 있었던 전염병을 만연케 하여 막대한 인명피해와 나라 경제에 타격을 입히지 않았습니까?

보건복지부에서 예방홍보 포스터로 내놓은 걸 보니 "낙타고기와 낙타 젖을 먹지 말자."였지요. 이런 게 코미디가 아니고 무엇이겠습니까? 독자 여러분 중에는 낙타고기 잡숴 보신 분이 있으시려나?

한낮엔 책이나 보며 좀 쉬었다가 해거름 하면 다시 모종 식재를 하고 물을 주어야겠습니다. 요즘 주역과 한의학의 상관관계를 규명한 책 『의역동원(醫易同源)』을 읽는 재미에 빠져 있습니다. 천지 만물이 상호의존적 순환 고리를 유지하지 못하면 곧 재앙이고, 인체도 이러한 항상성을 잃게 되면 당연히 질병이 찾아온다는 것이지요.

그래서 공자도 주역서를 너무나 많이 읽어서 그 책을 묶은 가죽끈이 세 번을 닳아 떨어졌다고 하여 '위편삼절(韋編三絶)'이란 고사가 생겨났는데, 그래도 공자는 주역을 좀 더 궁구하였더라면 스스로 허

부처님 한잔해요

물이 없었을 것이란 술회를 한 걸 보면 이 학문의 깊이와 체계에 숙연해 짐도 느낍니다.

시대신주

(是大神呪)

───────

이것(반야바라밀다)은 위대하고 신령스런 주문이다. 반야바라밀다가
곧 대신주라는 것입니다. 이 부분 시대신주부터 시무등등주까지는
반야바라밀다가 어떤 주문(呪文)인가 하는 성격을 설한 가르침입니다.
그러면 주문은 과연 무엇인가 하는 문제가 남는군요. 주문은 산스크
리트어로 만트라(mantra)라 하여 '진언(眞言)'으로 번역되기도 하는데 문
자 그대로 진리를 나타내는 참된 말이란 뜻입니다.

글자 하나하나에 한량없는 뜻을 지녀 일체의 공덕을 다 가지고
있다고 봅니다. 여기서 만(man)은 깨닫도록 하는 사념(思念)을 말하고,
트라(tra)는 기물(器物)이란 뜻으로 신령스런 기운을 가지고 있음을 이
릅니다. 주문이란 물질이나 육체 속에 속박된 에너지와 의식을 해방
시키는 고유한 파장을 지닌 미묘한 언어와 소리의 진동이라 정의할

부처님 한잔해요

수 있겠습니다.

초월적 무의식의 세계인 잠재의식에 저장된 우주적 창조심을 극대화하는 신령스런 상징적 언어나 소리로 이해해도 좋을 듯하군요. 우리가 사는 우주는 기(氣)로 결합된 에너지 결정체라 할 수 있습니다. 기는 고유한 파장을 지니며 색 또는 공의 형태로 존재하게 되지요.

만유(萬有)의 근본은 이 기파 에너지의 조건결합에 의해 결정되는데, 이것의 존재 원리를 밝힌 것이 부처님의 연기법(緣起法)인 것입니다. 기는 질량과 속도의 영향을 받으면서, 고유한 파장에 진동을 일으키는 파동을 만나면 형태를 달리하는 물질적·정신적 작용력을 생성하게 됩니다. 그때의 진동이 바로 진언이며, 주문이라 할 수 있겠는데, 신묘장구대다라니경과 같이 일심으로 지송(持誦)하면 불가사의한 반야지혜를 얻게 되는 것과 같습니다.

몇 년 전 종묘상에서 대봉시라는 아주 큰 감이 열린다는 묘목을 열 그루 사다 심었습니다. 감이 열리면 곶감도 깎아서 늦가을 햇살 아래 풍경처럼 달아 놓고 맛과 멋을 즐겨 볼 요량이었지요. 같은 수령인데도 벌써 큰 그늘을 만들어 주는 성목이 된 나무도 있고, 아직 수고가 1m가 안 되는 것도 있습니다. 땅 밑에 바위가 많아 뿌리를 뻗질 못했거나, 토양의 조건이 나무성장에 결정적 장애가 있는 등의 이유일 테지요.

그런데 중요한 것은 이 나무들이 하나같이 감을 열어 주는 게 아니라 고염을 열어 준다는 것입니다. 감나무는 고염나무에 접을 붙여 생산한다고 알고 있는데, 아마도 추위에 감나무는 얼어 버리고 원목의 세력만 남아 고염나무의 일생을 살아가는 것인가 봅니다.

　'강남의 귤을 강북에 옮겨 심으면 탱자가 된다.'는 제나라 안영의 고사가 생각납니다만, 차라리 흔한 감에 비해 요즘 귀한 고염나무가 된 것이 어쩌면 감사해야 할 일이 아닐까 모르겠습니다. 올해도 고염나무에 엄청나게 많은 꽃이 피었습니다. 얼마나 많은 벌이 몰려왔는지 멀리서도 벌들의 채봉 하는 소리가 윙윙하고 들립니다.

　고염 꽃은 감꽃과 생긴 모양은 비슷하지만 크기가 훨씬 작고, 감꽃보다 앙증맞고 깜찍하게 생겼습니다. 작년 늦가을에 고염을 많이 수확했는데, 고염은 작은 열매 안에 온통 씨앗으로 가득 차 있어 떫은맛을 삭힌다고 해도 먹을 게 별로 없더군요. 그래서 일부는 설탕을 1:1로 넣어 효소를 담고, 나머지는 효모와 막걸리를 부어 고염식초를 만들었습니다. 고염은 철분의 함량이 높아 다양한 식이음식으로 사용할 수 있겠더군요.

　어린 시절 저의 고향 집에는 감나무가 참 많았습니다. 집안에도 먹감나무며, 둥시 감나무가 있었고 아예 과수원 같은 감나무밭도 있었지요. 감꽃은 5월 하순이 되어서야 만개를 합니다. 지천으로 떨어진 감꽃은 먹기도 했지만, 누이와 같이 주워서 실로 꿰어 목걸이를 만들어 목에 걸고 좋아라 했던 추억이 새롭습니다. 지금의 세대들은 감꽃 목걸이란 게 있었다는 사실조차도 모를 터이지만 그 순수의 세월을 이제라 어디서 다시 맞을 수 있겠습니까?

⋮

5월의 늦깎이

햇살 옷고름이

저고리 벗는 날에는

무슨 야릇한 기별이 있느니

감꽃은 그냥

젖은 눈물이라도 좋다

굳은살 박힌 발자국

세월의 뒤꿈치 조금만 들면

두 어깨 떠나는

우리 서러운 직립원인(直立猿人)

좀은 정답게 낮은 곳으로

먼 데 산도 목에 와 걸리는

감꽃 또는 순수한 타락

졸시 〈감꽃〉

새순이 올라올 때의 감잎은 채취하여 덖음 차로 만들면 그 특이
한 향에 더하여 다이어트에 아주 좋다고 알려졌지요. 먹을 게 귀하던
시절, 떨어진 풋감도 좋은 먹거리가 되곤 했습니다. 소금물에 풋감
을 담아 하루 이틀이 지나면 떫은맛이 사라지고 제법 단맛이 나는 천

연비타민이 됩니다. 가을이 되어 감잎에 단풍이 들고 하나 둘 홍시가 된 것들은 장대에 주머니를 매달아 낑낑대며 나무에 올라 홍시를 따는 일이 방과 후의 과제이기도 했지요.

할아버지가 깎은 곶감이 한옥 서까래에 매달려 늦가을 따사한 햇빛을 받는 풍경은 그 자체로 한 폭의 그림이 되는 것이었습니다. 학교에 다녀와서 어른들 몰래 빼먹던, 분이 덜 난 말랑한 곶감의 맛은 지금도 뚜렷한 기억으로 남아 있군요.

하얀 분이 난 곶감은 10개씩 짚으로 묶어 종갓집 봉제사에 빠질 수 없는 제수감이 되곤 했지요. 곶감은 우리 민간설화에도 자주 등장하는 소재인데, 호랑이와 곶감에 얽힌 설화의 발상은 한국인 특유의 은근과 해학의 미가 돋보입니다. 저의 청소년기의 일정 부분에서 감나무가 차지하는 정서의 비중은 이렇듯 적지 않은 것이었나 봅니다.

오늘은 고염 꽃을 주워 모아 목걸이를 한번 만들어 볼까 하는데 아무래도 이 나이엔 청승맞은 일이거나, 좀은 정신상태가 안 좋은 사람으로 인식되는 건 아닐지 모르겠습니다.

부처님 한잔해요

시대명주
(是大明呪)

이것(반야바라밀다)은 위대하고 밝은 주문이다. 위대하고 신령스런 주문에 더하여, 위대하고 밝은 주문임을 설하고 있습니다. '명(明)'이란 광명으로 무명의 반대말이 됩니다. 이 주문은 무명을 여의게 하는 위대한 진언으로써 영원히 빛나는 부처님의 진리의 말씀이라는 뜻으로도 해석할 수 있겠군요.

반야의 지혜작용에는 세 가지가 있습니다. 실상반야와 관조반야, 문자반야가 그것인데, 실상반야는 사람들이 구족한 청정한 불심으로써 반야의 본체이고, 관조반야는 불심으로 차별경계를 여실히 볼 수 있도록 지혜광명을 비추는 작용이며, 문자반야는 이러한 지혜를 체득하고 작용하는 가르침을 언어문자로 제시하여 중생들이 배워서 해탈인이 되도록 하는 것이지요.

반야바라밀다 이 진언은 시방삼세세계에 광명의 빛을 빠짐없이 고루 비춰 미망(迷妄)에 덮인 중생의 어두운 마음을 일거에 밝혀서 반야의 지혜를 진실로 행하게 하는 실천적 기능을 수행하는 위대한 주문이므로 대명주(大明呪)라 하신 것입니다.

복숭아와 자두, 매실 열매가 제법 굵어지고 있습니다. 작년에 병해충들에게 아낌없는 생과일 보시를 했더니 미물들이지만 좀은 미안했던지 올해는 지난해 만큼은 병해충이 심한 것 같진 않습니다. 그런데 진딧물이라 불리는, 과수 잎을 말리게 하고 줄기와 열매에도 새까맣게 달라붙는 해충이 이즈음 또 출몰을 시작했군요. 특히 복숭아나무는 해충들이 가장 좋아하는 메뉴인지, 월등히 많은 해충의 잔치판이 벌어지고 있습니다.

살충제 농약을 수시로 살포하고 채소에도 성장을 조절하는 약들을 살포하라고 마을 어른들이 권하지만, 아무래도 화학물질보다는 친환경 약제를 개발해 보려고 문헌과 지인의 지식을 동원해 보니 7% 양조식초를 물에 100:1로 희석하여 1주 간격으로 뿌리면 효과가 있다기에 오늘은 분무기를 청소하여 그 작전을 펼쳐 볼 요량입니다.

독극물에도 잘 죽지 않는 해충들에게 우리 몸에 좋은 양조식초 희석 액을 먹인다는 게 좀 생뚱맞다는 생각도 듭니다만 일단은 해보는 거지요. 지난날 제가 어릴 때는 농약이나 화학비료는 보지를 못했

부처님 한잔해요

습니다. 비닐도 귀하여 지금처럼 농사에 비닐 멀칭을 할 수도 없었고, 화학비료 대신 인분과 두엄자리를 두어 그야말로 친환경 퇴비를 농사에 이용했지요.

산업이 발달하면서 화학반응을 이용한 비료와 농약이 단위 생산을 혁명적으로 높일 수 있다는 위험한 발상을 하기에 이른 것인데요. 절대빈곤의 어두운 그늘을 벗는 데는 그보다 더 시급한 과업은 없었을 것임에는 수긍할 수밖에 없겠습니다만 이제는 유전자 재조합을 통한 식품의 양과 질을 조작하는 것이 보편화되어 있는 실정입니다.

정부에서는 맹독성 농약의 규제와 농산물 잔류농약 검사를 강화하고는 있지만, 농민들의 입장에서는 전에는 1병이면 방제가 되던 병충해가 2~3병을 살포해도 효과가 약하다고 하니 농약값의 지출이 점점 많아진다는 목소리가 높더군요. 마을 어른의 이야기로는 웬만한 농약에는 이제 병충해가 내성이 생겨 더 자주, 많은 양의 농약을 살포해야 한다며 볼멘소리를 하는 걸 들었습니다.

유전자재조합 식품도 안전성 실험이나 동물실험을 마쳐 안전하다고는 하나 우리가 일상으로 먹고 있는 식품에는 우리도 모르게 다양한 경로로 이들 식품이 섭취되고 있으니 인간의 유전자도 간접적 변형이 오게 될 것이고, 반세기 또는 몇 세기 후에는 기형 인간이 다수 탄생하거나, 인간 공룡이 지구상에서 피 터지게 생존을 다투다 멸종되는 건 아닌지 모르겠습니다.

어떻게 보면 수렵과 채집경제에 의존하던 석기시대는 참 재미있었을 것 같다는 생각을 해봅니다. 힘센 남정네들이 뗀석기와 돌도끼

등으로 무장하여 목숨을 걸고 사냥을 해오면 동굴엔 모닥불이 지펴지고, 아낙네들은 식구들의 음식과 입을 가죽옷을 만들었겠지요. 막걸리까지는 없었겠지만, 기분을 업시키는 향신료나 최음 식물 같은 걸 양념으로 곁들였을 것임은 충분히 짐작할 수 있겠습니다.

적당히 배가 불러오면 모닥불에 둘러앉아 한바탕 가무음곡으로 삶의 애환을 풀기도 했을 것이고요. 그리곤 동굴 여기저기의 잠자리에서는 종족보존을 위한 처절한 성교가 이루어졌을 것입니다. 저나, 독자님들의 직계 조상을 더듬어 올라가면 이날 수태된 할아버지와 할머니도 있겠지요?

굳이 지금처럼 경제 불황이다, 페미니즘이니, 남녀평등 운운할 것도 없이, 아무리 생각해봐도 지금보다는 덜 바쁜 공동체적 삶이 인간의 냄새를 인간답게 살도록 했다는 게 맞을는지 모르겠습니다. 그들에게서 오직 필요한 것은 허기를 면해 줄 식사 한 끼니였을 것입니다. 그러던 것이 언제부터 인간에게 불평등이 생기고, 지배와 복종이 난무하는 갈등의 역사가 시작되었을까요?

많은 인류학자가 그 원인을 도구의 발달에 두고 있습니다. 손재주가 있어서 도구를 사용한 인류를 호모하빌리스라고 하지요. 약 150만 년 전 홍적세의 인류를 지칭하는데, 뗀석기에서 간석기로, 돌칼에서 돌화살로 발전하면서 사냥의 수확물도 늘어나고 드디어는 저장의 지혜가 생기게 됩니다. 나아가 짐승을 직접 사냥하는 것보다 남이 가지고 있는 저장물을 노획하는 게 더 쉽고 편하다는 결론에 이르고, 채집보다는 재배에서 얻는 수확이 경제적 이익이 더 크다는 사실을

부처님 한잔해요

알게 됩니다.

대체로 인류는 기원전 9000년경에 농경과 유목을 시작한 것으로 보고 있지요. 그런데 청동기 시대가 도래하면서 부터는 보다 강력한 무기개발로 인한 대규모 정복전쟁의 역사가 시작된 것입니다. 청동의 무기는 당시로써는 지금의 핵무기 개발에 버금가는 가공할 첨단 하이테크였을 것입니다. 인류의 원시적 유전자에는 창조적 선보다는 창조적 악이 더 우세했다고 보아야겠지요.

⋮

슴베찌르개
반달돌칼
유리관 속에 건조하게 누워 있는
구석기 유물에서
만 년을 흘러온 은하수를 본다

버짐 꽃 같은
내 지문이 보이고
사냥터에서 돌아오는
지친 사내의 두 어깨도 보인다

피 흘리던 첫사랑이
사냥한 가죽을 말리듯

오후의 햇살이 저만치서 졸고 있다

내 전전생의 외상값이
혼자뿐인 식탁의
오늘의 나를 예비해 둔 것일까

아직도 살아서
유리관 밖으로 날아오는 돌화살촉
큐피드의 반란 같은
시퍼렇게 날 선 구석기 유물에서
내가 떠나고 없는
내 안의 나를 본다

졸시 〈구석기 유물을 본다〉

　전쟁의 궁극 목적은 양식의 확보와 영토의 확장에 있습니다. 물론 종교와 이념적 명분에 치우쳐 광란의 살육에 그치는 전쟁도 있지만, 그 전쟁도 결국은 인간의 소유욕이 빚어낸 비극일 뿐이겠지요. 현재 인류의 욕망은 가공할 최첨단 무기개발을 완료해 놓고 서로 마주 보고 달리는 초특급 열차에 동승하고 있습니다. 욕망의 끝은 폐허뿐이라는 걸 지난 역사는 증명하고 있건만 누구도 자신의 이익 앞에서는 그 역사를 돌이켜보지 않습니다.

　『유교경』에 이런 가르침이 있습니다. "욕심이 많으면 이익을 구

부처님 한잔해요

함이 많기 때문에 고뇌도 많다. 욕심을 없애려고 노력하는 사람은 마음이 편안해서 아무 걱정이 없고, 마침내는 고뇌가 말끔히 사라져 해탈의 경지에 들게 되니 이를 가리켜 소욕(少欲)이라 한다. 먼저 만족할 줄 알아야 한다. 만족할 줄 모르는 사람은 부유한 것 같지만, 사실은 가난하고, 만족할 줄 아는 사람은 가난한 것 같지만, 사실은 부유하다. 이를 가리켜 지족(知足)이라 한다."

그리고 불교 초기 경전인 『숫타니파타』에는 다음과 같이 가리키고 있습니다. "사람들은 내 것이라고 집착하는 물질 때문에 근심한다. 자기가 소유한 것은 영원한 것이 없다. 이 세상의 모든 것은 변하고 없어지는 것임을 알고, 욕망의 집에 머물러 있지 말라."

물질도 인연 따라 잠시 내게로 와서 쉬어 가는 것인데, 길에 버려지면 개도 주워 먹지 않는 돈 때문에 죽이고, 살리는 세상이 아닙니까? 이제 우리는 작은 것으로는 도무지 만족할 줄 모르는 탐욕의 두레박에 올라 바닥 없는 함정으로 추락하고 있는 건지도 모릅니다.

가지지 못하면 부모·자식 간이나 부부간에도 버림을 당하고, 가졌다는 이유만으로 금수저가 되어 이 시대의 철학과 존재의 모범이 되는 시대가 아니던가요? 에잉! 식초 희석액 한 통 벌레들에게 대충 안기고 나서 시원한 음료수, 아니 막걸리나 한 사발 들이켜야겠습니다.

시무상주

(是無上呪)

이것(반야바라밀다)은 위 없는 최상의 주문인 것이다. 반야바라밀다가 가장 뛰어난 부처님의 참 말씀이니 반야바라밀다가 곧 위대하고 신령스런 주문이요, 위대하고 밝은 주문이며, 더 이상의 견줄 것이 없는 최상의 주문임을 설하고 있습니다. 이 시무상주는 이어서 나오는 시무등등주와 더불어 비교격으로 이루어졌군요.

더 이상 위가 없는 시무상주는 극히 존귀한 진언이란 뜻도 내포하고 있습니다. 여러 번 반복하였지만 반야바라밀다는 피안으로 건너가는 지혜란 뜻이기 때문에 그 지혜에 이르는 최상의 주문이 또한 반야바라밀다란 뜻이기도 합니다.

통상 주문(呪文)이라고 하면 주술(呪術)과 같은 초자연적 존재나 신비적인 힘을 빌려 귀신을 부르고 병을 고치거나, 길흉을 점치고 화복

부처님 한잔해요

(禍福)을 비는 술법을 먼저 떠올리게 되는데, 그러할 때의 '주(呪)'는 그야말로 혹세무민의 방편일 뿐이지만, 이렇듯 불교에서 사용되는 '주(呪)'는 깊고도 높고, 위가 없는 신령스런 진언(眞言)이 되는 것입니다.

6월이 되니 한낮엔 벌써 30도를 웃도는 여름 날씨를 보입니다. 5월까지만 해도 자주 내리던 비가 근자엔 감감한 것이 그리운 임 소식이 되어 기다려지네요. 열매들이 제법 튼실하게 달린 고추포기며, 오이, 호박 같은 여름 채소들도 등이 휜 할머니처럼 꼬부라지고, 기세등등한 잡초들만 지열을 받아 살맛이 났는지 온 땅을 덮을 듯 활력이 넘칩니다.

시골은 연중 가장 바쁜 달을 보내느라 마을에는 사람 그림자도 보이질 않은 채, 게으르게 생겨 먹은 누렁이만 낮달을 멀거니 쳐다보다 혼곤한 잠에 빠질 뿐입니다. 그래도 6월의 수연정은 여름꽃과 제철 야채들이 저마다의 할 일에 톱니바퀴 돌아가는 소리가 들릴 듯 분주하군요.

멀뚱히 키가 웃자란 접시꽃대는 마디마디 꽃을 다는 분주함을 견디느라 주인 쳐다볼 겨를이 없고, 정원의 돌담 따라 심어 놓은 채송화에는 벌이 무시로 날아듭니다. 접시꽃 하면 붉은 꽃을 대부분 연상하게 되지만 예쁘기로는 하얀 접시꽃이 으뜸으로 보이는군요. 화려하진 않지만, 왠지 연약해 보여 동정심이 절로 가는 그런 색깔 말입니다.

　노랑어리연꽃도 심어 준 주인에게 보답하려는 듯 세 쪽 노랑 잎을 번갈아가며 열어 주고, 화분에 심은 풍로초 꽃은 그 작은 키에도 제법 튼실한 다섯 장 꽃잎을 열었습니다. 저는 이들이 각각 떨어져 피어 있어도 지들이 받들고 있는 우주적 무게는 같을 것이며, 결코 우연한 시기의 무관한 위치에 피어난 것이 아닌 필연적 조화의 산물이란 생각을 해 봅니다.

　인류의 역사보다는 비교할 수 없을 만큼의 오랜 시간 동안 식물들이 살아남기 위해 펼쳐 온 생존의 역사는 눈물겨운 것이었을 테지요. 그래서 능동적으로 움직이며 살아갈 수 있는 동물보다 식물 유전자의 코드가 더 다양하게 숫자적으로도 발달할 수밖엔 없었을 것입니다. 식물은 스스로 곤충을 끌어들이게 하여 수정을 가능케 하는 유전자가 있는가 하면, 물관의 수분 이동을 조절하여 추위와 가뭄 같은 외부세계의 악조건을 극복하고 종족을 보존할 수 있게 하는 유전자도 발달해 있습니다.

　생존현상에 위기가 닥치면 더 많은 열매를 달아 계생적 번식을 유지하기 위해 몸부림치기도 하고, 인간과 같이 살아 있는 것으로부터 오는 다양한 스트레스와 즐거움도 느낄 줄 아는 것이 식물이니 함부로 베어 버리거나 뽑아내는 일은 삼가야겠지요. 저 개인적으로 이 6월은 별로 좋아하지 않습니다. 저를 둘러싸고 일어난 이별이 우연히 일치했을 뿐인 6월 자체를 싫어한다는 건 아집이나 모순일 뿐이지만, 가슴 아픈 기억의 날이나 영광스런 추억의 한 때가 뇌리에 저장되는

부처님 한잔해요

건 당연한 인간의 분별작용이 아니겠습니까?

6이라는 숫자를 수리 역학에서는 성수(成數)의 첫 번째 수라 하여 1과 더불어 오행상 물에 배속시키고, 주역의 괘상에서도 6은 감괘(坎卦)라 하여 6감수(坎水)의 물로 풀이합니다. 물은 생명의 근원이라며 동서의 철학자들이 우려먹을 대로 우려먹은 시원의 물질이 아니겠습니까? 그래서 요즈음 신비의 육각수니, 벌집의 기하학적 구조가 6각의 방으로 이어졌다며, 꿀벌의 생태적 효능을 건강에 도입한 육각 고리 로열젤리 같은 건강식품도 판을 치고 있는가 봅니다.

노자가 무위자연을 논하며 그토록 물의 철학을 강조한 것과는 달리 저는 저 개인적인 사연으로 물을 가까이하고 물에 대한 아련한 그리움의 연원을 새깁니다. 벌써 10년인가요? 반복하여 개인의 이별사를 다룬다는 것이 대승 불자에게는 바람직하지 못한 분별심과 집착일 수도 있겠지만, 저에게는 극복하려는 노력조차도 무의미할 만큼 고통스러웠던 생사별의 악몽이었습니다.

사람의 상정(常情)이란 가까운 사이라 해도 자신의 손톱 밑의 가시 하나 박힌 것이 타인의 팔이 하나 잘린 것보다 더 아프고 괴로운 것이긴 하지만, 정말 고통스러웠던 것은, 그 와중에서도 주변 사람들 자신의 이기심의 표출에 여념이 없는 논공과 애증, 친소의 난무였었습니다. 그래서 저 자신 한 가지 스스로 깨달은 진리가 있다면, "자신의 체험이 전제되지 않은 타인의 고통은 안녕한 자신의 삶에 활력소가 될 뿐."이라는 거였지요. 저 역시도 주변의 비통한 일에 "안 됐다.", "왜 그리되었지?" 등의 의례적 동정을 표하고는 금방 자신의 안

녕에 만족했었으니까요.

6월의 끈끈하고 무더운 날, 어둠이 겹겹이 내린 산사의 계곡에서 아직 열기가 남아 있는 자식의 한 줌 유골을 떠나보낸 이후, 늘 자식은 이 땅의 어느 물속에 살아 있으리라는 아집을 버리지 못하고 살아왔습니다. 아주 어릴 때부터 물을 그리도 좋아하던 아이였으니 물의 인자로 윤회하였으리라 믿어 봅니다.

물은 땅의 고저와 관계없이 수평을 이루게 되니 물에 가까이 있으면 그 녀석과 함께 있다는, 저 자신이 생각해도 안쓰러운 아집을 가져왔군요. 그래서 2모작 인생의 터전을 구하는 데도 무조건 물이 있는 땅을 찾아 헤맸었지요. 하릴없을 때 수연정을 감싸고 흐르는 계곡 물을 보는 것으로 저의 인과업장이 소멸될는지요?

유럽여행 중 들렀던 루브르 박물관에서 머리와 팔다리가 없고 흉상만 남은 토르소를 보며, 마치 일점혈육 한 점 없는 저 자신의 신세 같음을 주관적 화자의 관점에서 술회해본 졸시 한 편 올려 봅니다.

부처님 한잔해요

：

토르소 앞에 서다

1

입장권 번호에도 폐허가 묻어나는

박제된 현실(玄室)을 걸어 루브르의 진열대 앞

잔존의 굴삭에 걸린 토르소 앞에 섰다

가슴만 허공에 남아 실어증의 별이 뜨고

목이 없어 하고픈 말 갈매기가 날아와서

에게 해 진주조개의 살을 찢는 소리들로

천 년의 물 색깔은 고왔다고 말을 한다

살아서 움직였을 해 달조차 땅에 묻고

명정(銘旌)의 이름 석 자로 흙이 될 너였다니

2

올해로 십 년이라 빛 잘 드는 계곡 곁에

기왕에 떠난 자식 철저히 보내자며

내려온 산자락만 한 정자 한 채 지어 놓고

반딧불 적막의 밤을 심해처럼 버티는 걸

신선이 따로 있냐며 남들은 말하지만

묻었던 가슴속 잿불은 로르소로 피는 열꽃

무능한 내 뼛속을 헤엄치는 바람들이

잘못 산 이 사내를 어떻게 알았던지

까르르 까르르 웃으며 피딱지로 돌고 있네

오늘이 저의 망애자 10주기가 드는 날이군요. 제가 살아 있는 동안은 조촐한 주과포를 마련하고, 헌향에 맑은 술 한잔은 올려 주어야겠지요. 헌향의 묵음 속에 맑은 술 한잔을 제단에 올립니다. 오늘 밤에는 새소리, 별빛 냄새 모두가 서럽습니다. 영혼으로 취하는 제주 한잔 마셔야겠네요.

부처님 한잔해요

시무등등주

(是無等等呪)

───────

이것(반야바라밀다)은 어떤 것과도 비교할 수 없는 완전한 주문이다.
앞의 무상주(無上呪)에서 나아가 어떤 것과도 견줄 수 없는 무등등주(無
等等呪)로 비교 격상시켜서 무상주의 뜻을 보강하고 있습니다. "아무렴
그렇지. 그렇고말고"하는 어법인데, 앞 구절 시무상주를 증거 하여
보이는 찬탄의 뜻이 내포되어 있다 하겠습니다.

『반야심경』에 나오는 네 가지 주(呪) 중에서 마지막 네 번째 시무
등등주가 나옴으로써 관자재보살이 깊은 반야바라밀다를 행한 것은
이러한 비교할 수 없는 최상의 훌륭한 부처님의 참 말씀인 진언이기
때문임을 조건적으로 결론짓고 있군요.

이상의 네 가지 주문이 지향하는 성격처럼, 반야바라밀다는 가

장 신묘하고도 위대한 밝은 주문이며, 위 없는 최상의 주문이고, 비교할 수 없는 공덕을 지닌 진언이므로 이 속에 부처님의 가르침이 모두 담겨 있다는 것을 설하고 있습니다. 그러니 관자재보살처럼 반야 지혜를 닦아 이를 실천하면 자신의 괴로움을 벗어남은 물론 능히 타인의 고통까지를 일체 소멸시킬 수 있을 것입니다.

밭둑과 길 가장자리를 따라 봄에 씨앗을 뿌려 둔 코스모스가 무리 지어 꽃술을 열기 시작했습니다. 코스모스의 한들거리는 자태와 에메랄드빛 하늘과 어우러진 꽃 색깔은 가히 가을꽃의 압권이라 부르기에 손색이 없을 듯하군요.

고향의 잊지 못할 풍경 중 하나가 가을 운동회가 있는 날, 바람에 펄럭이는 만국기와 교정에 무리무리 피어 있던 코스모스의 행렬이었습니다. 운동장 둘레로는 간이식당의 천막이 쳐지고 가마솥에서는 먹음직스런 국밥이 끓어올랐지요. 농경문화의 공동체적 삶을 살아가던 시대의 학교 운동회는 온 마을이 축제의 장으로 달아오르게 됩니다.

자식을 학교에 보내고 있는 학부모들은 찬합에 점심을 싸고 밤이며, 삶은 고구마 같은 가을 농산물을 간식으로 준비하지요. 지금 생각하면 조잡하기 그지없는 뽑기 장난감이며, 음료수와 막과자 등을 팔던 잡상인들의 대목이기도 했던 그 날은 온 동네 어른들이 국밥과 막걸리에 불과하게 취하는 그야말로 신명 나는 마을잔치였습니다.

우리 세대들이 지닌 향수의 저점(底點)에는 이처럼 향토를 모토로 하는 집단문화가 사람들의 유대를 얽어매고 있었지요. 제가 다니던 초등학교가 있는 고향은 시골로서는 제법 큰 규모의 마을이라 학생이 5~6백 명에 달했었는데, 지금은 학생 수가 60여 명 남짓이라니 이제는 시골 초등학교에서 향수의 운동회를 보는 것도 어려워졌나 봅니다.

얼마 전 정말 오랜만에 초등학교 동창 몇 명과 자리를 같이했는데, 같이 졸업한 100명 가까운 동급생 중에 벌써 세상을 떠난 친구가 네 명 중 한 명꼴이란 이야기를 듣고, 아득한 마음에 가슴이 저려 옴을 느꼈습니다.

가을에 피는 꽃은 저무는 계절의 애상 때문에 더 애절하게 보이는 것일까요? 구절초며, 샐비어, 단국화 같은 가을꽃들은 단아하면서도 가슴 시린 애절함을 선사합니다. 코스모스는 멕시코가 원산으로 스페인의 어느 신부에 의해 유럽에 알려지고 세계로 퍼져 나가 우리나라에 전파된 귀화식물이지만, 한번 뿌리를 내리면 해마다 피어나는 강인한 생명력으로 이제 우리나라의 토착 식물로 인식될 정도이지요.

코스모스의 꽃말은 '소녀의 순결과 순정'이며, 어원은 조화와 질서라는 뜻의 코스모스(Cosmos)이니 차원 우주의 다른 뜻이기도 하군요. 미국의 천문학자 칼 세이건의 저서 『코스모스』에는 우주의 탄생, 은하계의 진화, 태양의 삶과 죽음, 외계 생명의 존재 문제 등이 기술되어 있습니다. 우주의 나이는 대략 138억 년으로 봅니다.

100년을 채 살지 못하는 인간과 비교할 때 우주의 하루는 우리의 4천만 년에 해당하지요. 그러니 시공간의 한계의 벽에 갇혀 있는 우리는 138억 년 전의 빛을 볼 수가 없고 우주의 지평선도 볼 수가 없습니다. 그래서 우주라는 공간 위에는 또 다른 우주 공간이 존재한다는 다중우주론이 설득력을 얻고 있지요.

코스모스는 문학의 낭만적 소재가 되기도 합니다. 1916년 세상을 떠난 일본의 영문학자이자 작가인 나쓰메 소세키의 중편소설 『마음』에는, 동경 근처의 한적한 마을의 한 하숙집 주인의 딸이 매일 같이 자신의 마음을 코스모스에 담아 주인공의 방에 꽂아 두면서 조용히 자신의 연모의 마음을 알아주기를 기다립니다. 지금 시대에는 찾아보기 힘든 정말로 순수하고, 아름다운 낭만적 사랑의 고백이지요? 변함없는 순수한 마음에 결국 둘은 사랑에 빠지게 된다는 에피소드는 한 폭의 수채화를 보는 느낌입니다.

여성스러우면서도 가녀린 코스모스는 산들바람에도 쉽게 흔들리지만 쉽게 꺾이지 않는 이미지로, 연약함 속에서 강인함도 발견할수 있는 꽃이기도 하지요. 저도 가을꽃 코스모스를 무척 좋아합니다. 가을의 애상과 센티멘털한 분위기를 좋아했지요. 그래서 가을을 알리는 전령사이기도 한 코스모스를 좋아하게 되었나 봅니다.

혼미한 방황 속의 대학 시절, 시리도록 파란 가을 하늘 때문에 오후 강의시간에 들어가지도 않고, 동대구역에서 완행열차를 탄 후 목적지도 없이 몇 번째 시골 역에 내려서 무작정 걷다 보면 어김없이 지천으로 늘어진 코스모스를 만나게 됩니다. 스무 살 나이의 청년에게는 맞지 않는 소녀적 낭만의 퍼포먼스일지는 모르지만, 아마도 아버님이 돌아가시고 갑자기 찾아온 가정이라는 안식의 부재에 기인한 패밀리 로망스 때문인지, 저 혼자 그러한 능동적 소외의 시간을 즐겨했습니다.

시골 간이역에 무리 지어 피어 있는 코스모스를 보면 시인이 아니라도 한 줄 시상이 떠오르겠지요. 시 같은 시 한 줄 쓸 줄 모르면서 본능적으로 그런 시심이 좋았나 봅니다. 시골 역 주변에는 반드시 선술집이 있게 마련이지요. 궁색한 용돈에 돌아갈 완행열차비만 남겨놓고는 지금 생각해도 몇 푼 되지 않는 막걸리를 김치 안주만으로 취하도록 마시곤 했습니다.

긴 나무탁자에 삐걱거리는 벤치, 가운데 김치 보시기가 놓여 있는 그 선술집은 자연스럽게 오시는 동네 어른들과 합석을 하게 되지요. 그들의 애환과 푸념 또는 적당한 객기로 포장된 허언을 들으며, 삶은 밀물과 썰물이 교차하듯 이렇게 오가며 부대끼는 것이란 생각을 했으니, 한창 젊음의 패기로 열정의 불꽃을 지펴야 할 나이에 저는 세상을 향한 시니컬한 냉소를 먼저 배웠던 것 같습니다.

:

가을 햇살 저리도

외발로 내리는 날

허수아비 사라진

가을 들판 베고 누워

코스모스 무리무리

구름처럼 피어 있다

무인 모텔 들어가는

연인들의 차바퀴에

어지러운 물침대의

삶의 무게가 묻어나고

그녀를 닮은 코스모스는

아직도 숙취 중

대금산조가 어울릴 것 같은

이 가을의 선로 위에

아직도 하늘을 닮은 색깔

코스모스 송이송이

이마를 마주 대고 세상을 보고 있다

졸시 〈코스모스〉

지금 산야에는 가을꽃들이 한창입니다.

부처님 한잔해요

능제일체고

(能除一切苦)

———

능히 모든 고통을 소멸시킨다. 능제일체고는 앞의 시무등등주까지의 전제조건으로 성립되는 초월적 현상의 경지입니다. 어디에도 견줄 수 없는 절대 진리 최상의 주문이므로 반야의 지혜 즉 공을 아는 지혜를 증득하면 능히 일체의 괴로움을 제거할 수 있다는 가르침입니다.

능제일체고가 되기 위해서는 오온이 모두 공함을 비추어보고 심오한 바라밀다를 수행해야만 자신의 고통은 물론 타인의 고통까지 해방시킬 수 있겠지요. 수행의 실천으로 증득되는 경지의 하나라 하겠습니다.

부처님께서는 자신이 설한 진리의 틀 자체도 공하다고 선언하셨지요. 인간을 구성하는 모든 색은 임시로 결합하여 형태를 나타내는 현상으로써 그 고정불변의 실체 없음을 깨달아 공의 견지에서 반야바라밀다를 수행할 것을 『반야심경』은 일관되고 설하고 있습니다.

불교의 사유방식에 의해 존재하는 모든 현상은 인(因)과 연(緣)을 조건으로 상호 결합하는 것이기 때문에 내가 청정해지면 세상이 청정해진다는 인과의 사상을 담고 있는 부분이 바로 능제일체고라 하겠습니다. 마치 더러워진 강물에 맑은 물이 들어오면 탁해졌던 흙탕물도 다시 본래의 맑은 물로 돌아가듯 최상승 주문인 반야바라밀다는 세상의 고통을 멸하는 멸진정(滅盡定)의 최고 수행인 것입니다.

이렇듯 공과 연기는 세계의 어떤 종교에서도 찾아볼 수 없는 진리로써, 불법을 만나게 됨은 무상한 무아를 부처의 경지로 끌어올릴 수 있는 축복의 기회 인연임을 깨달아, 청정한 반야지혜의 수행으로 피안의 항구를 향해 끊임없이 노를 저어야겠지요.

5월도 막바지입니다. 일부 지방은 한낮기온이 섭씨 30도를 넘어 폭염 주의보가 발령되었다는 소식입니다. 원래 이맘때는 낮에 약간 더위를 느낄 정도의 쾌적한 온도로 신록의 물결이 녹음을 향해 가는 싱그러움의 계절인데, 아열대화의 영향인지 요즘은 봄가을이 없어졌다는 말들을 자주 듣게 됩니다.

저의 농장도 때 이른 더위 탓에 아직 활착이 덜 된 채소 모종들이 폭염에 기가 죽어 고개를 숙이고 있고, 햇빛에 달구어진 고사리순

부처님 한잔해요

은 이제 줄기가 억세어 더 이상 채취는 어려울 듯합니다. 그런데 계곡 주변으로 흐드러진 들 찔레꽃은 눈이 내린 듯 흰 꽃술을 마음껏 열어 놓고 5월의 대미를 장식하고 있습니다.

버들치의 몸집도 매우 굵어졌는지 헤엄치는 지느러미가 매우 둔해 보이고, 물소리에 간간이 실린 새소리만 오후의 나른함을 싣고 오는군요. 오전에는 몸 컨디션이 좋지 않았지만 미룰 수 없는, 키 자란 고추 모종이 바람에 쓰러지지 않도록 지주를 세우고 끈으로 묶어 주는 작업과 오이랑 호박 넝쿨이 타고 오를 지지대를 만들어 주었습니다.

근래 미룰 수 없는 밭일이며, 김매기 같은 농사일이 힘에 겨웠든지 몸살 기운과 함께 편도선이 붓고, 입천장이 헤져 음식을 씹거나 삼키는 것도 어려울 지경이네요. 간밤에는 상한 짐승처럼 끙끙대다가 소염·진통제 두 알을 먹고서야 겨우 잠이 들었지요.

당연히 입맛도 없어 옛날 고향에서 여름철 점심으로 찬밥을 샘물에 말아 풋고추 된장에 찍어 먹던 생각이 나 그대로 해보았는데, 맛은 고사하고 매운 고추 맛에 쓰라린 입안만 혹사당하고 눈물만 찔끔 짜고 말았네요. 차를 마시는 것도 내키지 않고, 책을 보는 일은 머쓱한 생각이 들 정도로 매사가 귀찮게만 느껴집니다.

『보왕삼매경론』에 몸에 병이 없기를 바라지 말라고 가르치셨지요. 몸에 병이 없으면 탐욕이 생기기 쉬우니 병고로서 양약으로 삼으라 하셨지만, 도무지 아픈 건 우리 중생에겐 무엇으로든 멀리하고 싶은 기피 대상 1호가 아닐까요?

인체는 스스로 자정과 복원능력이 있어 점막 세포는 3일에 한 번씩 새로운 점막으로 대체되고, 조직이 상처나 결손을 당하면 백혈구는 왕성한 전시 동원력을 발휘해 병원균의 침입을 물리치는 한편 세포의 원형을 유지하려는 형상 유전자는 본래의 상태로 조직을 되돌리는 비상체계를 가동하지요.

여기서 『밀린다왕문경』에 나오는 나가세나 존자의 설법 문답이 생각나는군요. "상처가 대견하고 중요해서 붕대를 감는 것이 아니라, 상처를 낫게 하려고 붕대를 감는 것입니다. 몸에 애착이 있어 몸을 소중하게 생각하는 것이 아니라 청정한 수행을 위해서 몸을 소중히 다루는 것입니다."

그렇습니다. 상처가 사랑스러워 감싸는 것이 아니고 청정한 수행으로 가는 몸을 위해서 치료를 하는 것이지요. 그래서 부처님께서는 일찍이 '몸은 상처와 같은 것이다.'라고 설하셨던가 봅니다. 우주 메커니즘에 가장 근접하게 만들어진 완벽한 피조물이 인간이라는 논리는 정답인 것 같습니다. 인간이 창조되었느냐, 진화되었느냐를 놓고 지금도 갑론을박의 계·란(鷄·卵)담론은 계속되고 있지요.

다윈은 『종의 기원』에서 자연선택이라는 진화 메커니즘을 주장하고, 나무에서 뻗어 가는 가지에 비유해 종 분화를 설명했습니다. 그는 오늘날 지구상에 존재하는 수많은 종은 본래 하나의 생명체에서 비롯된 것이라는 이론을 펼쳤습니다. 그리고 제레드 다이아몬드는 『제3의 침팬지』에서 침팬지와 98.4%나 유전자가 같던 '제3의 침팬지'는 1.6% 차로 인간이 되었다고 하면서 인간이 어디서 왔고 어디로 가고 있는가를 설명한 바 있지요.

부처님 한잔해요

기독교인들은 진화론을 믿지 않습니다. 인간은 하나님의 뜻대로 아담과 하와를 인류의 조상으로 하여 에덴동산에 태어났다는 거지요. 그리고 진화론을 반박하는 입장에서는 인간의 조상이 유인원이라면 지금도 원숭이나 침팬지는 계속하여 인간으로 태어나고 있어야 한다는 논리인데, 저는 인류는 탄생한 것이 아니고 진화된 것으로 보고 있습니다. 인류의 조상은 이끼류이고 만물의 근원은 물이라고 한 탈레스의 주장은 매우 설득력이 있어 보입니다.

기독교의 입장을 조금만 벗어나서 생각해 보면, 어찌하여 전지전능한 우주의 주재자이신 하나님은, 하고 많은 은하계와 행성 중에서도 지구에만 당신의 피조물 인간을 창조하셨느냐는 겁니다. 물의 존재 유무와 일치하는 곳에만 인간이 있고 하나님이 있다는 방증일 것입니다. 결단코 인간이 없는 곳에 하나님이 존재하지 않습니다. 하나님을 알아보는 생명체는 인간밖에 없는데 어찌 인간이 없는 곳에 하나님이 존재할 수 있을까요? 그러니 니체의 항변처럼, 저는 하나님이 인간을 만든 것이 아니라, 인간이 만든 것이 하나님이라 굳게 믿고 있습니다.

인간이 만든 하나님에게 인간 스스로가 구속되어 의타적·기복적으로 매달리고 있으니 실로 위대한 아이러니가 아닐 수 없습니다. 그러나 하나님이 인간을 만드셨다면 '인간을 만들기 전의 하나님은 무슨 재미로 사셨을까?'를 생각해 보게 됩니다. 그래서 구약에서는 하나님이 흙을 빚고 생령을 불어넣어 아담을 만들고, 아담의 갈비뼈로 이브를 만들었다고 하면서 당신을 닮은 인간을 창조하셨다고 전하고 있나 봅니다.

지금 과학자들은 외계 행성의 생명체에 관한 끊임없는 연구가 이루어지고 있지만 확실한 것은 물이 없는 곳에 인간이 없고, 인간이 없는 곳에 하나님이 없다는 것입니다. 그러니 하나님을 믿을 게 아니라 인간을 있게 한 우주 창조력의 신비인 진리를 믿어야 하는 게 아니겠습니까? 그래서 불교에서는 절대적 신이 창조한 단일 우주를 배척하며, 다원우주론을 채택하고 지금도 팽창과 신생을 거듭하고 있는 우주의 실체적 차원을 머나먼 33천 세계로 비정한 것이지요.

빛의 속도 이내에서의 에너지와 질량만을 헤아릴 수 있는 시공의 틀에 갇힌 인간이기 때문에 우주 대폭발을 본 사람은 아무도 없지만, 보지 않았다고 하여 진실이 없어지는 것은 아니며, 증명할 수 없다고 하여 있는 게 없어지는 것도 아닐 것입니다.

좀 더 신나는 우주여행을 계속해 보고 싶지만 역시 지친 몸이 허락하지 않는군요. 이처럼 인간은 간사한 동물인가 봅니다. 세 끼니 잘 챙겨 먹고 잘 잘 때의 일상에서는 당연한 것으로 태무심하다가도, 한 끼만 자기 몸에 밥을 넣지 않거나, 하룻밤만 꼬박 지새우고 나면 몸은 밥 달라고 아우성이고, 신체기능은 수면 부족으로 정상 활동이 어려운 지경에 빠지게 됩니다. 그래서 성인들은 육체를 환란으로 여기지만 어리석은 자는 보배로 여겨 죽음에 이르기까지 싫어함이 없는 것이겠지요.

희대의 미모를 간직한 천하의 미녀도 들어갔던 호흡이 멈추면 곧 죽음이요, 이내 8만4천 기공에서는 썩은 진물이 흘러나와 섬뜩한

부처님 한잔해요

몰골의 체백이 되지 않습니까? 이처럼 보잘것없는 것이 우리의 육신입니다. 그러나 아무래도 오늘은 이쯤에서 제 몸을 쉬게 하고 펜을 놓아야 할 것 같습니다. 완전히 고장이 나서 저의 전원일기가 중도에서 하차하는 일은 원하지 않으니까요…….

진실불허

(眞實不虛)

————

허망하지 않은 참된 가르침을 이릅니다. 앞의 능제일체고와 연결하면 반야바라밀다는 일체의 고통을 능히 없애 주는 허망하지 않은 진실한 가르침이라는 뜻이 됩니다. 『반야심경』에 나오는 네 가지 주문에서부터 진실불허까지의 뜻을 살펴보면, 반야바라밀다는 위대한 신령스런 주문이고, 위대하고 밝은 주문이며, 위 없이 더 견줄 곳이 없는 무등등주이기 때문에 능히 일체의 고통을 여의는 허망하지 않은 참된 가르침이란 해석이 되는군요.

참된 진리에 어찌 삿됨이 있을 것이며. 허망한 마장의 유희가 존재할 수 있을 것입니까? 이때의 참된 진실은 무명을 여의고 완전한 공의 경지에서 반야지혜를 수행하는 진리의 세계를 말합니다. 깨우친 진리의 눈으로 보면 중생들이 집착하는 온갖 욕망과 고통에 찌든

부처님 한잔해요

현실적 삶이란 그야말로 허망한 아지랑이 같은 신기루가 아니겠습니까? 진리는 외롭지 않으며, 진리는 또 미망의 중생을 자유롭게 하는 허망하지 않은 참된 가르침일 것입니다.

결혼식 주례를 섰습니다. 제 가정 하나 건사하지 못한 주제에 결혼식 주례라니 분수 모르기로 말하면 그 뻔뻔함이 우주를 관통하고도 남을 만한 일이겠지요. 하지만 지인의 간곡한 부탁이 있었고, 직업주례보다는 순수한 저의 바람을 전달해 주는 것도 좋은 일이다 싶어 응했던 일이라 양해를 구해야겠군요. 지난날 선배 중에 직업주례를 서던 분이 있었는데, 솔직히 그 양반보다는 저의 스펙이 뭐 모자랄 게 있느냐 하는 자기합리화도 한몫을 했지요.

흔히들 결혼은 불완전한 남녀 반반이 만나 하나가 되는 과정이라고 합니다만, 반과 반이 만나면 반드시 접합된 부분에 만남의 흔적이 남게 마련이지요. 그러면 조그마한 일에도 균형이 무너지고, 의존하는 마음이 생기게 됩니다. 의존하는 마음은 결국 덕을 보겠다는 생각이고 그래서 상대방의 외모, 학벌, 재산 같은 조건을 따지게 되어 그러한 외형의 성채에 갇힌 결혼은 회오리바람 앞의 신기루와 같은 환상이 되고 마는 법이지요.

중요한 것은 결혼은 완전한 하나와 하나가 만나 새로운 하나가 되는 과정이어야 한다는 것입니다. 스스로가 배우자를 인정해 가는 것이 결혼생활의 가장 중요한 덕목이 되어야 하고, 그런 만큼 자신의 잘못도 인정하는 넓은 마음이 필요하겠지요. 아무리 부부가 되어도 자신의 삶을 살아가는 주체는 자신일 수밖에 없으니 상대방을 소유하려는 마음이나 집착하려는 마음처럼 어리석은 일은 없을 것입니다.

결혼은 서로가 마주 보는 것이 아니라 같은 곳을 같이 바라보는 것이므로, 상대방이 곁에 있고 없음에 연연함이 없이 초연하게 한길로 가는 것이 순수한 결혼의 정석일 테지요. 뭐, 대충 이런 주례사로 선남선녀의 결혼을 축복해 주었던 것 같습니다. 실은 간절히 하고 싶었던 말은 주례처럼은 제발 살지 말아 달라는 말이었는데, 지혜롭게 생긴 신랑·신부에게는 그 말이 결코 필요할 것 같지 않더군요.

결혼은 인류 사회의 영속을 지키는 가장 성스러운 의식이며 축제이지만, 지금 우리나라에서는 그 결혼의 성스러운 의미가 급속히 퇴락해 가고 있음은 심히 불안한 일이 아닐 수 없습니다. 통계에 따르면 우리나라 결혼한 부부 세 쌍 중 한 쌍이 법적 이혼을 한다고 하니, 별거 상태이거나 이혼으로 진행될 단계에 있는 적잖은 잠재적 이혼 케이스를 포함하면 거의 둘 중 한 쌍이 이혼한다는 이야기가 되는군요. 그럼으로써 발생하는 결손가정 아이의 적응문제나 당사자들이 겪어야 하는 갈등의 사회적 간접비용은 거의 천문학적 수치에 달하지 않겠습니까?

결혼을 신분상승의 수단으로 삼으려는 풍조와 도덕적 가치관의 혼탁을 절감하고 있는 결혼적령기의 남녀들이 결혼을 기피하는 현상은 그래서 당연할지도 모르겠습니다. 세계 최저 출산율 갱신과 초고

부처님 한잔해요

속 고령화 사회 진입이라는 두 가지 안방의 침입자를 둔 우리나라의 앞날은 결코 밝지 않습니다.

물질과 쾌락의 추구만이 시대의 철학이 된 나라를, 희망이라는 천사가 앞길을 인도한 역사를 우리는 보질 못했으니까요. 유부남 유부녀는 물론, 한창 지식 욕구와 진리탐구에 청춘의 열정을 바쳐야 할 학생들마저도 애인의 순번 줄 세우기에 도낏자루 썩는 줄 모른다는 세상이라는 말이 있는 걸 보면 확실히 잘못되어 가는 것만은 사실인 것 같습니다. 사실 불륜은 이제 도를 넘어 불륜을 저지르지 않음이 오히려 부끄러운 세상이 되어 가는 듯합니다.

성(性)은 성(聖)스러운 것이지 결코 추한 것이 아닙니다. 그러나 그것은 진솔한 사랑과 사회적 합리성이 전제되어야만 성립되는 아포리즘일 것입니다. 생물학적으로 동물계에 속하는 동물 중에 종족보존의 본능이 아닌, 쾌락을 위해 섹스를 하는 동물은 인간밖엔 없다고 하지요. 인간의 3독인 탐진치의 탐심은 쾌락과 즐거운 마음을 방치하면 발생하게 되는데, 탐욕은 인간을 파멸로 이끄는 가장 지름길의 자가 중독 코스가 아니겠습니까?

부처님께서는 일찍이 '불사음계(不邪淫戒)'를 강조하셨습니다. 결혼은 판단력이 부족해서 하게 되고, 이혼은 인내력 부족으로 하게 되며, 재혼은 기억력 부족으로 하게 된다는 말도 있군요. 이혼의 가장 확실한 원인은 결혼에 있다는 것은 진리일까요?

오늘은 이래저래 생각이 많고 그럴수록 술 생각이 간절합니다. 주례비 봉투도 있고, 오늘은 막걸리보다는 괜찮은 요리로 산중생활

의 부족했던 영양보충도 하면서 넉넉히 취해 볼 생각입니다. 아! 당
연히 신랑·신부의 행복을 기원하면서 말이지요.

부처님 한잔해요

고설반야바라밀다주

(故說般若波羅密多呪)

————

　　그런고로 반야바라밀다의 주문을 설하노라. 의역(意譯)을 해보면
'이제 반야지혜의 완성을 통한 열반에 이르는 진언을 설한다.'는 뜻
이 되는군요. 지금까지가 반야바라밀다는 어떠어떠한 권능을 지녔을
뿐만 아니라 위 없는 최상의 주문이므로, 능히 일체의 고통을 여의게
하여 헛됨이 없는 참된 진리임을 증명해 보인 예시부(例示部)라면, 고
설반야마라밀다주에서부터는 그런고로 피안의 세계로 가기 위해서는
어떤 주문을 읊을 것인가 하는, 결론에 해당하는 지시부(指示部)로 보
면 되겠습니다.

　　주지하다시피 『반야심경』은 반야지혜를 증득할 수 있는 올바른
가르침의 방편으로 공의 실천을 제시하고, 결론적으로는 진언인 주
문을 외우도록 하여 반야바라밀다를 구체적으로 실천케 하는 전개

구조를 취하고 있습니다.

짧은 경문이지만 무엇을 어떻게, 왜 해야 하는지의 증거뿐이 아니라 구체적 실천방법을 진언으로 제시해 놓은 것입니다. 『반야심경』의 핵심은 완전한 반야지혜인 반야바라밀다를 실행하는 데 있고 그 실행의 종착지는 무상등정각인 아뇩다라삼먁삼보리를 이루는 데 있다고 하겠습니다.

애초부터 어떠한 대상이나 관념도, 고정된 불변의 실체가 없다는, 공의 대 전제 아래 부정의 부정을 통해 궁극적으로 대 긍정을 이끌어 냄으로써 차별 심과 분별임, 고정관념과 집착의 틀을 떨쳐 버리게 하여 모두를 피안의 해탈로 이끄는 대단원의 전개과정을 보입니다. 따라서 다음에 나오는 진언은 반야심경의 진수(眞髓)일 뿐 아니라, 대승불교의 초월적 이상을 수행할 수 있는 참된 주문임을 잊지 말고, 청정한 공의 자세로 돌아가 염송하면 대해탈의 자유를 얻을 수 있을 것입니다.

한가위가 다가오고 있네요. '더도 덜도 말고 한가위만 같아라.'란 말이 있듯이 온갖 과일과 오곡이 익어 가고, 계절의 은혜가 인심까지 넉넉하게 풍요로움을 선사하는 연중 최고의 달이라 하겠습니다. 지난 어린 시절, 명절을 손꼽아 기다리던 아련한 추억이 생각나, 마음은 어느새 유년의 고향으로 돌아갑니다.

부처님 한잔해요

제가 살았던 고향은 거의 대부분의 가구가 같은 일문(一門)의 대소가로 구성되어 타성(他姓)을 가진 사람은 그리 많지 않던 전통적 씨족 공동체 마을이었습니다. 나이가 어려도 항렬이 높으면 존대를 하며, 공맹의 도를 가문의 존재 기반과 명예로 알던 봉건적 유교 가풍의 대가족이었지요.

일 년에 십 수회나 돌아오는 봉제사와 시제, 지금은 자취를 감춘 전통 세시풍속과 접빈객의 법도, 내외법과 촌수별 호칭 같은, 이 시대의 도덕률로서는 도무지 존재론적 가치를 인정받기 어려운 환경 속에서 저의 유년의 DNA는 형성된 것 같군요.

저는 종갓집의 막내로 태어났기 때문에 아낌없는 보호 속에서 우유부단한 의타적 인성을 키우게 된 것 같습니다. 무한 경쟁과 속도가 미덕인 이 시대와는 불화의 인자가 될 수밖에 없는 종속적 환경은, 저의 현상적 사회생활을 어렵게 만든 확실한 밑천이 되지 않았나 생각됩니다.

한가위가 다가오면 할머니와 어머니는 한 달 전부터 명절 프로젝트 마스터플랜을 짜고, 제수 물목에서부터 종갓집을 찾는 대소가 손님들의 접대에 필요한 의전과 물품 준비에 여념이 없었지요. 아버님을 따라 제사에 쓸 밤을 털러 갔던 기억은 새롭기만 합니다. 밤은 제사상에 대추 옆 두 번째로 올리는 과일인데, 밤은 씨앗에서 자란 나무가 열매를 열 때까지 심은 씨앗의 껍질을 달고 있으므로, 이는 조상의 근본을 잊지 않는다는 뜻을 담고 있지요.

전통은 사라지기 위해 존재한다고는 하지만 혈족의 개념이 사라지고, 철저한 폐쇄적 개인주의 속에 일회성 이벤트가 된 오늘날의 명절을 보내면서, 돌이킬 수 없는 훈훈했던 고향에서의 세시 풍정이 그립기만 합니다.

수연정 계곡 건너의 토종 밤나무에 벌어진 밤송이가 가지가 휘어지도록 달렸군요. 이 밤은 크기가 작은 재래종 밤인데 수령은 가늠하기가 어려우리만치 오래된 것 같습니다. 불집게를 들고 계곡을 건너가 밤송이를 까서 알밤을 주워 담습니다. 일부는 다람쥐와 청설모 같은 야생 설치류들의 먹이가 되어야 하니 적당히 남겨 두고 제법 양이 되는 밤을 조금 삶아 봅니다. 알은 작지만, 향과 맛이 독특하군요. 그리고 몇 년 전 밭에 심었던 밤나무의 쩍쩍 터진 밤송이도 털어야겠습니다.

어린 시절, 아버님을 따라가 밤을 털 때, 어쩌다 떨어지는 밤송이에 한 방 맞은 기억도 다시금 생각나는군요. 이 밤은 개량종인데 밤송이의 크기가 어른의 주먹만 하지만 맛은 토종밤보단 못하군요. 식물들이 달고 맛있는 열매를 만들어 내는 것은 종족보존과 관계가 있습니다.

식물 스스로가 씨앗을 멀리 퍼뜨릴 수 없기 때문에 맛있는 과일을 만들고, 이동이 많은 사람은 그 과육을 먹고 남은 씨앗을 버리게 되지요. 그렇게 되면 식물은 힘들이지 않고 다양한 곳에서 종족의 보존이 가능해집니다. 따라서 절로 떨어져 제 자리에만 씨앗이 남으로서 생기는 동종식물간의 밀집에 의한 경쟁도 피할 수 있게 되겠지요.

부처님 한잔해요

어찌 보면 식물이 맛있는 열매를 만드는 것은 인간에게 던져 주는 미끼 같은 것이라 할 수 있겠군요.

이러한 맥락에서 볼 때 밤은 왜 그토록 가시투성이의 밤송이로 중무장을 할까요? 밤은 사람이 먹는 부분이 바로 씨앗이기 때문에 동물들의 접근을 방지하고 씨앗을 보존하여, 싹을 틔우기 위해 밤송이를 다는 것이랍니다. 알고 보면 자연에는 이렇듯 엄숙한 질서와 이치가 숨겨져 있었군요. 적자생존을 위해 생명체는 끊임없는 변화와 눈물겨운 몸부림을 치는 것이지요. 그래서 씨알에 가만히 귀를 가까이 하면 그 속에서 우주의 분주한 생명 창조의 소리를 들을 수 있을 것 같군요.

즉설주왈

(卽說呪曰)

바로 그 주문을 설하여 가로되. 다시 풀이하면, '그런고로 반야 바라밀다의 주문을 설하노니 바로 그 주문을 말하자면 이러하다.'가 되겠습니다. 엄격하게 따지면 좀은 다른 뜻이 되지만 요즈음 방송 등에 자주 등장하는 용어로 '즉문즉설(卽問卽說)' 또는 '즉문즉답(卽問卽答)'이 있군요. 바로 묻고 바로 설명한다는 뜻인데, 여기서는 "내가 정말 진짜 진언을 가르쳐줄 터이니 잘 새겨 행하라."라는 어법을 취하고 있네요.

『반야심경』이 주문의 성격을 띤다는 점은 불교가 포교되는 과정에서 지역의 토착 종교와도 쉽게 융화할 수 있는 요인이 된 것도 같군요. 이제 이 『반야심경』 여행도 대단원을 향해 가는 절정의 단계에 와 있는가 봅니다.

부처님 한잔해요

『반야심경』의 글자 270자 전체가 어찌 보면 진언이고 주문인지도 모르겠습니다만, 부처님의 총지(聰智)가 응축된 엑기스 진언은 다음에 나오는 18글자로 귀결되고 있습니다. 그 진언을 작심하고 설하려는 순간이 즉설주왈입니다.

저에게는 한참을 선배가 되는 분 중에 오랜 세월 공직에 근무하시다가 정년퇴직을 한 분이 계십니다. 공직자로서 열정적으로 근무하여 승진도 할 만큼 했고, 성실과 근면성으로 가정에서도 남부러울 것이 없는 성공한 전반부 인생을 살아온 분이지요. 그런데 열정이 지나친 탓인지, 현직을 물러나면 좀은 삶의 완급 조절을 해야 하는데 이 분은 오히려 더 왕성(?)한 이모작 인생에 정열을 쏟고 있다는 것입니다.

공직 관련 유관기관에 낙하산 인사로 내려와서 전관예우를 받는 것까지는 좋은데, 그 와중에서도 네트워크마케팅에도 뛰어들고, 아내로 하여금 식당을 개업하게 하여 퇴근 후에는 설거지와 서빙 일을 돕는 등 그야말로 치열한 땀방울 마를 날 없는 후반부 인생을 살아가고 있답니다.

그분의 명함에는 무슨 무슨 자문위원, 이사, 회장, 상임고문에 종친회장까지, 실로 사람의 능력의 한계가 어디까지인지를 의심케 하는 직책들로 도배하고 있지요. 멀어지는 젊음과 함께 사회적 신분의 상실을 두려워하는, 일종의 거세 공포증에 대한 거부의 반작용이 이러한 자기과시 욕구로 나타난 게 아닌가 생각해 봅니다.

몸이 늙으면 마음도 늙는 것이 자연의 순리이기 때문에 전 청춘을 다 바쳐 사회에 출사했으면 이제는 왕성한 활동보다는 후진의 길을 열어 주고, 사회에 대한 시니어의 경력을 봉사와 조언 같은 정적(靜的)인 일로, 후반부 인생의 역할을 다해 가는 것이 보다 아름다운 일이 아닐까요?

직장생활에 얽매어 가 보지 못한 세상의 명산대처를 여행하며, 중후한 인생의 관조에서 나오는 회고록의 집필 같은 완숙의 텃밭을 가꾸는 일보다 더 시의적절한 일은 없을 것 같습니다.

또 한 분의 경우, 교직에서 평생을 근무하고 교장으로 퇴직한 70대의 대선배 중에는 아파트 경비로 몇 년째 근무하면서, 비번인 날에는 수천 평 농장을 가꾸며, 한마디로 자학에 가까운 혹사를 하는 분도 계십니다.

경비 업무라는 게 밤낮없이 교대근무를 해야 하고 체력의 소모가 엄청난 일일 텐데, 그분의 지론은 이렇게 하면 잡념이 없어서 좋고, 무엇보다 돈 쓸 시간이 없기 때문에 절약이 된다는 것이지요. 잡념이 왜 생길까요? 욕심이 많고 물질적 기대치가 높아서 그럴 것이란 생각을 해 볼 수 있겠습니다. 그리고 돈 쓸 시간을 없애겠다니 눈물겨운 절약 정신에 숙연함을 넘어 경외심마저 생기는군요.

부지런하고 근면하게 일을 하는 사람의 모습은 아름답습니다만 글쎄요? 저 자신이 치열한 삶을 살아오지 못해서일까요? 노인일수록

부처님 한잔해요

이상과 꿈의 동아줄을 놓아서는 안 될 것입니다. 사무엘 울만은 이런 말을 남겼지요. "청춘은 인생에 있어 젊음의 한 시기가 아니라 마음의 상태를 의미하는 것이다. 누구든 나이 때문에 늙는 것이 아니고 이상과 꿈을 잃을 때 늙는 것이다." 그러나 그 이상과 꿈은 단순한 육체적 노동이나, 현실에 집착함으로써 얻어지는 부산물은 아닐 것입니다.

나이가 들면 나서지 말아야 할 자리와 하지 말아야 할 말 그리고 해서는 안 될 일이 더 많아진다는 것이 지론인 저에게, 주변의 여러 분이 그런 생각의 수정을 요구하는 것 같아, 느림보 늘보인 저는 공연히 주눅이 듭니다.

노인이 되면 지갑은 열고 입은 닫으라는 말이 있지만, 우리나라의 빈곤 노인층의 사회문제는 생각보다 심각한 수준으로 알고 있습니다. 위의 두 분이야 연금만 해도 웬만한 중소기업체의 간부에 해당하는 급여를 받으니 별론으로 하더라도 기초노령연금 제도의 시행으로 극단의 빈곤은 다소 해결이 되었는지 모르지만, 자식들이 있어도 대부분의 노인이 의지할 수 없는 것이 동방예의지국 대한민국의 현주소가 아닙니까?

비교적 건강한 노인들이 궁핍에서 벗어나고자 일자리를 구하고자 해도, 재앙 수준에 와 있는 청년 실업문제의 벽에 갇혀 돌아볼 겨를이 없는 게 현실입니다. 새벽 거리에 나가보면 유모차에 파지를 줍는 꼬부랑 할머니를 쉽게 만날 수 있고, 무료급식 센터에 줄을 서는 노인들의 행렬도 길게 늘어서 있음을 봅니다.

이런 분들이 일자리를 찾는 건 당연한 생존의 욕구일 것이나 갖출 것을 다 갖춘 노인이 아름다운 삶이 어떤 것인지 그 방법을 몰라 노년의 육체를 혹사하는 모습은 그리 좋은 현상은 아닌 듯합니다. 하긴 이런 문제는 당사자의 삶의 가치관의 차이일 뿐이기에 탓할 일은 아니겠지요?

파블로 카잘스는 이렇게 말하고 있습니다. "은퇴한다는 것은 나에게 죽기 시작한다는 것을 뜻한다. 일을 하며 싫증을 내지 않는 사람은 늙지 않는다. 가치 있는 것에 대하여 흥미를 가지고 일하는 것은 늙음을 밀어내는 가장 좋은 처방이다. 나는 날마다 거듭 태어나며 날마다 다시 시작해야 한다."

그러니 오히려 얼마든지 현업에서 돈벌이나 직장생활을 할 수도 있는 제가 너무 일찍 산중 거사를 흉내 내며, 사회와 담을 쌓고 현실 문제를 회피하려는 패배자의 근성을 지닌 것은 아닌지, 저 자신을 돌아보게도 하는군요. 하지만 저도 누군가 직업을 물으면 농업이라고 당당히 말을 하고, 무위도식은 아니라 할 만큼의 육체노동은 한다고 자부하고 싶네요. 전원으로 오기 전에는 용어도 몰랐던 농지원부며, 농업경영체 등록 같은 농업인으로서의 최소한의 책무는 다 하고 있으니까요. 올해는 송이버섯이 풍년인가 봅니다. 어제 서울 사는 죽마지우가 고향에 왔다가 송이버섯을 앞세우고 수연정을 찾아왔더랬지요. 진솔한 우정에 인용되는 고사로 흔히들 '관포지교(管鮑之交)'와 '백아절현(伯牙絶絃)'을 꼽습니다.

중국 춘추전국시대 제(齊)나라의 관중(管仲)은 "나를 낳아 준 분은

부처님 한잔해요

부모지만, 나를 알아준 사람은 포숙아(鮑叔牙)다."라는 말을 남길 만큼 둘의 우정은 돈독하였지요. 그리고 우정의 다른 이름인 지음(知音)의 유래가 된 백아와 종자기의 우정. 백아의 거문고 소리의 깊이를 알아주던 종자기가 죽자 백아는 거문고 현을 끊고 장탄식하였다는 고사에서 우리는 이해관계와 생사를 초월한 아름다운 우정의 참 얼굴을 봅니다.

최근 미국의 어느 대학에서 장수한 사람들의 생리, 식습관, 운동, 의식 등을 조사한 결과가 나왔는데, 장수는 체력이나, 음주흡연, 부와 교육 정도 등과 무관하고, 친구의 수와 정비례한다는 재미있는 정보를 읽은 기억이 나는군요.

어제는 모처럼 친구와 공자의 3낙 중 하나인 '유붕원방래 불역낙호(有朋遠訪來 不亦樂乎)'를 외치며 거나하게 한잔하고 남은 송이를 방에 두었더니 송이 향이 온 방 안에 진동을 하는군요. 저것을 반찬으로 해서 그냥 밥만 먹을 것인지 아니면 안주로 해서 혼자 또 한 대포 할 것인지 즐거운 고민에 빠져 있습니다.

송이버섯은 별다른 요리가 필요 없고 프라이팬에 살짝 굽거나, 참기름에 날로 먹어도 그 향이 독특한 풍미를 제공하지요. 아무래도 저의 체질은 밥 체질은 아닌 것 같네요. 기왕 마실 것 시원하게 한잔 마시렵니다.

아제아제

(揭諦揭諦)

진언을 한자음을 빌려 표기한 글자로 특정한 뜻으로 해석할 수가 없습니다. 반야심경의 이 대목부터는 예로부터 비밀 진언으로 간주하여 번역하지 않고 그냥 독송해 오고 있습니다. 우리나라의 스님들이나 불자님들이 독송하는 '아제아제 바라아제 바라승아제 모지사바하(揭諦揭諦 波羅揭諦 波羅僧揭諦 菩提 娑婆訶)'의 한자음을 한글로 읽으면 '게체게체 파라게체 파라승게체 보제 살파가'가 됩니다.

산스크리트어 원문은 '가테가테(gategate)'로, 굳이 뜻으로 해석한다면 '가테'는 동사 원형 '가다'로 보아 **가는 사람이여** 또는 **'간 사람이여'** 등으로 해석하기도 합니다. 그리고 의역을 하는 관점에서는 '아제아제'가, 껍질 따위의 삿된 허물을 벗고 진공(眞空)으로 나아가고자 하는 자각을 가리키는 것으로 해석하기도 하지요.

부처님 한잔해요

전술한 것처럼 진언은 신령스런 기운을 가지고 초월적 무의식에 작용하여, 색과 공을 하나로 묶는 에너지 기파(氣波)의 작용을 하게 됩니다. 이러한 진언을 문자적으로 번역하면 원문의 뜻을 그대로 옮겨 올 수 없을 뿐 아니라 진언 그 자체의 파장이 가지는 심오하고도 신비로운 능력을 훼손할 우려가 있을 것입니다.

우리의 인체는 우주의 에너지장과 같은 주파수로 동조(同調)하려는 메커니즘을 가집니다. 하나의 소릿값이 갖는 진동파는 고유한 에너지파가 되어 우주 공간에 고정된 값으로 실재하게 됩니다. 그래서 무심코 내뱉는 말 한마디도 우주라는 필름에 그대로 전사(轉寫)되어 세세연년 구업(口業)의 인과로 윤회함을 성인들께서 그토록 경계하신 것이 아니겠습니까? 그래서 세 치 혀를 입안의 면도날이라 하셨던 것이지요.

『반야심경』의 이 주문이야말로 가장 원초적인 인간의 무의식에 작용하여, 스스로 무명을 벗고 번뇌를 맑혀 피안의 해탈로 인도하는 신묘한 파장을 지닌 주문이니만큼, 지극한 청정심으로 지송(持誦)하여 궁극적으로는 반야의 지혜로 대 해탈을 이루게 하는 주문입니다.

30년 가까이 독신 생활을 하다 보니 웬만한 요리와 세탁, 다림질 같은 가사노동은 이력이 났지만 매 끼니 돌아오는 식사 해결 문제에 봉착해서는 늘 귀찮고 난감한 애로를 느낍니다. 인간으로 태어난 이상 먹고 잠자는 것은 필수적 본능이며 또 의무이기도 하지요. 세간에 목구멍이 포도청이라는 말이 있는가 하면, 식사 한 끼를 강에 비유하여 강은 건너도 끼니는 못 건넌다는 말이 나올 만큼 먹이의 해결은 인류의 시종에 관계없이 절대적 필수과제인가 봅니다.

누군가를 위해 음식을 만드는 게 아니고, 자신을 위해 억지로 건너기 위한 차원의 요리란 그야말로 때우기 위한 대충의 식사가 될 수밖에 없지요. 끼니마다 따뜻한 밥을 지을 수도 없고 미리 해 둔 밥을 데워서 먹거나 반찬은 장기 보존이 가능한 마른반찬으로 한정되는 것이 독신자들의 일상일 것입니다.

그러니 영양의 불균형은 당연한 일이거니와 설령 채소나 생선 같은 식단을 준비한다 해도 냉장고를 전전하다가 버리는 것이 먹는 양보다 더 많은 실정이지요. 밭에는 열무며 청경채 같은 야채가 억세어져 가지만 혼자 몇 장 먹으면 그만인 것이 도무지 게걸스러운 입맛이 나질 않네요.

오늘은 더워지기 전 유실수 밑의 풀베기와 웃자란 잔디를 깎았더니 몸이 많이 지칩니다. 어김없이 넘어야 하는 점심이 기다리는데, 역시나 식은 밥과 김치에 마른반찬만 주인을 기다리고 있네요. 이럴 땐 라면이 정석이지요. 라면 하나에 나트륨이 하루 권장 섭취량 이상으로 들어 있고, 화학적 첨가물이며 인스턴트 식품의 폐해를 경고하는 설들이 많지만, 김치와 찬밥만으로 한 끼를 건널 수 있는 편리성 때문에 그런 우려는 늘 잠식당하고 맙니다.

언제부터 인간은 하루 세끼니 식사를 하게 된 것일까요? 원래

부처님 한잔해요

인류는 사냥을 우선하며 육식동물이었기 때문에 육류의 지방은 체장 시간이 길어 원시인류는 하루 한 끼를 먹었을 것이라는 게 인류학자들의 의견입니다. 사실 사냥물을 노획하는 데는 많은 시간이 걸리기 때문에 현장에서 점심을 해결하기도 어려웠을 것이며, 가죽을 벗기고 음식으로 최종 섭취하기까지 하루 한 끼가 적정하였을 것이란 생각이 듭니다.

그러던 것이 농경 생활로 접어들면서 탄수화물 위주의 식사로 대체되었고, 식사의 간격이 짧아진 것이지요. 인류의 농경 생활은 대체로 기원전 9000년경부터 시작된 것으로 보는데, 이때부터 정착생활이 가능해 지면서 문명이 발생하기 시작합니다.

부처님이 승단을 이끄실 때만 해도 전혀 탁발에만 의존하며, 사시(巳時)에 하루 한 끼 식사하는 것이 원칙이었던 것 같습니다. 생각해 보면 무더운 인도의 기온 속에 탁발한 음식을 세 끼니로 나누어 보관한다면 필히 식중독의 문제가 발생하였을 것입니다.

부처님의 제자 중 두타(검소함) 제일의 제자 카시아파 존자는 평생 하루 한 끼니만 탁발하고 일체의 식사 초대에 응하지 않은 것으로 전해지지요. 앞에서도 언급되었지만, 부처님 생전의 2대 식사 공양으로 수자타의 우유 죽 공양과 대장장이 춘다의 수카라맛다바 공양이 있었습니다. 전자는 부처님의 기운을 돌리게 했고, 후자는 부처님을 식중독으로 돌아가시게 하는 식사가 되었군요.

인류의 역사를 도전과 응전이라고 표현하는데 그 도전은 생존을 위한 먹이 확보의 도전이란 말이 더 정확한 표현일 것입니다. 한반도에만도 평균 30년 주기로 전쟁이 있었고 이들 전쟁은 표면적으로는 영토의 확장이었지만 궁극 목적은 식량의 쟁탈에 있었던 거지요.

우리나라가 식량문제에서 자급을 시작한 역사는 실로 길지 않습니다. 60년대의 절대빈곤에서 70년대의 과도기를 거치면서 80년대에는 상대적 빈곤이란 말이 등장합니다. 지금은 어떻게 해서라도 저칼로리식에, 웰빙식단이 시대의 화두가 된 상황이지만 저의 학창시절만 해도 도시락을 싸오지 못하는 학생이 제법 많았습니다.

한창 성장기에 영양의 안배는 고사하고 절대 열량을 채우지 못했으니 체력의 저하와 잦은 질병에 시달리는 건 당연한 결과였겠지요. 그러니 시골 아이들 대부분은 부스럼, 다래끼, 저체중 같은 후진국형 체질을 달고 살았던 것입니다. 그러나 보리밥 된장에, 흙을 밟으며 자연 속에서 살았던 그때의 아이들에게 아토피 같은 면역질환은 찾아보기 어려웠지요.

지금은 온갖 패스트푸드에 길든 아이들이 소아비만과 당뇨를 걱정하는 시대가 되었으니 지나침은 부족함만 못하다는 말이 맞는가 봅니다. 저도 고향에서 아이들과 침뿌리며, 짠대 따위를 캐러 다닌 기억이 나는군요.

뒷밭의 뽕나무에 새까만 오디가 수없이 열렸습니다. 무척 달콤한 맛의 오디를 먹고 나면 혓바닥이 잉크를 묻힌 것처럼 파랗게 되지요. 깨끗이 씻어 말렸다가 30도 증류 소주를 부어 둘까 합니다. 원래 담금술은 단맛이 비쳐 즐기는 편은 아니지만, 용기에 날짜를 적어 두면 세월이 가도 그대로 남는 원형을 볼 수 있어 그것도 하나의 즐거움이더군요.

　　저녁밥은 열무 생절이를 넣고 된장찌개를 얹어 비빔밥을 해 먹어볼 생각입니다. 고추장도 한 숟갈 버무리고 참기름 몇 방울 떨어뜨리면 아주 그럴듯한 자연식이 되겠지요. 이렇듯 혼자 신경을 쓴 식사일수록 고독감과 우수가 겹쳐 오는 것은 무엇 때문일까요? 지난날 이와 같은 경험을 시조로 남겨 둔 졸시가 있어 아래에 적어 봅니다.

⋮

비빔밥을 비비다가

혼자만의 저녁밥을 혼자가 아닌 듯이
생절이에 참기름 얹어 화려하게 비비다가
이슬로 내려와 앉는 내 삶의 가벼움 탓에

잡았던 수저를 풀어 긴 한숨을 얹어보고
내 살아온 깐을 봐선 이 신세도 오감 타며
잊으리 잊고 살자며 타심통을 부려 봐도

불현듯 찾아오는 전화 줄의 필링 같은
안개처럼 감겨 오는 못 보낸 얼굴들이
남긴 밥 알갱이만큼 식탁 위에 누워 있다

사람들 이 시간이면 한쪽씩 가슴 열어

하루의 등짐무게를 가시버시 풀어내며

깨소금 들볶아 내듯 아웅다웅 살더구먼

보낼 만큼 보낸 세월 그것도 부족한지

아무리 둘러봐도 벽 없는 벽 속에 갇혀

이 길이 아니야 라며 젖은 상을 물리고 있다

섬유질 같은 하루가 저물었네요.

부처님 한잔해요

바라아제

(波羅揭諦)

———

　　굳이 의역하면 타인을 깨닫게 하는 타각(他覺)이라 해석할 수 있겠습니다. 앞의 '능제일체고'처럼 자신은 물론 타인의 집착까지를 떨쳐 버려 고통을 멸하게 한다는 뜻이지요. 즉, '바라(波羅)'가 '피안(彼岸)'이고 '아제(揭諦)'를 '간 사람이여'라고 해석하여 **'피안에 간 사람이여'** 정도로 번역할 수 있겠습니다.

　　원어로는 '파라가테(pāragate)'인데 '피안+가테'가 되어 '피안+간 사람이여'로 해석이 되는군요. 물론 이 '가테'를 어떤 품사(品詞)로 보느냐에 따라 한글 해석은 달라질 수 있겠습니다. '가테'를 부사형인 처소격 조사로 보게 되면 '아제아제 바라아제'는 '가게 될 때에, 가게 될 때에/ 저 언덕에 가게 될 때에'가 되며, 동사의 완료형으로 해석하면 '닿았노라, 닿았노라/ 피안에 닿았노라'가 될 것입니다만, 개략적 뜻외의 문자적 해석에 얽매일 필요는 없겠습니다.

아침부터 내리는 비를 맞으며 봉선화와 맨드라미, 단국화 모종을 화단과 집 둘레를 따라 옮겨 심었습니다. 작년에 심었던 이들 꽃나무에서 떨어진 씨앗이 엄청나게 싹을 틔워 올해도 느긋이 여름과 가을꽃을 즐겨 볼 욕심에 힘 드는 줄 모르고 바삐 모종삽을 놀렸지요. 비 오는 날 꽃모종을 옮겨 심으면 가뭄을 타지 않고 그대로 뿌리가 활착되어 여름부터 늦가을까지 자기들만의 언어문자인 꽃술을 무시로 열어 줄 것입니다.

원래 제가 좋아하는 단어를 열거하면 꽃, 별, 가을, 비, 여행, 시, 독서 그리고 또 탁주 등이 있나 봅니다. 하나같이 돈 되는 일이나 사회적 출세하고는 거리가 먼 나약한 동지적 케미스트리가 아닐 수 없군요.

게다가 작금에 이르러서는 '상선약수(上善若水)'를 운운하며, 저 자신의 그릇 크기도 망각한 채 노자의 도를 흉내 내고 있으니 평생 가난은 저의 운명적 밑그림이 아닐 수 없겠습니다. 그러니 어쩌겠습니까? 심고, 뿌린 대로 거두는 것이 삶의 원리이고, 지난 생의 부덕한 공덕이 필연적으로 계승해 준 삶이 현생일진데, 가난도 즐기며 살기에는 이 골짜기가 제격이 아닌가 생각되는군요. 자신의 삶은 오로지 자신이 만들 뿐입니다. 오늘은 어제의 거울이고, 내일은 오늘의 다른

부처님 한잔해요

이름이란 사실은 보편적 진리가 아니겠습니까?

중국 선종사에 이름을 남긴 방거사(龐居士)의 일화가 생각나는군요. 8세기 후반의 사람인 방거사는 엄청난 재산을 지닌 부자였었는데, 어느 날 자신의 재산이 자신의 원수라는 생각을 하게 됩니다. 아마도 홀연히 깨우친 선지식으로, 재물이 자신의 깨달음을 방해하는 환란으로 보았던 모양이지요. 그는 자신의 재물을 사람들에게 나누어줄까도 생각해 보았지만, 자신에게 원수가 된 재물을 남에게 떠맡길 수 없다는 생각에 미련 없이 전 재산을 배에 싣고 가 바다에 버리고, 오두막집에서 살면서 대조리를 만들어 장에 팔아 생계를 유지하며 평생 동안 수도생활에 전념하게 됩니다.

그 많은 재산을 다 버리고 궁상맞게 살아가는 그를 보는 세인들이 미쳐도 단단히 미친 것이라며 비웃는 상황이야 당연한 일이 아니었겠습니까? 실제로 있었던 역사적 사실인 이 담론이 저에게는 신선한 충격이었던 기억이 새롭습니다.

부와 재물 자체가 결코 나쁜 것은 아니지요. 성실한 노력으로 재물을 쌓아야 늙어서 못 쓰는 화살촉처럼 쓰러져 누워 옛일을 돌이키는 어리석은 후회를 하지 않는다고 부처님께서도 가리키셨잖습니까?

그런데 대부분의 큰 부는 정당한 노력으로는 잡을 수 있는 게 아니라 갖은 술수로 타인을 속이거나 손해를 보이는 것으로 성취하게 되지요. 그러니 그렇게 쌓은 부에는 과보가 따르게 마련이고, 업장의 굴레가 예비 되어 정신과 영혼이 황폐해지는 건 당연한 인과의 작용일 테지요. 온갖 소유의 얽힘에서 벗어나지 않고서야 어찌 진리와 깨달음을 추구할 수 있겠습니까? 그는 자신을 비웃는 세인의 손가락질에 아랑곳없이 다음과 같은 게송을 남기지요.

⋮

> 세상 사람들은 돈을 좋아하지만
> 나는 순간의 고요를 즐긴다
> 돈은 사람의 마음을 어지럽히고
> 고요 속에 본래의 내 모습 드러난다.

한마디로 세상의 욕된 집착의 굴레를 모두 벗고 감로의 기쁨 속에 고요를 즐기는, 기백 넘치는 게송이 아닐 수 없습니다. 굳이 도는 산중의 암자나 토굴 속에만 있는 게 아님을 재가신자일 뿐인 방거사는 이렇듯 실천으로 보여주고 있군요.

여러분도 잘 아시는 불교설화 중에는 부설거사의 이야기도 있지요. 신라 선덕여왕 때의 부설은 출가한 스님으로 도반인 영희, 영조 스님과 같이 만행 중 전북 부안의 어느 집에서 머물게 되었습니다. 그 집에는 벙어리인 외동딸 묘화 낭자가 있었는데, 부설 스님을 보자 절로 말문이 트였으니 스님을 연모해 지아비로 모실 것을 청하며, 만일 그 뜻이 이루어지지 않으면 자결을 하겠노라 했다지요.

스님으로서 한 생명을 구한다는 대비심으로 부설 스님은 파계하고 결혼하여 아들딸까지 두게 됩니다. 그러나 어느 때에 이르러서는 집안에 토굴을 만들고 용맹정진하기를 십수 년. 예의 영희와 영조 스

님이 찾아오게 되고 서로는 그동안의 닦은 도의 깊이를 시험하기로
하지요.

세 개의 항아리에 물을 담아 놓고 각자가 항아리를 깨트려 그 안
의 물이 쏟아지지 않는 자가 옳은 도를 수행한 것으로 했는데, 부설
거사의 항아리만 깨트려도 물은 항아리에 담긴 형태로 남아 있었다
는 설화로써, 도의 수행은 속인의 삶 속에서도 자신이 하기 나름이라
는 교훈을 주고 있군요.

가사염의만 걸쳤을 뿐 세속의 욕망은 중생보다 더한 스님도 있
을 것입니다. 물론 사찰 운영을 위해서는 적잖은 예산이 소요되고,
가람의 유지와 보수며 경상비 등을 조달해야만 하는 스님들의 고충
이야 오죽하겠습니까? 그런데 사세(寺勢) 확장을 위해 끊임없이 불사
를 벌이고, 신도들의 헌금 독려와 행정관서의 보조금 지원을 받기 위
해 관청을 무시로 넘나드느라 염불보다는 잿밥이 더 급한 스님은 없
는지 모르겠습니다.

요즈음 일부 사찰은 전각과 요사채며, 무슨 용도인지도 모를 건
물들이 빼곡히 들어앉아 산사로서의 공간적 미학은커녕 숨이 막힐
것 같은 답답함을 주는 사찰도 있고, 위용을 자랑하는 거대한 법당과
불단이 마치 아방궁을 연상케 하는 사찰도 있더군요.

특히 신도가 많은 도시 주변 사찰의 경우에는 포교 사업인지, 흥
행 사업인지 정체가 모호한 다양한 유관사업체도 운영한다고 하는
데, 불교건축을 전문으로 하는 지인의 말로는, 요즘 사찰은 투자한
만큼 신도가 몰리고 수입을 올리는, 결국은 경영사업체라는 시니컬

한 비평을 하는 말을 들은 바 있습니다.

　불교도 시대정신에 맞게 변하는 거야 당연하겠으나, 불교 본연의 숭고한 책무를 소홀히 하는, 본말이 전도된 시행착오는 없기를 바라는 마음을 가져 봅니다. 하긴 가장 못된 스님이라고 해도 중생 중 가장 착한 사람보다 선하다고 하니 어찌 사찰이 경영마인드로 세상에 우뚝 설 수야 있겠습니까.

부처님 한잔해요

바라승아제

(波羅僧揭諦)

———

　　의역하면 피안에 와 닿았노라. 또는 '피안에 완전히 가게 된 사람이여'로 번역할 수 있겠습니다. '바라+승+게체'로 문장이 이루어졌는데, '승(僧)'을 어떤 품사로, 어떻게 번역해야 할지 마땅하지 않습니다. 아무래도 완전히 깨달아서 피안에 당도한 각자(覺者)를 이름인 것 같은데, 깨달음의 원만 성취를 뜻하는 것으로써 자각(自覺), 타각(他覺)의 원만각행(圓滿覺行)을 이루는 사람이란 뜻으로 받아들여야 할 것 같군요. 대승을 지향하는 『반야심경』의 사상이 그대로 나타난 것이라 보면 되겠습니다. 원어로는 '파라삼가테(pārasamgate)'인데 굳이 뜻글자로 무리한 번역은 바람직하지 않을 듯합니다.

3년 전 블루베리 묘목 10여 그루를 구해서 블루베리 재배 전용 토양인 피트모스를 화분에 나눠 담고 정성껏 심었더니 올해는 제법 많은 열매를 달아 주었습니다. 새까맣게 익은 블루베리 열매는 독특한 향과 달콤함이 오래도록 입안에 남아 먹는 즐거움도 별난 과일이더군요. 원래 블루베리는 북미가 원산지로 20여 종이 있는 것으로 알려졌습니다.

　건강에 대한 관심이 높아지면서 블루베리는 제 몸값이 상한가를 치는 귀한 건강 식물로 자리매김 되어 있는데 항산화 물질이 사과의 몇백 배로, 시력을 좋게 하고, 면역력을 향상시켜 암도 예방한다는 등의 건강정보가 TV와 인터넷에서 홍수를 이루고 있지요.

　브라질의 밀림 속 어딘가에서 생산되는 무슨 무슨 식물로 만든 식품이 성인병 예방과 피부미용은 물론 항암작용과 노화를 방지한다는 광고방송이 나가면 다음 날 전국의 수입재고가 동난다거나, 누가 어떤 자연식물을 먹고 말기 암을 치료했다는 등의 믿기 어려운 방송이 전파를 타면 온 산야의 동종식물은 싹쓸이를 당한다는 말을 들어본 것 같군요.

　저승사자도 풍요로운 이승이 좋아 돌아가기가 싫다는 말이 있을 만큼, 이렇듯 잘 꾸며진 세상에 태어나 더 오래 살고, 더 건강하게 살고 싶은 욕망은 당연한 일이겠거니와 몸에 좋다면 먹지 못 하는 것이 없고, 건강에 도움이 된다면 하지 못할 일이 없다는 것이 현대인들의 생존철학인가 봅니다. 그러니 갖가지 건강식품이며, 보약 등의 내수 시장의 규모가 수십 조에 이른다는 보도를 본 기억이 나네요.

원가 몇만 원 하는 인삼 제품을 만병통치약이라며, 할머니 할아 버지들에게 휴지, 플라스틱 그릇 같은 값싼 선물 공세를 안긴 후 마음 약한 노인들에게 수십만 원에 팔아먹는 악덕 상혼이 사회문제가 된 적도 있었지요.

우리나라 국민 특히 지금의 장·노년층 세대들은 대부분 전후 절대빈곤의 험한 세월을 앞만 보고 달려오느라 제대로 된 위생의식이나, 보건교육 같은 보편적 교양을 쌓아 오질 못한 분들이 많습니다. 그러니 자신의 주관적 판단보다는 누군가의 '카더라'에 현혹되기 쉽고 무비평적으로 TV에 의존하는 경우가 많지요. 게다가 지역 의료기관도 이들 노인성 질환이 있는 분들이 수가를 올려 주는 고정 고객인 까닭에 불필요한 계속적, 반복적 투약을 일상으로 하게 되지요. 주변에는 병원 가는 일이 취미라는 할머니, 할아버지를 가끔 만납니다.

내과, 정형외과, 한의원 등을 하루에도 몇 군데씩 돌아가며 진료를 받고 양손에 처방 약을 한 보따리씩 들고 오지요. 진료비래 봤자 고작 몇 천원이면 족하니 빈번한 병원 진료를 탓할 수는 없겠으나 아무래도 과잉진료는 피할 수 없을 듯합니다. 거의 모든 약은 약독(藥毒)을 이용하는 것으로서 울체된 신체의 기능을 독으로 해소시키는 원리가 동원되지요.

지난날 의료혜택을 받지 못하던 시절을 돌이켜보면 민간의약에 쓰던 모든 약품은 화학적 합성품이 아닌 자연식품에서 얻어졌습니다. 인체의 자연 치유력에 따라 균형과 조화를 잡아 주는 역할을 하기 때문에 효과는 더디더라도 그에 따른 부작용은 최소화할 수 있었지요.

지난 세월 국민 평균수명이 짧고 체위가 나약했던 것은 저급한 위생 수준에 의한 전염병의 만연과 영양 안배와 불균형의 원인이 컸던 때문입니다. 배가 고프고 또 언제 끼니를 이을지 모르니 음식이 있으면 마구 폭식을 하거나 먹어서는 안 될 변질된 불량식품도 먹을 수밖에 없던 탓에 아이들의 배는 남산만 하게 부풀어 오르고 기생충과 식중독, 전염병 등을 일상으로 달고 살았던 것 같습니다.

특히 지난 통계를 보면 보릿고개를 즈음하여 사망자 수가 증가하는 것을 볼 수 있거니와 실은 영양실조에 의한 아사자가 급증했다는 말이기도 하지요. 1990년대만 해도 북한에서는 고난의 행군 시기에 수백만 명이 굶어 죽는 생지옥 같은 과거가 있었군요. 지난날 부모가 임종 시 효자, 효부가 자신의 손가락을 단지하여 그 피를 먹여 주면 살아나는 경우가 많았다는데, 사람의 피에는 혈장과 무기물, 필수 아미노산 같은 영양물질이 있어 응급 링거 수액과 같은 역할을 했을 것입니다. 따라서 오늘날과 같은 위생 수준과 영양 식단이라면 개인의 노력으로 얼마든지 의약품의 신세를 지지 않아도 좋을 세월이건만 현대인들은 오만 가지 스트레스 속에 자연의 도리를 벗어나는 생활습관 탓에 이름도 처음 듣는 생소한 질병에까지 시달리고 있습니다.

100세 시대가 도래했다고들 시끄럽지만 실은 인간의 평균수명은 성장기인 25년의 다섯 곱에 해당하는 125세 전후가 적정한 수명이라고 하지요. 우주에서 떨어져 나온 소우주인 인간의 본연대로 자연의 이치에 순응하고, 넘치거나 모자라지 않는 균형 잡힌 삶의 생체리듬을 유지한다면 불가능한 일이 아닐 것입니다. 인간이 태어나면 5행이 5회전하는 만큼의 25년의 성장기를 거치고, 이후의 각각의 생애주기에도 5행을 겪으니 125년이 되는군요.

고려 시대에만 해도 노인 문제의 해결을 70세에 고려장으로 해결한 걸 보면 홍역이나, 결핵, 수인성전염병 같은 백신이 없던 치명적 전염병만 피하고, 적당한 영양섭취만 이루어졌다면 그 시대에도 왕왕 100살은 살 수 있었다는 결론이 나오지 않습니까?

저의 경우, 아니면 그만이고 식의 원만한 성격의 소유자가 아니고, 매우 신경이 예민하여 잠을 이루지 못하는 날이 많고, 누적된 불규칙적 식습관과 음주, 이별과 삶의 질곡마다 받은 저장된 상처 등으로 이런저런 약 신세를 지기도 하지요.

병이 없기를 바라지 말고 병고로서 양약을 삼으라고 부처님께서 가리키셨는데, 공연히 건강과 수명문제로 전개된 글이 마음에 걸리는군요. 이럴 땐 하루를 지우는 방법이 있어야겠지요. 갓 수확한 오이 무침에 살짝 데친 가지 냉국을 만들어 막걸리 한잔 마실 작정입니다. 한잔하노라면 이런 생각으로 바뀌게 되지요. '건강도 수명도 타고나기 마련인데, 걱정한다고 되냐?'

모지사바하

(菩提娑婆訶)

깨달음을 이루어 완성하세. 또는 진리의 깨달음이여 영원하여라. 등으로 번역할 수 있겠습니다. 이 진언에 대해 산스크리트어에 능통했던 신라의 원측스님(圓測 : 613-696)은 "이르도다 이르도다 피안에 이르도다. 깨달음을 이루어 마치도다."로 해석한 바 있습니다.

포괄해 보면 드디어 깨달음을 이루어 완성했으므로 그 깨달음은 영원하며, 니르바나에 도달한 상태를 말하는 것으로 해석할 수 있습니다. 깨달음이 완성된 상태. 그것은 말할 것 없이 대 해탈을 얻어 공하고, 공하여 궁극적으로는 공조차도 없는 적멸의 상태를 말하는 것일 것입니다.

원문은 보디스바하(bodhi svāhā)로 '보제(菩提)'를 모지의 음차로 표기한 것을 알 수 있습니다. 적절한 비유일지는 모르겠습니다만, 기독교의 기도 끝에 붙이는 아멘이나, 이슬람의 인샬라 같은 종지부의 연호와 비슷한 성격의 주문이라고도 할 수 있겠군요. 이 모지사바하로 반야심경은 최종 결론에 이르러 진언은 막을 내리게 됩니다.

'아제아제로'부터 시작하는 18자에 달하는 진언은 3회 반복 독송하는 것으로 되어 있습니다만 살펴본 바와 같이 피안을 향해 가서 불도의 완성을 이루는 것으로 심경은 끝을 맺고 있습니다. 이제 저와 함께해온 『반야심경』 속의 긴 여정도 대미를 장식할 때가 된 것 같습니다.

여기서는 저 나름대로 이 열여덟 글자 진언에 대한 해석을 달아 보고, 마지막 남은 일기장 한 장에 즈음하여서는 그동안 글자 하나하나의 뜻을 새겨 보았던 『반야심경』의 큰 정신을 총정리해 보는 장을 마련해 보도록 하겠습니다.

가네 가네 피안의 세계로 가네
피안의 세계에 온전히 도달했네
깨달음이여 영원할지니 행복 있으라

뒷밭 경계를 따라 심어 놓은 더덕이 꽃을 피웠습니다. 작년 봄 수연정을 방문했던 지인이 산야초 전문가라 뒷산을 잠시 한 바퀴 돌고 오더니 야생 산 더덕을 한 보따리나 꺼내 놓는 게 아니겠습니까. 양념 발라 구워서 당연히 술안주로 직행하고, 남는 걸 밭 경계에 몇 포기 심었더니 표현하기 어려운 아름다운 꽃을 피워 낸 것입니다.

난생처음 보는 꽃이라 사진으로도 담아 두고 식용보다는 관상용으로 해를 거듭해 가며 키우고 있지요. 꽃 모양이 마치 초롱꽃처럼 생겼는데 진 고동색 꽃술의 색이 너무도 선명한 게 보는 것만으로도 즐거움을 느낍니다. 더덕은 넝쿨을 뻗으며 감고 올라가는 식물이라 지주대를 해주었습니다. 보드라운 순은 따서 바로 먹기도 하는데, 우유 같은 흰 즙액이 나오고 더덕 향이 진하게 전해 옵니다. 여러 해 묵을수록 굵고 으뜸의 상품이 된다고 하니 몇 년을 더 키운 뒤 증류주에 담가 둘 생각입니다.

수연정 원두막 추녀와 기둥 사이의 공간에 새들이 둥지를 털었습니다. 참새만 한 크기에 꼬리가 긴 새인데 본능적으로 그곳이 안전하다고 여겨 둥지를 튼 것일 테지요. 아마도 알을 품으려고 하나 본데 처음엔 저도 모르고 무심히 접근하였더니 새가 놀라 멀리 날아가 버리더군요.

자기들에게 해를 가하지 않겠다고 한들, 한번 놀란 새가 쉬이 돌아올 것 같지 않습니다. 그렇다고 그 공간을 사용치 않을 수도 없고, 생각 끝에 가까운 단풍나무의 높고 안전한 곳에 새집을 만들어 줄 생각입니다.

그 새는 이 우주상에서 오직 하나뿐인 개체일 것입니다. 한 마리 새로 태어나서 이 골짜기의 공간을 인연적 분모로 하여 저와 관계된 자연의 일부인 것이지요. 그래서 그만한 우주적 질량을 지니며, 저의 삶에 어떤 식으로든지 영향을 미치는 소통의 매개체라 할 수 있겠습니다.

이 세상에 무관한 게 어디 있겠습니까? 불법의 핵심이, 이것이 있음에 저것이 있고, 이것이 멸함에 저것이 멸한다는 연기법이고 보면 우리가 한낱 무심코 대하고, 소홀히 버리는 일상의 하찮은 것들도 관계와 관계로 구성되어 엄숙한 인연의 고리로 연결된 연기임을 부정할 수 없겠습니다.

홀로의 삶은 없습니다. 무인도에서 문명을 등지고 인간세계와 격리되어 산다고 해도 그곳 또한 태양, 물, 공기 등 자연과의 관계와 소통 속에서 살아갈 수밖에 없으니까요. 그래서 저는 대선사가 평생을 토굴 수도 끝에 해탈을 얻었다고 해도 그것은 대선사 자신의 것이 아니고, 자연과 모든 대중의 것이어야 한다고 봅니다.

통하고 나면 세상의 일이 뜬구름 속의 일처럼 보잘것없이 느껴진다고는 하나, 나누고 소통하지 못한 깨달음이란 부화되지 못한 유정란 속의 생명체와 같은 것이 아닐는지요? 우리가 살아가는 이 지구를 하나의 거대한 풍선으로 볼 때, 일정한 에너지의 지배를 받는 내부 공간은, 한쪽을 누르면 한쪽이 튀어나오는 당연한 인과의 풍선효과를 보일 수밖에 없습니다.

그래서 나의 작은 선행이나 악행일지라도 반드시 그에 상응하는 과보를 맺게 되지만, 사람들은 자신에게는 너무나 관대하고 남에게는 엄격한 도덕률의 잣대를 들이대며, 선악의 단죄를 서슴지 않지요.

시쳇말로, 내가 하면 로맨스요, 남이 하면 불륜이란 말도 있지 않습니까? 그야말로 죄를 지으면서도 죄인 줄도 모르고 그것이 당연한 권리인 듯 착각하는 아류가 대종을 이루고 있는 작금의 세상이니 어디서부터 무엇이 잘못된 것인지 그저 아득한 생각뿐입니다.

솔직히 저 자신도 세상에서 희망을 배우기보다는 절망을 먼저 배우게 되는 것이 가슴 아플 따름입니다. 불륜과 성의 문란은 이제 뉴스감도 되지 못하고 유부남, 유부녀들도 애인이 없는 것을 수치로 여기는 세상이니 누구를 탓할 일이겠습니까.

불자님들 중에도 모모 스님파와 어떤 스님파로 대립하는가 하면, 신도 상호 간에도 모략과 뒷담화가 무성한 경우도 있다니 이런 경우 신도중에 불란서 여배우가 많아서라고 하지요. 불란서 여배우란 불여우의 늘임 말이라고 하는데, 『우파니샤드』의 "면도날을 밟고 가기 어렵나니, 현자가 이르기를 해탈의 길 또한 이와 같다."는 가르침을 열심히 새겼으면 하는 바람입니다.

열린 마음으로 세상을 바라보면 이 땅에 불필요한 존재도 없고, 스승 아닌 존재도 없습니다. 태풍이 큰 피해를 남기는 건 사실이지만 태풍이 지나간 자리에도 꽃은 피고, 지진에 갈라진 땅에서도 맑은 샘물은 솟아오르며, 오히려 자연은 더욱 왕성한 복원력으로 생태계의 자정 노력을 기울이게 되지요.

그리고 인간을 고통에 빠뜨리는 질병도 그것을 극복하는 과정에서 탐욕을 내려놓음을 배우게 되니 그 또한 스승이 아닐 수 없겠습니다. 그래서 부처님께서는 독사도 필요한 존재라 가리키셨고, 병고로

부처님 한잔해요

서 양약을 삼으라고도 하셨지요. 죄에 물들기 쉬운 속성을 지닌 인간이지만 마음자리 하나 반듯하면 성불로 가는 길을 불교는 활짝 열어놓고 있으니 이 얼마나 행복한 법과의 만남이겠습니까?

"죄도 악도 마음에서 비롯되나니 마음이 멸하는 곳에 죄의 업장도 소멸되리라." 오늘도 저는 계율을 어길 작정입니다. 뭐 내일 아침 참회할 각오로 새소리 배경음악으로 들으며, 막걸리 한잔하는 거지요. 마침 좋아하는 표고버섯 볶음에 주전자 막걸리 한 됫박 담아 둔 게 있으니 감사히 하루를 넘기고 보렵니다.

『반야심경』의 여정을 뒤돌아보며

단일 경전으로는 불교 경전 중 가장 짧은 경전이지만 그 속에 담긴 심오하고 광대한 반야의 세계를 여행해 오는 동안 일관되게 저의 영혼을 붙잡는 뜨거운 화두는 바로 공이었습니다. 모서리도 없고, 꼭 짓점도 없어 시작도, 끝도 없는 공(0)의 세계 자체가 원융무애한 불심의 상징이며, 인류의 가슴에 원초적으로 내장된 여래의 형질(形質)이 아닌가 생각해 봅니다.

지혜나 깨달음에 고정된 실체가 없고, 사성제와 인간의 인식구조인 12처 18계는 물론 의식의 대상과 관념까지도 불변하는 고정된 존재는 없다는 '무(無)'와 '불(不)'의 부정에 머물지 않고, 궁극에는 피안에 이르게 하는 좌표를 제시하며, 대 긍정을 이끌어내는 숨 막히는 전개를 지켜보면서 수많은 전율을 느끼기도 했습니다.

부처님 한잔해요

"색은 공과 다르지 않고, 공은 색과 다르지 않으니, 색이 곧 공이고, 공이 곧 색이다. 모든 법은 상(相)이 없이 공한 것이니, 더럽거나 깨끗함도 없고, 증가하거나 감소하지도 않는다."니 어찌 이 울림이 우주 최고의 진리라 아니 하겠습니까? 나아가 "반야의 세계는 무명(無明)도 없고 무명이 없음도 없으며, 늙고 죽음도 없고, 늙고 죽음이 없음도 없으니 고집멸도도 없고, 공의 세계는 지혜도 없고, 깨달음을 증득함도 없다. 보살은 반야바라밀다를 실천하기에 걸림이 없고, 공포도 없어 전도된 몽상을 멀리하여, 아뇩다라삼먁삼보리를 얻게 된다. 반야바라밀다는 위대하며 신비스럽고, 또한 밝은 주문이며, 위 없는 절대 주문이므로 능히 일체의 고통을 제거할 수 있는 헛된 것이 아닌 진실 된 주문이니 이에 그 주문을 설한다. 「아제아제 바라아제 바라승아제 모지사바하」"

이처럼 『반야심경』은 공(空)과 무(無)와 불(不)의 부정사를 통해 일체의 편견과 분별심을 버리게 하여, 번뇌와 망념이 사라진 본래의 청정불심으로 돌아간 완전한 경지에서 진언을 실천하면 궁극적으로 반야바라밀을 증득할 수 있다는 구조로 전개되고 있습니다.

『반야심경』에 녹아 있는 니르바나를 향한 사유방식이, 최첨단 IT 시대의 다변화된 사회를 살아가면서 미시세계에 길든 우리 중생들에게는 너무나 큰 울림인 나머지 접근이 불가한 공허한 메아리로 들릴 소지도 있을 것입니다. 그러나 지금까지 『반야심경』 여행을 함께해 온 독자 여러분들께서는 저의 과문(寡聞)한 전개방식을 읽으시면서 나름대로 더 좋은 생각을 가지게 된 분도 적잖으리라는 생각을 가져 봅니다.

글을 시작하면서 적시한 대로 『반야심경』에 담긴 단 몇 글자의 참뜻만 알고 떠난다 해도 우리네 인생은 그리 후회할 일은 아니라는 생각은 지금 이 순간에도 변하지 않았음을 밝히면서 반야심경 각론의 장을 덮습니다.

첫눈이 내렸습니다. 11월 하순인데 살얼음이 얼고 아직 잎을 다 떨구지 못한 정원의 단풍나무가 힘들어 보입니다. 단풍잎 위에 눈이 쌓이니 단풍과 흰 눈의 톤이 절묘한 조화를 이루어 커피 한잔을 끓여 마시며 한참을 감상하다 사진에 담아 둡니다. 이 계절에만 느낄 수 있는 스산한 애상을 좋아하는 저로서는 커피 향과 어우러진 이런 풍경에 잠시 눈이 시려 옴을 느낍니다.

가을걷이가 끝난 들판으로부터 방학을 얻은 마을 어른들은 거의 두문불출하는 편이고, 더 연세가 많은 노인분들은 마을회관의 따뜻한 방에서 10원짜리 화투를 치나 봅니다. 눈이 많이 내리고 평균기온이 상대적으로 추운 이곳의 겨울은 침묵의 시간이라고 할지, 은세계를 연상케 합니다. 마을회관의 난방비며 경상운영비가 면사무소로부터 지원되니 처지가 비슷한 독거노인들은 아예 거기서 공동으로 숙식을 해결하기도 하지요.

이처럼 겨울이 되면 시골은 더더욱 노회한 몰골로 인적마저 뜸해집니다. 서리 맞은 배추 다발들만 지키고 선 들판도 일 년 동안의

부처님 한잔해요

부단한 지력 소모에 지친 듯 겨울의 초입에서 숨 고르기에 한창이고, 감 값의 폭락으로 대부분의 감나무에 그냥 매달아 둔 홍시가 바닥에 하나둘 떨어지는 소리가 들립니다.

올해 처음 지어 본 배추농사지만 제법 속이 꽉 찬 게 초보 농사꾼인 저를 감격스럽게 합니다. 배추 모종 심을 때 들렸던 누님의 말이, 동생마저 배추농사를 지으니 올해 배춧값이 폭락할 거라며 농담을 하더니 과연 배추 뽑는 인건비도 나오지 않는다며, 배추수확을 포기하는 농가가 많은가 봅니다. 저야 몇 십 포기밖엔 되질 않으니 자가소비와 친지들에 나눠주면 그뿐이지만, 농사를 업으로 해야 하는 농민들로서는 이런 황당한 결과를 맞고 보면 억장이 무너질 것입니다.

그래도 즐거운 마음으로 오늘은 배추수확을 했지요. 배추 한 단을 갈라 보니 노란 알이 탱탱하게 박혀 있군요. 월초엔가 배추 단을 묶어 두었는데, 배춧속에 서리가 들어가면 잎이 질겨지고 심하면 버려야 하는 일까지 생긴다는 말씀을 아주 오래전 어머니에게서 들었던 기억이 났기 때문이지요. 노란 배춧속을 된장에 찍어 쌈으로 먹으면 고소한 청량감이 오래도록 입속에 남게 됩니다. 그리움과 재채기는 의지로 막을 수 없다더니 불현듯 배추 쌈장 만드시던 어머니가 떠오릅니다.

⋮

배추쌈

어머니 떠나신 지 십수 년이 넘었건만
김장 배추 익을 때는 이리도 또렷하게
노란 쌈 된장 한 술에 어머니가 실립니다

고소한 배춧속 같던 당신의 젖 내음이
이 세월을 살고서도 철없이 그리워져
오늘도 저녁밥상에
눈물
한
점
떨굽니다

   어머니의 원형상징은 삶의 본질적 그리움에 연원합니다. 어머니! 그 거룩하고도 숭고한 이미지는 모든 생명의 시원이며, 일체의 삶이 회귀하는 안식의 고향으로서의 대지가 아닐 수 없겠습니다. 땅의 논리가 그러하듯 어떠한 씨알을 뿌려도 받아들이고, 싹을 틔워 열매를 맺어 주지만 그 대가를 바라는 바 없는 것처럼, 어머니는 모든 자식을 화육하고 또 용서하지요.

   살아생전 효도 한번 해 드리지 못하고 어머니 돌아가시기 2년 전, 가정이 풍비박산 난 몰골로 세 살배기 어린 아들을 데리고 고향 어머니에게로 살겠다고 내려온 저였으니, 오늘 불현듯 배추수확에 즈음하여 이렇듯 불효의 한이 가슴을 저밉니다.

당시 이미 근력이 부치고, 노기까지 보이시던 어머니를 모시고 저와 어린 아들, 세 식구가 고향에서 살았던 세월이 그러니까 딱 2년이었나 봅니다. 이 자식도 우렁각시 하나 만나 밥 끓여 먹는 걸 보고 죽는다고 하시더니 촛불이 꺼지듯 어머니는 조용히 이 땅의 마지막 옷 한 벌을 갈아입으셨지요.

부모에게 죄짓지 않은 자식이 어디 있겠습니까? 돌아올 수 없는 카인이었지만 에덴동산은 그를 잊지 않았던 것을 우리는 압니다. 어머니 떠나신 지 올해로 꼭 30년이니 그보다 몇십 년 전의 어느 늦가을 저녁 무렵이었겠지요. 사랑채 텃밭에 속속들이 알찬 김장 배추 한 포기를 쑥싹 뽑아 쌈 배추의 된장을 만드시던 어머니의 손길이, 알찬 노란 속 배추의 살결만큼이나 고이 느껴지던 날의 영상이 불현듯 떠오릅니다.

뒤란 장독대에서 된장을 퍼 오시며, 맛나게 먹을 이 자식의 입맛에 흐뭇해하셨겠지요. 세월은 이토록 무기질처럼 비정하게도 흘러, 초로의 이슬 맺히는 듬성한 몰골의 홀아비로 늙어 가는 이 자식을 어느 하늘에서 내려다보고 계실는지, 혼자뿐인 저녁 식탁에서 입으로 들어가는 배추쌈을 잠시 내려놓고, 회한의 한 점 사모심(思母心)을 읊었던 졸시를 올려 보았습니다.

이제 곧 수연정도 긴 동안거에 들어갈 때인 것 같습니다. 연꽃

수반도 혹시 동해(凍害)를 입을지 몰라 방안으로 들여놓습니다. 여름 한 철을 부처님께 더 가까이 가도록 무언의 법문을 설해 준 연꽃이 아니던가요? 진흙 속에 있으면서도 진흙에 물들지 않는 창조와 화생 (化生)의 상징인 고결한 이미지 연꽃은 또 내년에 장엄의 인연화로 다시 만날 수 있을 테지요.

후 기

　　　　　　　　　　　　저의 전원일기는 여기서 일단락을 맺습니다. 저에게 주어진 창조적 삶의 세월이 얼마일지는 모르지만, 이곳에서의 저의 이모작 인생이 이어지는 동안에는 부처님의 언저리를 맴돌며, 박주 한잔에 불경의 세계로 가까이 가는 전원생활과 일기는 계속되어질 것입니다. 나아가 『금강경』, 『화엄경』, 『법화경』 등의 대승경전과도 함께 하는 전원일기를 이어서 집필할 것을 기약하며, 독자 여러분들의 아낌없는 질책과 성원을 기대합니다.

　　하지만 글을 마치면서 돌이켜보니 불교에 대한 재접근과 타종교에 대한 비교고찰 그리고 알량한 저의 불교 지식과 우주관을 동원하여 쓴 방대한 분량의 이러한 생활 잡문의 기획이 누구에게, 어떤 의미를 지닐 것인가에 대하여서는 적잖은 혼란이 오는 건 부인할 수 없습니다.

　　나름대로는 부처님께 문자 마지를 올린다는 마음으로, 『반야심경』의 핵심을 공부하고 느낀 대로 설명하면서, 저의 생활에 녹아 있는 생각과 현실을 세상에 남기고자 하였습니다만, 보다 승화되고 아름다운 교향곡 같은 전원일기는 왜 되지 못했는가 하는 아쉬움도 떠나지 않습니다. 그리고 여러 종교의 실체를 궁구한다는 명목으로, 절대다수의 참 종교인들의 진정성을 왜곡하지나 않았는지 심히 죄스런 마음 금할 길이 없습니다.

이러한 저의 조바심과 자책에도 불구하고 이제 이 책은 세상을 향해 떠나갑니다. 이 책이 저의 애초의 메시지를 잘 전달하였느냐, 아니면 분리 배출해야 할 문자 쓰레기가 되었느냐 하는 일은, 이 책과의 인연 만남을 가진 독자 여러분들의 소회(所懷)이고, 저는 주어진 제 몫의 삶의 방식을 이어나가는 것뿐일 테지요.

그러나 불법이라는 절대 진리의 세계를 어떤 형식으로든지 접근해 보고 싶었고, 그 속에서 작은 보리심이라도 구하겠다는 발심으로, 저의 로망이던 전원에서의 생활과 생각을 사경하는 마음으로 써 온 원고인 만큼, 저의 아둔한 재주 탓에 전개의 오류는 있다손 치더라도, 동기의 진정성은 인정받을 수 있지 않을까 스스로를 위로해 봅니다.

서산대사의 게도송 한 편을 인용해 봅니다.

생야일편부운기 (生也一片浮雲起)

(삶이란 한 조각 구름이 일어남이오.)

사야일편부운멸 (死也一片浮雲滅)

(죽음이란 한 조각 구름이 스러짐이다.)

부운자체본무실 (浮雲自體本無實)

(구름은 본래 실체가 없는 것.)

생사거래역여연 (生死去來亦如然)

(죽고 살고 오고 가는 것이 모두 그와 같도다.)

뜬구름 같은 짧은 인생에서 불법에 가까이 가고자 한 흔적만으로도 저의 삶은 축복 받은 건지도 모르겠습니다. 무지하고 어리석어 나락의 방황에 내둘리며, 현실적 삶에 필부로서의 최소한의 의무도 다하지 못했던 지난날이었지만, 이 책은 그러한 저의 과거사에 대한 대속(代贖)의 각오로 집필되었음도 밝혀 둡니다.

이승에서 관계되어진 모든 인연은 살아서든, 다음 생에서든, 어떤 형태로라도 다시 만날 수밖에 없는 것이 엄숙한 우주의 진리일진대, 저의 졸저로 인연하여 만난 모든 분과의 만남은 아름다운 숙생의 꽃으로 영속될 것을 믿습니다.

아무쪼록 부처님의 자비 광명이 억조창생의 마음 자락에 고매한 연꽃으로 피어나 지금 이 순간, 이 땅이 곧 불국토가 되는, 니르바나의 꽃향기 백 억만 나유타 겁에 퍼지는 시공 인연의 시작이 될 것을 삼보 전 합장하며, 저의 전원일기의 대미를 접습니다. 함께해 온 여러분. 감사합니다. 성불하십시오.

영혼의 텃밭에

갈대밭 두서너 평

가꾸고 싶다

불어오는 갈대 바람 그물을 엮어

바람을 가두는 바람이 되어

무소의 뿔처럼 혼자 가리라

영혼은

사랑을 위해 피 흘리는 것

그대 넋 벼리에 꽂아

천둥소리에도 놀라지 않는

사랑의 갈대꽃 새 한 마리 되었다가

이승의 문턱 피리 불면서

무소의 뿔처럼 혼자 가리라

졸시 〈무소의 뿔처럼 혼자 가리라〉

불기 2560년 성하(盛夏) 無極 鄭英和 합장